栏目剧在TVS南方的实践

黄天文　韩晓飞　张伍生　著

廣東省出版集團
广东人民出版社
·广州·

图书在版编目（CIP）数据

栏目剧在南方的实践／黄天文，韩晓飞，张伍生著．—广州：广东人民出版社，2013.8

ISBN 978-7-218-08800-6

Ⅰ.①栏…　Ⅱ.①黄…　②韩…　③张…　Ⅲ.①电视节目—研究—中国
Ⅳ.①G229.23

中国版本图书馆CIP数据核字（2013）第143778号

LANMUJU ZAI NANFANG DE SHIJIAN

栏目剧在南方的实践　黄天文 韩晓飞 张伍生 著

出 版 人：曾　莹

责任编辑：肖风华　曾白云
装帧设计：友间文化
责任技编：周　杰　黎碧霞

出版发行：广东人民出版社
地　　址：广州市大沙头四马路10号（邮政编码：510102）
电　　话：（020）83798714（总编室）
传　　真：（020）83780199
网　　址：http://www.gdpph.com
印　　刷：广东新闻出版高级技工学校河东联营彩印厂
书　　号：ISBN 978-7-218-08800-6
开　　本：787毫米×1092毫米　1/16
印　　张：16.75　　插　　页：1　　字　　数：221千
版　　次：2013年8月第1版　2013年8月第1次印刷
定　　价：32.00元

如发现印装质量问题，影响阅读，请与出版社（020-83795749）联系调换。
售书热线：（020）83790604　83791487　邮购：（020）83781421

序　言

栏目剧的味与道

马及人

中华有五千多年的文明，遗憾的是文明到今天，只能被戏谑为“山寨大国”，只能被调侃为“只有制造，没有创造的大国”。传媒业是更为庞大的“山寨工厂”，亦步亦趋，不遗余力地模仿着国外的步调：情景剧我们跟着模仿，征婚节目争相把自己变成婚介所。最强音、梦之声、星力量、好声音，一时间东西南北到处都晃动着Imitate 的影子。

这个时候，问这样的问题，“不知道栏目剧是不是舶来品，是不是我们自己的创造”，不知是否有点逆大势所趋，不合时宜。

目前，除极少数地区外，几乎到处都有栏目剧，它有以下特点：一是花小钱赚大钱的所谓“多、快、好、省”的运营模式；二是形式风格五花八门，长短参差不齐；三是各自为阵，基本自娱自乐，市场规律暂时还没有形成；四是“被迫日播”令总体水平不高。

1994—2007年是栏目剧诞生和大发展的岁月。之所以“井喷”，是因为只有我们才有这么多电视台，只有我们才有这么多廉价的编导和业余演员，只有我们才为“收视率”进行如此惨烈的竞争。争收视率其实就是为挣钱，因为收视率高广告才好卖，日子才好过。于是有些人急功近利，为了钱不惜让栏目剧这个新兵充当冲锋陷阵的“炮灰”。几年下来，“新兵”已被折磨得心律不齐、浑身是病了。为此我特别想呼吁一下，该给“炮灰”减少点压力了，让它轻松一下，充充电，补充点营养。“又想马儿跑得快，又想马儿不吃草”，行吗?

时下“精品”这个词儿很流行，常有些奢谈“精品”的人对栏目剧嗤之以鼻，一直嫌它低俗，嘲笑它草根。其实挨骂不足为奇，电影、电视剧一样也有人呵责。一部成本上亿元、设备尖端、大导演加众多明星加盟的几年才拍出一部的电影都经常被讪骂成“烂片”，靠一点“散碎银子”拍一集的，且天天拍日日播的栏目剧能保证个个是精品吗？我想只有“假内行”才会以所谓“精品”的标准去要求栏目剧。

栏目剧的价值并不在于哪一集或某一期的成败，而在于它的“线性成果”。即日复一日、年复一年地与观众定期相约，给他们留下“实惠”。它的价值在于能像镜子一样成为观众天天从中鉴照自己、洞察自己的“日用品”。若想研究栏目剧就应该多看栏目剧，就像研究电影必须多看电影一样。如果这辈子偶尔就看了那么几部栏目剧就凭自己的感觉对它“忿恚不已”，这到底说明你是内行还是外行呢？想一想吧，栏目剧的收视率为什么经常比电视剧还高？为什么会爆出各种媒体纷纷效仿栏目剧的“雾都夜话”现象？为什么电影、电视剧也开始模拟栏目剧？这总是有原因的。

当然，栏目剧现在非常累，累得出了许多毛病。栏目剧现在最烦人的病痛是“性别紊乱”。如果说电视剧是男，栏目剧是女，这女的情乱意迷，对电视剧冗长的“倩影”、大把的金钱、精良的设备和众多的明星艳羡不已，屡屡向这男的献媚，她要么干脆变性；要么心甘情愿与这男的Make love，以致繁衍出一些被这“负心郎”啐骂为“山寨”的不伦不类的“生物学孩子”。之所以如此这般，恐怕是在栏目剧的大实践中缺乏理论支撑，芸芸众生只顾埋头拉车，忘了抬头看路……

广东南方电视台的一群被日播节目折腾得疲惫不堪的年轻人竟然抬头看路了。他们在实践中进行了独立的思考，认真总结了经验，并把这些都结晶成文字，成了《栏目剧在南方的实践》这本书。这无疑填补了栏目剧理论的空白。这些理论国外似乎没有，所以不能詈骂它也是“山寨”的，这是他们自己创造的。

第一次接触南方电视台的栏目剧是2007年第二届全国电视栏目剧评优年会，他们的《我是艾滋告知人》一片令人耳目一新，心灵震撼。它取材角度新颖，具有很强的时效性。它把一个医生经常将被确诊患有艾滋病的消息告诉给患者或家属那一刻的心态和“微动作”表现得栩栩如生，让观众不可抗拒地和剧中人产生互动和交流，让观众的灵魂超脱了“戏的构架”，与剧中人的生活紧紧地拥裹在一起，充分地凸显出栏目剧的最高追求，创造了让观众审美真人真事的情景。

这个“情景”有人称作“仿真性”，这个观点我赞同。现在大量的影视作品花大把的钱把真的拍成了假的，而栏目剧努力花最少的钱把假的拍成“真的”。这个“真的”绝不是新闻，也不是简单地记录生活，栏目剧不是让观众看新闻，而是看生活。这生活要让观众心理认同。一句话：观众相信你才是真的，不相信，你花再多的钱也是假的。这就是栏目剧的秘密，也是栏目剧的魅力之所在。

南方电视台的同仁对这一点理解得比较深，所以后来连续出了像《老爸的心事》《兄妹换肾》《京珠北》《容志仁——街边仔传奇》等多次获奖的好剧。这些剧在我国南方长期与光怪陆离、五花八门的“港剧”厮杀，其战果竟屡屡辉煌……

栏目剧除了在南方的实践，在重庆、在湖北、在江苏、在北京、在上海、在陕西、在黑龙江等全国各地还在继续大实践。实践是检验真理的标准，但这个“真理”姗姗来迟，南方电视台的同仁好不容易用血汗凝结了这本可称为“理论”的书，这应该说是一件可喜可贺的好事。当然，一些从没写过剧本，也从没拍过栏目剧的“智者”也许要对这本书说三道四，这也正常。有人靠说话吃饭，也有人靠干活吃饭，仁者见仁，智者见智。但我建议：如果真想研究栏目剧，不妨放下架子，亲自写几个剧本，亲自拍几部剧，拍完以后再来看这本书，也许你就有新的感受……

我也是一个劳累的实践者，以我二十多年拍了数千部集栏目剧的经历，我总觉得，栏目剧不是以栏目的形式播出的电视剧。这就像酱油和盐，都是咸，但咸得各有各的味道。但愿从这本书中能品出栏目剧自身的味道，从而再接再厉，创造出更多属于我们自己的美好！

［马及人，电视栏目剧创始人，中广协广播电视文艺（栏目剧）工作委员会会长］

目录

Contents

绪论：电视栏目剧——中国电视革命的第四次浪潮

2004年国内有学者将中国电视发展归纳为三次浪潮，分别为以《快乐大本营》为代表的综艺潮、以《东方时空》为代表的焦点潮和以《南京零距离》为代表的民生新闻潮。[①]六年以后，电视节目发展浪潮再涌，萌蘖于《雾都夜话》、以《真实故事》为代表的电视栏目剧，揭开了中国电视的第四次革命浪潮，发展态势、运营规模，丝毫不逊于以上几种节目形态。

作为近年来最为活跃的节目形态，中国广播电视协会、中国电视艺术家协会先后组织了不下20次的电视栏目剧评优、研讨活动，尤其是中广协广播电视文艺（栏目剧）工作委员会的成立（2006年12月），标志着栏目剧发展步入了一个快速上升通道。

评优研讨能屡次召开，基于蓬勃而旺盛的实践现实。此种形态的电视节目，在国家媒体（中央电视台、中国教育电视台）、省级台、直辖市台、市级台版面编播中占据相当重要的版面位置，排名大多占据城域收视率的前列。在受众为王的时代，观众用遥控器为电视栏目剧加冕。

与此同时，电视栏目剧的影响力从业界蔓延至学界。围绕栏目剧这一核心关键词的学术论文开始在业内核心期刊如《中国电视》《中国广播电视学刊》《现代传播》《视听界》《南方电视学刊》等不断出现，比例持续扩大。随之《人民日报》《光明日报》等也不断刊文展开讨论。栏目剧一时成为学术探讨的“显学”。

这样的前提下，对于栏目剧的系统论述，成为一种可能，同时也成

① 参见李幸：《十年来中国电视的第三次革命》，《视听界》2004年第1期。

为一种压力。

对于即将全面论述的电视栏目剧理论，是基于运作六年的栏目实践，我们是心怀忐忑的，同时又是充满憧憬的。

心怀忐忑首先源于个案分析对象的单一性。作为全国最年轻的省级媒体，南方电视台2001年创建至今不过12年历史。在这个充满创造力的平台上，《真实故事》运营6年。运作6年的一个栏目，能否支撑起理论的系统性和应用性，能否体现栏目剧操作的普遍规律性和特殊个别性？由此总结生成的理论归纳，是否具有足够的说服力、应用性和可参考性？这些都是我们的顾虑。

同时，我们又是充满憧憬、充满自信的。“现在必须弄清一个不容置辩的真理，就是马克思主义者必须考虑生动的实际生活，必须考虑现实的确切事实，而不应当抱住昨天的理论不放，因为这种理论和任何理论一样，至多只能指出基本的和一般的东西，只能大体上概括实际生活中的复杂情况。”①

2008年12月南方电视台承办第三届全国电视栏目剧评优年会。图为参会者合影。

① 列宁：《论策略书》，《列宁选集》第3卷，人民出版社1972年版，第26页。

一、栏目剧，博弈境外媒体的新生力量

有底气基于个体栏目运作的基础上作理论的总结，更重要的，是源于《真实故事》生存的文化背景，相较于其他国内同行，《真实故事》的发展存在有其独特的“时代精神气候”背景。

简单一点说，作为南方电视台品牌节目群的重要组成部分，探讨《真实故事》的个案理论价值，首先要了解南方电视所处的媒体生态环境。

比邻港澳，身处鸦片战争的古战场，脚踏海上丝绸之路的发源地，广东历来就是改革和开放的前沿阵地，器物、制度和文化，革命色彩渗透到各个层面。具体到广电领域，根据世贸协定，珠三角成为外资媒体进入的试验田和试耕地。经广电主管部门批准，目前在广东全境以及全国三星级以上酒店和特殊社区落地的境外电视频道已达30多个，其中，广东地区通过有线电视合法进入的包括凤凰卫视等9家境外媒体：

2001年6月，香港凤凰卫视在广东珠三角部分地区落地，成为第一家在广东珠三角落地的境外媒体；

2002年2月，美国在线—时代华纳公司旗下的华娱电视正式落地；

2002年4月，正式批准了美国新闻集团旗下的星空卫视在珠三角播出；

2002年7月，正式批准了香港亚洲电视广播有限公司本港台、国际台在珠三角播出；

2003年4月，正式批准美国维亚康姆传媒集团旗下的MTV音乐频道在珠三角播出；

2004年8月，正式批准香港电视广播有限公司的翡翠台、明珠台在珠三角播出；

2006年4月，澳亚卫视获批准进入珠三角（九市）地区。[①]

① 参见王克曼、冯令沂：《南方模式——中国广电体制改革》，广东人民出版社2008年版，第9页。

如何应对境外电视的大举入境，如何保有并继续扩大本土电视的市场份额，成为广东广电最急于解决的重大课题。“全球化环境下电子信号及其携带的信息和观念跨越边界的传播，不再是一种预测，而是既定的现实。境外及香港电视落地后，对广东的电视传媒生态环境，包括舆论环境所处氛围、节目和广告市场、产业发展等方面都产生了较大的冲击和影响，使广东的电视传媒面临激烈的市场竞争和全新的挑战。”①

事实上，广东的天空，广东广电与境外广电的竞争，从20世纪80年代就已经十分激烈了。尽管历代广电人做出了艰苦的努力，可是一直没有从根本上改变竞争的劣势格局。到了上世纪90年代初，广东广电被迫接受了一个现实，香港电视在广东全境进入的现实，香港电视占据广东收视市场80%的残酷现实。

如何应对实力强大的香港电视，如何应对同宗同源同语却不同境遇的背景下的冲击，这是广东广电急需解决的难题。

2001年12月10日，经国家广播电影电视总局（简称“广电总局”）批准，广东新的省级电视台——南方电视台正式开播。广东省存在两个省级电视台，广东电视台与南方电视台。

战略层面布局，“双龙出海、双拳出击”，南方电视台经过艰苦卓绝的市场竞争，使得海外电视媒体占有率由2001年前的70%下降为2006年的30%，“守住了市场，发展了产业”，“在坚持正确舆论导向的前提下赢得了观众、赢得了市场、赢得了电视文化传播主导权”②。

国家广播电影电视总局发展研究中心曾对南方电视台有过这样的评价：“南方电视台，作为中国最年轻的省级电视台之一，从2001年12

---

① 区念中、余瑞金等：《电视传播与边界跨越：境外及香港电视落地后对广东电视传媒生态环境的影响和对策》，羊城晚报出版社2006年版，第9页。

② 靳智伟、华明、卢锋：《南方博弈——全球化语境下的电视竞争策略》，南方日报出版社2006年版，第3页。

月20日正式开播至今，通过组织优化和流程再造、定位调整、差异化竞争、品牌塑造等一系列举措，成为广东市场上收视份额增长最快、升幅最大，并能与境外电视竞争的主力。”①

定位调整、差异化竞争以及品牌塑造的一系列举措中，《真实故事》起到了相当重要的作用。

全球化竞争格局下，广东地区的天空已经开放，广东电视的今天就是内地电视的明天。面对大量境外媒体竞争，《真实故事》在遏制海外电视媒体对广东地区受众思想、情绪、观念、价值判断负面影响的角色扮演中起到了什么样的作用？节目运营的理念和模式又是怎样的？市场接受和品牌美誉如何兼顾？相信对类似问题理论层面的总结，会对国内同行有深刻的反思价值和借鉴意义。

这种理论的架构，不是缘木求鱼，恰恰是建立在一系列有探索价值的实践基础之上的：

在技术与操作层面，《真实故事》采取了系列行之有效的手段，积累了系列成功经验；

在管理体制和运营机制方面，《真实故事》借仿西方独立制片人模式，结合具体情况，体制严谨，机制灵活，环节把控收放有序；

在艺术创作层面，《真实故事》在尊重普遍剧集创作规律基础上，强化新闻性，强调策划力。

《真实故事》没有局限在一个节目、一个栏目的运营死角，相反的，拓展平台，开放空间，打通产业链条，在深受电视受众喜欢的同时，也受到了业界的高度认可。作为广东地区第一档原创电视栏目剧，其后引领广东地区栏目剧创作的高潮，从一花独放，到百家并存，最高

① 国家广播电影电视总局发展研究中心：《2007年中国广播电影电视发展报告》，新华出版社2007年版，第379页。

峰时期，广东地区能同时看到八档电视栏目剧。其后此消彼长，间断存续，陆续消亡，唯有《真实故事》始终保持较高的影响力和美誉度。

二、栏目剧，实践转化为理论的可能

栏目剧是中国特有的节目形态，经历了 12 年沉淀的电视栏目剧，在 2006 年厚积薄发，以一种主流的面孔出现在大众面前，大有星火燎原之势。

重庆电视台的《雾都夜话》，一档制作费不超过 1 万元的自办栏目，办成了响亮品牌，收视率跃居本台自办节目前列；

陕西电视台的《都市碎戏》，也把 22：00 这个时段仅有零点几的收视率一下猛地拉到 6 个百分点，从而改变了一座城市百姓的作息时间；

湖南经视的《故事会》，是一档新闻记者当编剧制作的栏目剧，居

第三届全国栏目剧评优年会（《真实故事》推送的《容志仁——街边仔传奇》获全国评优一等奖。左一为该片编导）

然不受任何黄金剧的影响，最高收视率超过 9 个百分点，同时被全国 20 多家电视台购买；

南方电视台的《真实故事》更是迅速造就了收视率和收益的双重奇迹，收视率、市场占有率推出一个月就稳居同时段广东地区栏目收视率首位，栏目冠名广告和特约广告三个月内成为炙手可热的产品。

毫无疑问，电视栏目剧正在成为 2006 年中国电视节目的新宠，并在随后的几年，引领电视节目制作风潮。

无论是《爱情魔方》，还是《欲望都市》，这些栏目剧无一例外都拥有着相当多的忠实观众与踊跃参与者；

无论是《本塘第一剧》，还是《大侦探西门》，也都牢牢占据观众眼球，平均 2.0 以上的收视率打败了不少电视剧。

在这种形势下，电视栏目剧如何在竞争中继续保持优势，就更需要从一种文化的角度审视自身的特点，要保持并突出自身的现实性与贴近性。

与此同时，还应保证绿色收视和可持续发展，改变现有各生产单位各自为战的局面，整合有限的资源，进行充分、合理、全方位开掘。

资源共享，降低制作成本，探索“投资—市场赢利”的运营方式，使电视栏目剧在良性循环中继续发展。

栏目剧在丰富着中外电视节目类型的同时，对其内涵和外延的讨论从未停止过，其研究重点集中在以下几个方面：栏目剧的本体为何；栏目剧形态和构成要素有哪些；栏目剧创作关键所在；栏目剧受众特点以及栏目剧发展趋势何在等。

相对于丰富的实践，栏目剧理论研究严重落后。有关栏目剧的定义、形态分析、文化生态论证等研究不断涌现。然而仔细推敲，也许不难发现，这些提法更多的是一种约定俗成的结果，缺乏严格的学术论证，并非完全都是严格的学术话语。

以栏目剧的本体研究为例，有关这一形态的核心，节目形态的名称界定上，究竟是“栏目剧”、“剧栏目”还是“电视故事”，有关学者和专家都有各自不同的意见。而像在定义、节目形态、构成要素、真实性、新闻性、戏剧性等多个范畴和领域也多有论争。这一状况恰恰反映出栏目剧生产创作火爆而理论研究相对滞后的现实。

理论被实践牵着鼻子走，一定程度上阻碍了理论应有的超脱和审视问题的高度，很有可能步入实用主义的误区。

因此，在业界红火创作实践的基础上，尽早归纳整理出栏目剧理论、填补这一理论空白成为当务之急。

理论是灰色的，实践之树常青。

《真实故事》不是栏目剧形态的萌蘖鼻祖，可作为经过6年由自发向自觉实践、不断追求理论支撑的栏目，《真实故事》一直在实践着电视栏目剧存在和发展的理论，反过来对栏目剧理论进行补充、生发和升华。

栏目剧，作为一种面向市场、面向受众的节目样式，其产生、存在以及壮大体现了中国电视发展的规律，契合了传媒的传播理念由传者本位向观众本位转变的文化背景。以“老百姓的大舞台”为标志语的《真实故事》，恰恰顺应了当代电视发展的潮流，直接得益于民生化和服务性等电视制作理念的影响。

同时，也是更重要的，《真实故事》对这一节目类型继续加以丰富，使这一概念处于发展的进行时态。这一点恰恰是我们最为看重的。2009年中广协广播电视文艺（栏目剧）工作委员会第四届年会，中广协将全国唯一的一个栏目剧研发基地——“南方研发基地”授予了《真实故事》栏目组，充分肯定了《真实故事》的存在意义。

以《真实故事》实践基础为依托，本书分析对象也将涉及全国各地比较具有代表性参考样本的栏目，具体如中央电视台《法制俱乐部》、北京电视台《大城小事》、上海电视台《百家心》、湖南经视《故事会》、苏州电视台《故事会》、四川电视台《生活麻辣烫》、成都电视台《成都情事》等，尤其是一线主创人员撰写的导演阐述、创作体会、理论分析等。

同时，电视栏目剧发展史上几次重要的学术研讨会和七届评优年会也将为本书提供强有力的学术支持，具体为2006年杭州、2009年威海的两次学术研讨会；作为中广协最活跃的学术委员会，中广协广播电视文艺（栏目剧）工作委员会从2006—2012年连续七年组织召开学术研讨会和评优活动，分别于苏州、济南、广州、福州、西安、昆明、武汉等地举行的七届业内和专家交流，研讨碰撞出大量的成果。

另外，截至目前，与栏目剧研究相关的研究成果以论文的形式发表于一些学术刊物，其中像《中国广播电视学刊》《现代传播》《当代电视》《电视研究》《中国广播影视》《南方电视学刊》《视听界》《综艺》等，对栏目剧这一类型的作品或在形态样式、美学规律及创作手法等方面总结归纳，或侧重谈创作体会、实践感悟。这些资料也为本书提供了丰富的个案研究，具有相当的价值和意义。

作为第一本电视栏目剧研究的学术专著，笔者立意在探索，旨归在发展。我们自知，基于某个电视栏目实践基础上的学术分析，其价值构件和学术架构肯定也不可能十全十美，在揭示、分析某些规律的同时，会留下更多学术探讨甚至争鸣的空间。可我们同时也坚信，这也许就是栏目剧及其理论充满活力、充满可能性的表现。

本书的理论性和系统性是撰写者致力追求的，希望有关栏目剧理论的探索和总结实现一定的开创性和前瞻性，所引用的国内外影视理论、文化理论、美学理论、社会学和符号学理论，都只作为一般的参考，不作为理论的依据。业界创作的直接经验和学界交流的间接收获，将是本书立论的重要来源。

电视栏目剧的实践及其理论探索，以及这本即将问世的理论专著，都在屏声静气、心怀忐忑地期待着广大读者和专家的批评指正。

第一章

南方模式下的南方特色

地球村概念的形成，源于经济全球化、政治全球化以及文化全球化趋势的日益明朗。

2010年4月，中国国际广播电台的一档调频节目——HITFM收听率直线下降，下降的原因，是因为冰岛火山爆发。初听起来不可思议，欧洲岛国跟亚洲大国相隔万里，怎么会因此带来收听率的下降。可事实就是如此。

冰岛第五大冰川——埃亚菲亚德拉冰盖冰川下一座火山4月14日开始喷发，不仅融化了大量冰川导致山洪，其产生的烟尘随风飘移至欧洲大陆上空，给欧洲带来了长达一周的航禁，据欧盟委员会的初步统计数字，受冰岛火山灰影响，欧盟国家共有10万个航班被取消，1000万人滞留，其中，就包括该调频节目的两位颇受欢迎的主持人。作为节目品牌最具标志性的符号，主持人的缺席致使节目收听率下降自然也在情理之中。此类蝴蝶效应事件的发生，有力地说明了一点，全球化的时代，已然到来。

社会的变迁，在20世纪前，是以一种平和有序、可以理解的方式在理性的堤岸里缓慢流淌的，这样一个溪水潺潺、温润绵延的过程中，包括真假、善恶、美丑、是非等诸般价值观念形成，如同天地万物，消长明灭，往往被视为不证自明、天经地义的东西。然而，随着时代的发展、社会的进步，个体越来越多地从“自然人”的角色扮演向“社会人”转变，既定的认识、概念，随着视野的开阔，曾经认为可以理解的世界、把握的世界，如同脱缰的野马，突然之间失去了控制。“欣然自喜，以天下之美为尽在己”，这时的我们，如同庄子笔下的河伯，曾经以为江河浩荡就是世界，殊不知面对浩渺的汪洋，极目不能测出边界，不得不望洋兴叹。

16世纪，葡萄牙人卡蒙斯写下这样的诗句——“大地在此结束，海洋由此开始”。包括葡萄牙人在内，当时的人们普遍相信，大陆在这边，海洋在那边。大地之上，每一个地域的居民，都身处世界的中心位置。

时间发展到20世纪，如今，人们不但知道了地球是圆的，更加因为这个由五百年前哥伦布航海证明是圆形的地球上，越来越不可能独处一隅而悄然自乐了。不同文化的交往越来越频繁，以至于在许多国家已经有了专门研究文化间沟通与交流的学问——跨文化比较研究。尤其是随着广播、电视和网络的出现，人与人之间的时空距离骤然缩短，整个世界紧缩成一个“村落”，每个地球人，成了村落里的公民。

地球村的出现打破了传统的时空观念，使人们与外界乃至整个世界的联系更为紧密，人类相互间更加了解了。地球村现象的产生改变了人们的新闻观念和宣传观念，迫使新闻传播媒介更多地关注受传者的兴趣和需要，更加注重时效性和内容上的客观性、真实性。

地球村与全球化是互相捆绑的两个概念，伴随着互联网的发展而发展，是信息网络时代的集中体现。同时，也是知识经济时代的一种形成，而现代交通工具的飞速发展，通信技术的更新换代，网络技术的全面运用使地球村得以形成，全球化趋势日益明显。古人灯下捻须吟诗愁断肠，今人捧着话筒对着MTV的画面抒情；从前的恋人沉浸于晓风残月或雨打芭蕉的意境，今天的人们通过网络在虚拟的现实中体验感情的跌宕起伏，越来越多曾经的“有意味的形式”，转变成了“机械复制时代”的快感。

人类社会的历史，正从地域的和民族的历史，迅速走向世界的历史。

面对纷繁复杂的世界现象，现代人表现出了卓敢踊跃的态势和气度，在不断的探索和实践中，拥有了更强的认识世界、把握世界和改造世界的能力。

广东媒体人身上，很好地体现了此种能力的产生、发展。

当今，世界上发展最快的国家是中国，中国最富于活力的地区是广东，广东最具新生力量和成长性的媒体是南方电视台。在这样一条探索新生和成长的路上，基于南方电视台11年运作发展的实践现实，业界和学界对南方电视台做了最为精准的概括，“南方模式下的南方特色”。

什么叫南方模式下的南方特色？要说明这一点，需从广东所处的独特地理环境、历史、人文和经济地位谈起。

读懂一个对象，两个版块足以构成一个整体，一个是关于地理的，一个是关于历史的。

将《真实故事》作为一个主要的分析对象，认清这样一个栏目是怎样产生并孕育壮大的，也应该基本遵循“区域/广东—平台/南方电视”这样一个层面推进。

身处国内市场对外开放的前沿，广东遭遇全球化更早。在这场全球化的遭遇战中，传媒行业同其他行业一样，经历着全球化的洗礼。

广东地区电视传媒长期受到境外及港澳电视传媒的渗透、压制，受众长期徘徊于国内主流传播意识和海外文化传播思潮的影响之间。广东的电视传媒市场经历着最为激烈的多元对垒和生存竞争，一场关于市场份额的捉对厮杀精彩上演。

自从中国加入世贸组织之后，境外资本高度关注中国的传媒市场，几年之内，世界著名的大传媒集团如维亚康姆、新闻集团、时代华纳等等纷纷进入中国内地市场，尤其是2000年以来，国家广电总局陆续批准了9个境外频道在广东正式落地，使广东成为全国唯一有境外电视频道在模拟电视网络开路播出的省份。

尤其需要指出的是，因为地缘和文化的相近性，港澳电视节目尤其香港电视节目，分流了珠三角地区电视观众的绝大部分。

香港电视节目最早进入广东是从毗邻港澳地区的珠三角居民自发接收香港电视开始的。

香港主要电视台有两个：其一，无线电视广播有限公司（简称无线电视或TVB），下辖两个频道，中文频道翡翠台以粤语方言播出，外文频道明珠台以英语播出；其二，亚洲电视有限公司（简称本港电视或ATV），前身为“丽的映声”电视台，下辖两个频道，中文频道本港台以粤语方言播出，外文频道国际台用英文播出。

香港电视节目主要用粤语方言播出，本土化色彩浓郁，节目和广告中大量播放西方现代生活、娱乐内容，加上是彩色图像，画面清晰，对当时刚刚摆脱“文革”十年浩劫和闭关锁国、百废待兴、精神文化生活依然十分贫乏和单调的内地观众来说，无疑具有极大的新鲜感和诱惑力。因此，自发收看香港电视节目的行为首先在珠三角地区蔓延，在城乡许多高楼或平房上，指向南方的鱼骨天线架设得密密麻麻如同丛林，成为城市的一大奇观。

这一段时期，广州地区的收视市场占有率，境外、港台电视节目与内地电视节目（包括中央电视台系列频道、广东电视台系列频道、观众所在的城市电视台系列频道及省级卫视卫星频道等）之比是72.5：27.5，外强内弱，形势不乐观。

境外广播电视节目的进入，已经对本地广电业的生存和发展构成了致命性的威胁。

如同清朝粤商的横空出世，2001年12月20日，广东南方电视台正式开播，成为继省内现有的广东电视台之外，国家广电总局批准成立的又一个省级电视台。

在国内传媒运营体制合大于分的大环境下，南方电视台和广东电视台的平行分立，究竟是一个“潘多拉的盒子”，还是一盏“阿拉丁神灯”，帮助广东实现市场份额的全面飘红？

10年之后，南方电视台通过艰苦卓绝的市场竞争，在坚持正确舆论导向的前提下，赢得了观众和市场，也赢得了电视文化传播主导权，南方电视台自身在广州地区的市场份额，从2001年的6.5%，提升到2009年的20%（AGB尼尔森数据）。经营创收每年平均递增1亿元。

成立10年的南方电视台不仅渡过了生存关，而且在与境外、港台媒体的竞争中获得了跨越式发展。

一定程度上，广东电视的今天可能就是内地电视的明天。南方电视台坚持实行差异化战略、合作竞争战略，打造本土化电视传播内容，实行本土化运营机制，发展联合经营，在应对全球化电视竞争挑战中取得了一定的成绩，它的实践可以作为国内其他省份兄弟媒体未来面对境外、港台媒体全球化竞争挑战的借鉴和参考。

本章探讨的重点是，以栏目剧为分析对象，探讨南方模式下的南方特色包含两层意思：一方面是栏目剧给广东电视市场所带来的冲击和变化；另一方面是指南方电视台对于栏目剧的探索和思考，尤其是南方电视台这几年在创新机制，打造品牌节目，与境外、港台媒体竞争等方面取得的一些经验和体会。

第一节 全球化背景下的南方模式及品牌运营

《真实故事》之所以在遵循栏目剧运作普遍规律外能走出一条独具特色的创新之路，与南方电视台的发展历程、与其体现出的南方模式有着密不可分的关系。

一、传媒全球化现状及趋势

1997年10月26日，《国际先锋论坛》刊登了一则报道，标题为“全球化跃变为现实”，报道一出就达到了震惊的效果。当时的社会情境下，全球化多多少少属于前瞻性的话题。到了21世纪的今天，全球化早已成为政治、经济、文化和日常生活之中的一个普通术语。“对于每个人来说，‘全球化’是世界不可逃脱的命运，是无法逆转的过程。它也是以同样程度和同样方式影响我们所有人的一个过程。”①这让我们意识到，全球化已经成为一个不可争辩的事实。不管我们对全球化抱以何种态度，我们都不得不面对全球化这一事实。对某些人而言，“全球化”是幸福的源泉；而对于另一些人来说，“全球化”是悲惨的祸根。然而，对每个人来说，“全球化”是世界不可逃脱的命运，是无法逆转的过程。

广东电视遭遇全球化前，首先遭遇的是“港化”，或者说，全球化

① ［英］齐格蒙特·鲍曼著，郭国良、徐建华译：《全球化——人类的后果》，商务印书馆2001年版，第3页。

的过程，也正是“港化”的过程。

2008年中秋前夕，广州白云山，广钢退休的花姐带着6岁的乖孙登顶白云山摩星岭时遭遇劫匪。面对劫匪长棍在手、威逼利诱，58岁的花姐毫不畏惧，高声厉喝引来爬山街坊，擒住了劫匪。当地媒体采访时候，提到一个细节。花姐护住孙子、大声呵斥劫匪时，喊了这样一句，“唔使惊（粤语，不用怕的意思），荷妈在大厅”。花姐对记者解释，一想到荷妈一人拉扯大6个子女的勇毅果敢，自己才有了勇气直面劫匪。

荷妈是香港翡翠频道热播剧《溏心风暴之家好月圆》里的主人公，这个独立自主、勇敢坚毅的女人，经常用“唔使惊，荷妈在大厅”这句话鼓励子女、保护子女。这样一部香港热播剧，居然成了广州花姐的精神支柱，影响之大，可见一斑。

广东与香港地缘和文化上的相近性，使得广东地区的电视观众受到香港传媒的影响尤为深刻。这种“港化”影响，一方面有不容小觑的正面意义，同时也应看到，由于体制、文化背景的不同，香港电视在传达西方文化意识形态方面，不受拘束，鱼龙混杂，泥沙俱下。广东地区电视传媒长期受到境外及港澳电视传媒的渗透、压制，受众长期徘徊于国内主流传播意识和海外文化传播思潮的影响之间。

同时还要看到，受到传统通信方式的限制，全球化成型前，文化具有浓厚的民族色彩和地域特征，传统的文化观念、文化心理也较为狭隘和封闭。信息革命从根本上变革了通信工具和交流手段，开辟了文化传播与文化交流的新时代，使民族文化、地域文化向外扩散，从而导致各种民族文化处在不断交融和碰撞之中。这虽然有利于不同文化的民族相互交流，但也为文化霸权主义打开了方便之门。

冷战结束之后，亨廷顿的“文明冲突论”、汤林森的“文化帝国主义”、福柯的“话语霸权”等以研究文化为代表的学说，都令原本隐藏在政治、经济背后的文化因素，在国际关系学术研究中得到更多的重视。

葛兰西认为“文化霸权”指的便是国家借助历史、政治和经济等力量，加强并运用文化力量来制约和影响世界事务和其他国家内部事务的发展过程。信息技术发达的国家利用技术优势，一方面妨碍他国对信息的自由运用，另一方面撬开别国的大门进行思想文化渗透，发动攻心战。信息技术很有可能成为新的文化霸权工具，威胁着弱势国家的民族文化。在文化全球化的背景下，经济、政治处于弱势地位的国家和地区，其文化生存也普遍遭遇排挤，或者消亡，或者扭曲。美国借助好莱坞电影、电视剧的全球传播，凭借其在多媒体、互联网、卫星电视等方面无可争议的优势，依靠跨国公司的商业渗透，正在占领着各国的文化市场，引导各国的文化潮流，很大程度上将美国的生存方式、生活价值灌输到其他国家。以加拿大为例，因为地缘和语言的缘故，加拿大文化市场上，95%的电影、93%的电视、75%的英语电视节目和80%的书刊市场为美国文化产品所控制。为此，2013年以来加拿大政府投入重金，采取多种措施保护本国文化。同样的事情也发生在欧洲，欧洲各国影视界视好莱坞为劲敌，法国甚至发出“重建文化的马其诺防线”的口号。

相对于发达国家在文化领域的自觉意识，第三世界国家和地区的民族文化则面临着更为尴尬的境地。同样的，具体到广东地区，西方主流意识形态的渗透，通过“港式”电视，逐步销蚀。

文化全球化本应是世界各种文化之间相互尊重、并立互存、相互交融、共同发展的，而不是单一主流文化淹没了其他民族文化的声息。文化的多维性、异质性、多样性本应得到充分的尊重和发展，可事实并非如此。各民族的文化发展空间越来越狭窄，越来越处于边缘化状态。

这种边缘化的副作用，首先表现为文化产业的危机。

对文化产业概念的认识越来越趋同于一致性，文化产业利益空间巨大。美国广播电视产业的发展可以和美国70年代的农业、80年代的汽车工业、90年代的航天工业以及近10年间的音像工业相提并论。据统计，美国文化产业的经营总额近几年高达几千亿美元。其中，好莱坞大片、三大电视网的娱乐节目、时代华纳等公司制作的流行音乐占据很大份额。在美国的商品出口中，视听业紧随航空业和食品业之后，每年为美国提供1700多万个就业岗位。

不论是在内部市场还是金融市场上，美国电视产业都有高达几十亿美元的融资能力。他们握有很多最流行节目的版权，拥有或掌控着大量生产设备和很强的节目制作能力。他们几乎可以给受众提供所有需要的信息，从体育赛事到芭蕾表演、政治评论、脱口秀、新闻，以及所谓的纪实节目、历史节目、话剧和喜剧等，只要需要，他们还可以提供得更多，还可以吸引更大规模的受众。与此同时，这种产业，正通过国际商业公司，渗透到其他国家，力度之大，范围之广，除了在经济层面、产业层面产生直接威胁外，更重要的是使文化输入国的民众产生文化认同和身份认同上的危机。

国内学者曾用“美国的文化产业压路机正向中国驶来”[①]形容美国文化对中国文化的侵蚀。这种文化认同和身份认同的危机，既包括了民族和大众的群体式焦虑，同时也包含了个体对于自我身份迷失的主体性焦虑，最终会直接导致民族自尊心和自信心的损伤，会导致民族传统文化的消解和断裂。这是全球化危机所带来的副作用里，更为沉痛、更有震撼力的一面。具体到电视业，星空卫视有一定的代表性。

星空卫视是美国新闻集团在亚洲的全资子公司星空传媒旗下的综艺频道，节目以综艺和娱乐内容为主，全天24小时普通话播出。

星空卫视拥有全球最大的当代华语电影库，收集超过千部华语电

① 李怀亮、刘笛：《文化巨无霸：当代美国文化产业研究》，广东人民出版社2005年版，第26页。

影，并同多家优秀华语制片商以及众多好莱坞大制片集团商签约长期订购影片，享有独家首轮播放权。2002年3月28日在广东落地后，星空卫视播出的港台电影收视率上升极快，成为拉动总体市场份额的主力节目，在众多的青少年观众中有着极高的影响力和号召力。

这必然地提出一个要求，广东电视需要直面香港电视传媒竞争压力，必须经历最为激烈的多元对垒和生存竞争，一场关于市场份额的捉对厮杀精彩上演。

二、南方模式呼之欲出

广东电视生存和发展，由于其特殊的地理和文化背景，遭受了更为深层和广阔的全球化压力。前有境外电视的伏击，后有国内卫视频道、港台电视等追兵，如何消解全球化带来的双重危机？如何在境外传媒和同级媒体的夹缝中迎来春天？

2001年6月30日晚，对于广东广电改革者来说，是一个动人心魄的夜晚。正是在6月的这最后一个晚上，广东省广电局正式接到国家广电总局的一个批文，批文内容是，同意将广东有线电视台和广东经济电视台（无线传输）合并成为广东南方电视台。

2001年12月20日，南方电视台正式开播，旗下有经济、都市、综艺、影视、科教、少儿六个频道。

南方电视台成立伊始最突出的问题是：如何在短时间内打开市场缺口并形成较好的社会效益和经济效益，不断增强实力和竞争力，从而在境内电视军团的收视市场占有份额，与境外电视展开竞争？面临着这一核心问题，南方电视人清楚地意识到，对抗全球化、消解副作用，本土化内容、差异化策略是最为有效也最为关键的突围之路。

中国电视生产的“本土化”，简单来说，就是依据中国的特殊国情，立足中国的社会现实，按照中国电视媒体自身的运行规律，遵循中国电视观众的接受习惯与实际需要，组织、制作与传播具有中国民族特色、气派、风格、口味的电视节目。

需要指出和说明的是，“本土化”观念并非一个封闭的、停滞不动的观念，而是一个流动的跟随中国社会发展而不断发展着的概念。

具体而言，南方电视力图“本土化”的努力，体现在电视的节目内容、文化构成、审美品格与表述方式等多个方面。

（一）关于电视节目内容的“本土化”

内容本土化跟国外电视节目的引进和模仿有很大关系。

20世纪90年代，中国电视经历了从电视纪实节目—电视栏目化—电视谈话类节目—电视直播节目—电视游戏娱乐节目五种节目理念、节目观念的沿革历程。毋庸置疑，这些电视节目理念、观念都不同程度地受到了国外电视节目理念的影响，尤其是进入新世纪以来，国外最新的节目形态、最潮流的版式内容，都能第一时间传入国内，并很快被国内同行模仿。媒介的“国际视野”在近两年被重新炒热，事实上国外很多电视栏目确实做得有声有色，值得我们借鉴，然而这一“借鉴”也带来了很大的问题。红极一时的《超级女生》很好地借鉴了美国的真人秀节目，并且从此将真人秀之风卷入中国；《丑女无敌》则将“贝蒂”这一角色充分的本土化，加入世界各地“贝蒂”的行列之中；浙江卫视的《我爱记歌词》则是《合唱小蜜蜂》的中国化再现。

然而，2008年12月30日，英国ITV亚太总裁Jamesross亮相江苏卫视，称已经向国家广电总局投诉湖南卫视的《挑战麦克风》为抄袭，表示愿意与对方协商解决。到底有多少创意和内容相同才算是抄袭，这在中国法律上目前还没有明确的界定与说法。如何将国外栏目的内容和形式进行本土化操作，才能获得大众认可和拥趸？新组建的南方电视台，究竟该走怎样的本土化道路？

成熟的广东市场，蛋糕已经由先入者瓜分完毕，对新的市场进入者而言，成功的关键就在于能否彻底执行有效的本土化策略，消除业已形成的行业壁垒。

在与境外电视媒体的竞争中，2003年以前，南方电视台通过外购节目支撑整个台的收视率和发展，收购主体以港台影视剧和综艺节目为主；2003年之后，逐步提高自办节目对频道的贡献，全台自办节目的收视率贡献一举超过影视剧。其中，民生新闻成为实力最强、最受观众欢迎的节目。

你无我有，你有我优，在成功打造《今日一线》《城事特搜》等民生新闻基础上，南方电视台又先后成功创办了《都市笑口组》《马后炮》《真实故事》《拍案》《今日最新闻》《桌桌有娱》《放学我当家》等一系列自办品牌节目，充分体现了南方电视台本土化的特色和优势，成为竞争中取胜的法宝。

（二）电视文化构成的“本土化”

南方电视台成立之初的定位很明确：改变广东电视生态格局。

广东处于对外开放的前沿，广东电视观众相对于内地观众，受到的多元文化影响更立体、更深入。南方电视台成立的目的，就是要改革广东电视，搞活广东电视，办一个以新体制为运行特色的新台，与原有的广东电视台联手，在全省范围内形成“双龙出海、双拳出击”的局面，提高广东电视的整体竞争力，在此基础上，将大众文化传媒的本质特性发挥到极致，先普及，后提高。

在这样一种理念的支撑下，南方电视台立台之初，充分研究受众特点，深入把握受众审美特征，节目内容主体构成，从港台影视和综艺节目，慢慢向本土自办民生节目转型，实现了从吸引受众到培养受众的完美转型。

（三）关于电视审美品格的本土化

中国电视的美学传统与审美品格，与中国社会主义的美学传统与审美品格紧密相连。在50年代至70年代，以社会主义现实主义为主要创作方法，以理想主义、英雄主义为目标追求，呈现出壮美、崇高的主导美学类型。80年代，改革开放的时代精神为中国电视注入了新的美学因素，以批判现实主义为主要创作方法，以文化反思与浪漫激情的结合为主要特征，呈现出优美、和谐的主导美学类型。

90年代以后，中国电视形成“多元化”的格局，现实主义、浪漫主义与现代主义乃至后现代主义方法多元并存，以纪实主义、娱乐化、新英雄主义、平民化为新的特征，深沉、悲壮与优美、和谐及滑稽、不和谐等美学类型多元鼎立，审美品格呈现多元复杂的局面。

具体到广东电视美学风格，因为受港台影响比较严重，暴力美学、生活美学的特征比较明显，平民化的色彩更为浓厚。在这样一个现实基础层面上，南方电视台遵循这样的美学特征，节目制作具有更强的民生性、市民化的特点。

不论怎样变化，和谐、合一仍然是南方电视审美品格境界中最为基本和重要的类型，即在电视产品中，在对立、矛盾、冲突中追求和谐、统一、合一，是民族“和合之美”美学传统的现代延续。

（四）电视表述方式的本土化

电视的表述方式，或电视的表述风格，包括电视的叙事方式、语言风格等。电视的表述方式必须要符合电视传播者、电视观众及与他们共处的特定时空之间的关系。所谓电视表述方式的本土化，即意味着电视在叙事方式、语言风格等方面，满足民族特色、地域特色及时代特色的需要。

2003年10月1日晚9点30分，家住恩宁街的吴姓师奶停住了手中的遥控器，将电视画面定格在南方电视经济频道一档叫《今日一线》的新闻栏目。“眼睛一眨，老母鸡变鸭，街头骗子玩魔术，叫你真钱转眼变假钱……有钱能使鬼推磨，今天我们要说的是芳村窖口汽车站一带，假钱能使鬼推磨的事儿，这鬼，就是成行成市的走鬼摊档。”原本对普通话节目不感兴趣的吴师奶，突然之间觉得，原先听起来极其不顺耳的普通话，似乎好听了许多。口语表达，市井调侃，《今日一线》大获成功，恰恰是因为用老百姓最喜欢的方式讲述身边的故事。

南方电视台的叙事方式建立在中国传统思维方式的深厚基础之上，如线性的逻辑思维与感性的形象思维的结合，主体情感抒发、表现与客体意象展开、再现的结合，单一视点与多个视点的结合、写实与写意的结合等都是一贯的原则。再如对情节性、故事性的重视，对现实性、教化性的重视，对完整性、统一性的重视，对整体性、群体性的重视等，这些特点，在其他诸如《城事特搜》《真实故事》等品牌节目中，均有鲜明的体现。

南方电视台表述方式的本土化，适应、满足了中国电视观众的观赏习惯与传统趣味。正是会知此意，南方电视台才制作了诸多广东电视观众喜闻乐见的中餐大宴。

三、本土化、差异化竞争策略下的品牌运营

南方电视台成立前，以中央电视频道系统、省级卫星频道系统、广东电视台频道系统以及地市级电视台频道系统等组成的境内电视阵营、数十个频道竞争不过两个境外频道的尴尬局面长期存在，原因就在于同质化现象过于严重。

只有寻求差异化的市场定位，才能在市场竞争中立稳脚跟。在广东地区激烈的市场竞争中，差异化策略成为南方电视台参与市场竞争的突破口。以差异化战略构筑竞争优势，南方电视台在以下几个方面做了有效探索：

（一）塑造“南方”品牌，打造“闪亮的标志”

把南方电视台作为一个产品，短期内塑造一个新的市场品牌，迅速

提高它的知名度和曝光率，让观众和客户知道、了解并接受，借品牌影响力，对观众的收视行为和广告客户的购买意欲产生直接的影响，是南方电视台战略发展和管理的第一步。

立台之初，南方电视台就以鲜明的视觉标志统一全台形象。为了区别竞争对手，让品牌更易于辨别、更加闪亮，南方电视台在开台之初就建立CI系统，推出了一套由“朱雀图案”和“TVS”字母变形为主体的识别系统，包括台标、标准色、声音标志、标准字、话筒标志、片尾字幕定版、频道形象片花、频道形象宣传片、标志音乐等。

同时，大活动带动大营销，大营销带来大影响。南方电视台启动一系列的品牌营销活动，包括南方时尚盛典、南方阅读盛典、南方影视盛典、南方慈善盛典、南方多媒短片盛典、南方戏剧盛典等在内的盛典系列，迅速开启了南方电视台“闪亮的标志”。

图1–1　南方电视台五大盛典logo

（二）打造进入市场第一梯队的频道

鉴于南方电视台所处的市场环境及自身资源情况，在认真分析和研究广东电视市场形势的基础上，南方电视台确定了走专业化、本土化和大众化的办台思路。

南方电视台成立前，广东境内外收视率表现良好的频道多为综合频道，比如香港无线的翡翠台、香港亚视的本港台，广东电视的珠江频道和广州电视的34频道。作为内地受众最受追捧的影视频道，广东地面还没有。这显然是个市场空档。经过分析，南方电视台决定，集中全台的资源和优势，重点打造影视频道，推进专业化、本土化和大众化，力争最短时间内挤进全省电视市场第一梯队。

差异化策略很快见效，影视频道成功进入省内外电视的第一梯队，2007年全国地标评选中，被评为全国省级影视地面频道综合实力第三名。

（三）抢占日间和周末收视份额

电视收视率竞争最激烈的时段，是18：00—23：00的黄金时段。最强档的新闻节目、综艺节目以及重金采购的电视剧，基本上都在这一时段播出。黄金时间段，南方电视台采取正面应对、重点编排，各频道拳头产品多安排在这个时间段播出。与此同时，南方电视台充分认识到，作为一个人力物力财力相对有限、市场经济运作经验相对薄弱的新台，单纯的正面作战不是最佳的斗争策略，黄金时间段外，未被充分挖掘、高度重视的日间和周末时段，才是最具成长性的蓝海区域。

（四）以精品锻造的思路，打造拳头产品

鉴于有限的人力物力，南方电视台早起的策略是集中资源，根据广东观众和市场的特点，全力打造本土化的节目。布局上，每个频道重点抓好一两个符合频道专业特色的、能够提高收视占有率的精品栏目，使之成为拉动收视率的主力，成为提高竞争力的主要方式之一。

如经济频道的《今日一线》，以群众关注的“民生新闻”为定位，由于该栏目立足本土，重点关注“事关百姓切身利益的身边事”，创办当月，收视收益就双线飘红。随后，依托这一民生新闻品牌，经济频道又先后推出了言论节目《马后炮》、栏目剧《真实故事》，民生新闻、民生评论、民生故事，三驾马车形成了“民生节目集群”效应，有效提升了频道的美誉度和关注力。

南方电视台，全国最年轻的省级电视台，不足1000人的队伍，不过12年的发展历史，从诞生至今，彻底扭转了广东电视的生态格局，通过组织优化、流程再造及定位调整，依托差异化竞争、品牌塑造等竞争策略，走出了一条独特的发展模式。

在这一模式运营体制内，《真实故事》从诞生之初到发展成熟，走出了独具特色的夺目轨迹。

第二节 平民狂欢——民生思潮的概念契合与栏目剧的形式创新

2006年3月6日，广州市环市东路331号北座，南方电视台707办公室，一众人等翘首以盼AGBNielsen3月4日、5日《真实故事》的一组收视数据。结果公布的刹那，栏目分管总监松了一口气，《在一起》1.1、《姐妹争夫》2.2，广州市场收视份额排名第二，广东城乡收视份额排名第一。刚开播的节目能有这样的成绩，基本算是比较理想了。

当时的南方电视台成立只有5年不到的时间。作为主力地面频道的经济频道，民生新闻《今日一线》虽然收视收益双双告捷，可一花独放不是春，单单靠一个品牌栏目支撑一个频道的发展，不符合电视运营的基本规律。选择怎样的节目形态，既符合频道的民生定位，同时又有可能在最短时间内由收视率上有所表现向经济效益上有所贡献，这成了当时摆在经济频道发展道路上的关键。

电视媒体发展至今，面向大众、面向娱乐的方向越来越明显。而作为未来世界娱乐业成长和发展最快的地区和全球最庞大的文化娱乐消费的潜在市场，中国电视娱乐节目迅猛发展，从最初的综艺晚会，到各种欢乐类节目，再到如火如荼的真人秀、选星秀，都表明娱乐已经成为这个时代最能吸引人们眼球的事业，电视栏目剧，在这个时候以一种不徐不疾的步伐出现了。

对于电视栏目剧这一新生节目形态，国内目前并没有统一的概念，总的来讲，它是“以电视栏目的形式存在，具有统一的片头、主持人及由演员演义的故事情节的电视节目形态”[①]，其突出特点就是将真实与虚构之间的界限完全模糊以至打破，例如国内第一档电视栏目剧，重庆电视台的《雾都夜话》开篇就亮出这样的招牌，“这不是电视剧，这是真人真事，是地地道道的重庆人自己演自己的故事”。

这是一种具有足够前瞻力量、在电视史上留下了鲜明一笔的创造性表述方式，《雾都夜话》创始人马及人自己可能也料想不到，这种观念上对电视受众的足够尊重以栏目剧的形式呈现出怎样的一种惊心动魄的魅惑力，收视率节节攀升，反响逐步扩大，受众群体一直保持极高的忠诚度，同时，其影响呈现逐步扩大的趋势。

在准确把握这一趋势的基础上，南方电视台经济频道经过科学研讨、严谨分析，决定开播一档名为《真实故事》（News Story）的新节目。

2007年，中广协会主办的第二届全国电视栏目剧评优暨研讨会在山东济南举行，第一次参评的《真实故事》遴选两件作品参评，其中《我是艾滋告知人》获二等奖第一名，《老爸的心事》获三等奖第二名，所有47家参评电视机构中，是唯一一家同时获得两个奖项的单位。

2008年，第三届全国电视剧栏目剧评优暨研讨会在广东广州举行，《真实故事》再次斩获大奖，《京珠北》获特别大奖，《荣志仁——街边仔传奇》获一等奖，《兄妹换肾》获二等奖，同时收入囊中的，还有最佳编剧、最佳导演等殊荣。

① 韩鸿：《中国电视栏目剧形态研究》，《中国电视》2006年2月。

2009年，第四届全国电视剧栏目剧评优暨研讨会在福建福州举行，《爸妈雇我陪吃饭》获得二等奖，并获颁最佳摄像，也正是在此次年会上，中广协向南方电视台颁发了全国唯一一个栏目剧研发基地——南方研发基地。

之后的历年评奖，《真实故事》同样是斩获颇丰。

应该说，正是《真实故事》清晰的栏目定位、深度介入社会的媒体责任以及具有可复制性的运作机制赢得了与会专家的一致认可，为电视界的“南方模式”注入了又一股生机。

一、黄沙沥尽终得金—— 一场名为“金点子”的创意风暴

广东省级电视媒体有其特殊性，一方面，面临其他省份同样的难题，前有上星卫视的收视瓜分，后有城市台地面频道的强劲攀升。

另一方面，后院起火才是最大的窘迫。作为媒介经营的试点特区，广东再次成为境外媒体最先开放的天空，南来“港风”劲吹造成的压境争食则更为惨烈。境外频道凭借着雄厚的经济实力和先进的传播手段，长期以来占据了广东地区的优势市场，尤以广州地区最为残酷。

血脉相连的地域文化，使得香港两大中文台——翡翠台和本港台在毫无语言设防的广州地区攻城略地，最高一度达到72.5%的市场份额，占境外电视总体份额的98%；而境内频道，包括央视、省级卫视、城市频道，所占不足1/3，这一格局性的突破与改变，从南方电视台的建立开始。

前面说到，南方电视台的出现，极大地改变了广东电视尤其是广州电视收视格局，自2006年“五一”黄金周开始，南方电视台五个频道的整体收视份额全面超过香港翡翠台收视群，成为广州地区第一大收视集群。而在不久之前，2006年3月4日，《真实故事》正式首播便初战告捷。

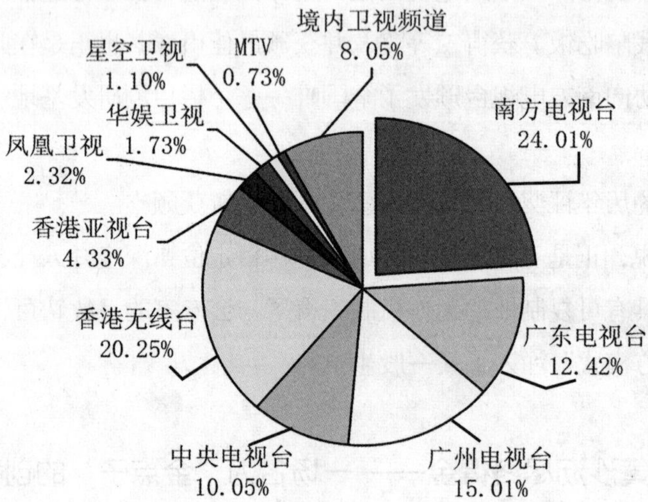

图1-2　2007年春节黄金周广州地区收视份额

（数据来源：AGBNielsen市场研究公司）

这样的收视份额，是由这样一个电视台——在职员工不满500人的、所有制作经费全部靠自己筹措、所有办公场所不足三层楼甚至没有一个超过300平方米演播室的、最年轻的省级台——创造的结果，这真的不能不说是一个奇迹。

南方电视台的成立，成为狙击港台电视、提升境内收视率的先导者和主力军，但如何将这种新生力量的鲜活与劲锐保持并顺势转化为实实在在发挥功效的生产力，这是南方电视台人才管理和内容管理的战略部署关注所在。为此，南方电视台设立了专门的节目创新资金，全力引导和支持各个频道节目的创新。

《真实故事》的顺利出台正是得益于这样一种运作体制。

2005年，南方电视台为鼓励节目创新，面向台内外提出创意策划征集。这场“金点子”创意征集活动要求说高不高，说低也确实不低。征集方案公布里标注了几点要求，凡有好的创意、符合南方电视台发展规律、具有可操作性的创意策划均可提交。

“符合南方电视台发展规律”，这句话寓意很明显，在人力有限（全台400多人）、物力匮乏、财力不足的情况下，上马一档新节目。

就在这一年，总编室的华明参加了杭州召开的栏目剧研讨会，出差回来，见到南方电视台这一创意征集提案，他突然想到，重庆电视台的一档叫做《雾都夜话》的节目，是不是可以借鉴并改造？

1994年，重庆地区的电视观众，每晚可以看到一档名为《雾都夜话》的电视栏目，它向传统影视类节目挑战，不用明星，不编曲折离奇的豪门恩怨故事，而是用最朴实的老百姓来演绎最真实的身边故事，有点类似情景喜剧，但又不尽相同。之后重庆卫视上星，全国的电视观众也逐渐熟悉了这样一档节目。

华明琢磨，这样一种形态的电视节目，名虽不正却言之有物，戏虽不足却句句贴心。这样一种经过长时间的沉寂和酝酿，低成本同时又以真实性吸引人的电视新品种，既然能被越来越多的电视台看好，纷纷效仿，诸如湖北经视的《经视故事会》、陕西电视台的《都市碎戏》以及湖南经视的《故事会》等，放在广东这个特殊的受众市场，观众是不是会同样买账呢？

栏目剧这个方案，从概念的提出、理念的阐述到最后项目推进的可行性，引起了南方电视台上上下下的关注，可以说每一步都得到了高度的认可，各频道、各部门纷纷争抢这个项目，大家都认为制作播出权应该交由自己所在部门负责。

最后，《真实故事》落在了经济频道，由经济频道负责制作。这是出于两个方面综合考量的结果：一是南方电视台整体发展战略和全国电视市场情况；二是台已有自主节目品牌资源的整合和再开发利用。

栏目剧可以在全国生根发芽，跟民生新闻的火爆有类似原因，即市民化社会形成过程中，民众视角、民本取向和民生内容的电视产品非常受电视观众的需要。在《真实故事》开播前，经济频道的《今日一线》走民生新闻路线，已经有了很好的基础。栏目设置在经济频道，就是强调民生，强调与新闻相结合，与新闻事实相结合，体现新闻时效性的同时，强调故事的真实感。《真实故事》原名《真人故事》，更像是《今日一线》中的《封面故事》的拓展版，《封面故事》在新闻性、时效性、故事性方面可以直接为《真实故事》提供素材，从而达到资源的合理配置，让台内资源发挥最大效益。

《真实故事》上马之前经过系统的论证、全面的考察，最终落在经济频道，安排在22点播出。22点，对于内地市场或许不太属于黄金时间，但在广东，因为生活习惯和气候的差异，历来是同境外媒体尤其是翡翠台、本港台等香港电视争夺的白热化时段。同时间段播出的国内电视剧、专题片，收视率基本都在一个百分点下，《真实故事》能否经得住市场的考验，能否有效提升市场份额？紧随《今日一线》播出，能否顺延其前期的节目收视高点？

一切都是未知数，一切，都需要最终的收视结果作出答案。

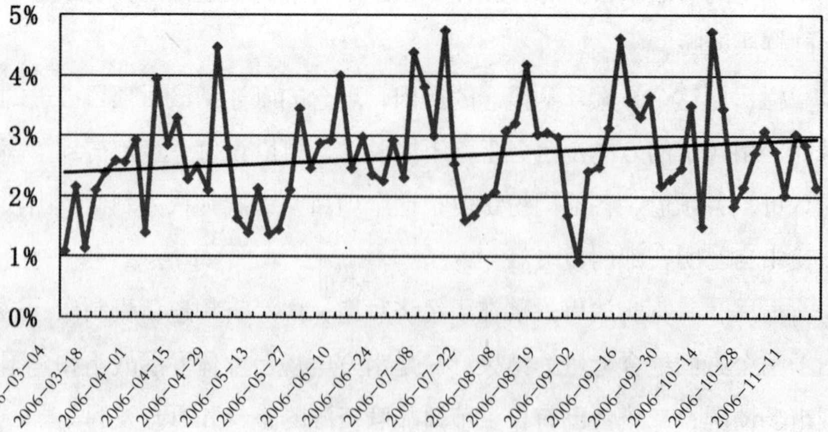

图1-3　2006年《真实故事》收视数据

（数据来源：Nielsen广州地区省有线电视网）

数据出来后，证明大家多少有些多虑。2006年3月推出《真实故事》以来，收视率直线攀登，开播当周收视率接近2个百分点，其后收视率直线上冲，达到5个百分点，最高收视率更是接近8个百分点。这在以前的节目形态很难出现。

根据央视索福瑞的数据分析，自日播以来，《真实故事》也是稳居南方电视台收视率前列，不论是广州市场还是广东市场，均有着上佳的表现。

南方广播影视传媒集团2007年7月、8月1—21日王牌栏目在广东的收视率和市场份额排行如下表：

2007年7—8月南方广播影视传媒集团品牌栏目收视率和市场份额统计表

排　名	名称/描述	收视率（%）		市场份额（%）	
		7月	8月1—21日	7月	8月1—21日
1	今日关注 / 广东电视台珠江频道	4.56	5.11	13.58	14.26
2	630新闻 / 广东电视台珠江频道	3.48	3.86	16.86	16.88
3	夜倾情 / 广东电视台珠江频道	2.64	3.11	9.52	10.74
4	今日一线 / 南方电视台经济频道	2.69	3.11	8.37	9.10
5	娱乐升平 / 广东电视台珠江频道	2.24	2.61	7.23	7.61
6	真实故事 / 南方电视台经济频道	2.16	2.20	7.39	7.22
7	都市笑口组 / 南方卫视TVS-2	1.13	1.21	4.04	3.96
8	广东卫视新闻 / 广东卫视	0.72	1.19	2.44	3.72
9	马后炮 / 南方电视台经济频道	1.08	1.04	4.37	4.06
10	博客奇谭 / 广东卫视	0.72	0.97	2.11	2.64

（续表）

排　名	名称/描述	收视率（%）		市场份额（%）	
		7月	8月1—21日	7月	8月1—21日
11	城事特搜 / 南方卫视TVS-2	0.80	0.91	2.79	2.97
12	新闻在线 / 广东电视新闻频道	0.56	0.56	1.74	1.85
13	南方报道 / 南方卫视TVS-2	0.57	0.54	1.79	1.58

（数据来源：央视索福瑞）

二、望闻问切说良方——节目集群打造和编播的重要性

“工夫高者，皆能知机。能知机。能造势。所谓无中生有。乘机而动。下者。不知机。故不得势。”所谓先知先觉，后知后觉，不知不觉，此三种境界，有着跨行业、跨地域的借鉴作用，具体到传媒行业，同样如此。

《真实故事》自创意之初到最后的播出都发生在南方电视台经济频道，而不是其他有着短剧类操作经验的都市频道（《都市笑口组》）和综艺频道（《开心吧》），正是出于造势而达到立体营销的目的。

在《媒介研究：文本、机构及受众》一书中，作者开门见山地指明，“电视公司必须清楚地知道他们的受众是谁，或可能是谁，以及他们在任一时刻的数量”①。专业化频道的运营，首要现实依据不是根据节目内容编排，而是根据目标收视观众的收视习惯，利用稳定的节目策略，进而达到受众不断地回到熟悉的时间和频道观看节目的目的。

作为南方电视台最大的架构分支，经济频道在人数上占到了全台

①［英］利萨·泰勒、安德鲁·威利斯著，吴靖、黄佩译：《媒介研究：文本、机构及受众》，北京大学出版社2005年版，第132页。

人数的近1/4，新闻部也纳入其旗下，《今日一线》是广东电视界最有影响力的普语新闻民生节目。《真实故事》在策划之初，事实上就是考虑到要借助《今日一线》的品牌力量，快速推动《真实故事》的品牌成长，最终反过来打造晚间收视集群，扩大经济频道的整体市场份额，提升频道美誉度。

《真实故事》前六期节目当中，有三期选题直接来源于《今日一线》的封面故事，通过戏剧化的情节来展现百姓故事最吸引人的一面。《真实故事》的推出，使得经济频道从周一到周日的21：30到22：30打造出一个由《今日一线》《马后炮》《江涛话市》《真实故事》组成的一小时民生节目版块。

相关方面的数据证实了这种惯性编排、立体营销的成功。2006年底，南方电视台总编室以《真实故事》为个案，专门针对栏目剧收视市场做了分析，除成功从境外电视晚间强档抢回收视份额外，与其他地区收视状况相比最突出的一点是，《真实故事》的收视人群并没有很高的集中度，在年龄区分和职业区分方面，体现了跨年龄、跨职业、跨性别的特点，在巩固经济频道原有收视族群的基础上，做了有效扩大和延伸。

《真实故事》目标观众具有以下特征：

性别：女性比男性观众更追捧《真实故事》；

年龄：具有明显的家长陪同子女收看的特征；

学历：《真实故事》受不同学历观众的欢迎；

职业：深受个体户观众喜爱；

收入：2000—4000元中高等收入人士是主流观众。

这种谋略性布局，绝对不仅仅体现在收视率的提升和目标受众的扩大方面，如何将经济频道做成南方电视台的“第一频道”，真正做到贴近生活、贴近实际、贴近群众，进而让老百姓体会到电视的不可或缺性，这才是南方电视台追求的终极目的。

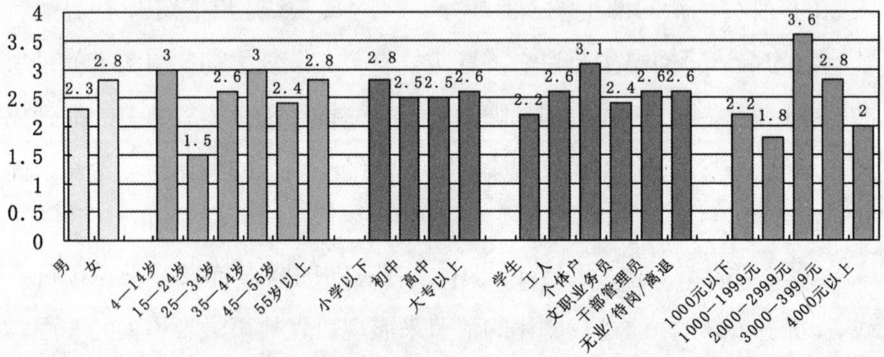

图1–4　《真实故事》目标观众特征图

（数据来源：Nielsen广州地区省有线电视网）

有关这一点，美国隆·莱博说得十分准确。在《思考电视》一书中，他明确提出了“电视使用”的概念。在以往的电视权力相关论述中，理论学者们过于强调电视的社会性和诱导性，而忽略了电视观众在接受过程中的主观能动性。“他们已讨论了电视如何用数不胜数的方式，安排和组织人们的日常生活”，然而，置身于电视的世界之外，他们“缺少一种清楚的概念化和经验的考察，以便说明电视图像，或更一般地说传媒图像，如何真正地进入人们创造意义的活动中去，这些人每天都在使用电视”[①]。真正做到为人民群众服务，可以说是经济频道的一贯追求，《今日一线》的记者跑腿版块的设计正是观众有效使用电视的最直接的表现。

反观《真实故事》，这种培养观众有效使用电视的习惯，表现的直接性和时效性虽然比不上新闻类节目，但在深度和震撼力上，却远远超越，而与同样题材的其他文艺类节目而言，又带有了极大的真实度和参与感，将那种纯粹的表意活动，以再现的方式来表现。

“所有的表意活动都能够进行再现，实质上也都和再现有关，严

① [美] 隆·莱博著，葛忠明译：《思考电视》，中华书局2005年版，第22页。

格地说，它能再现所有的社会概念，无论它们多么错综复杂，再现可以关于心理状态或是情感——爱、喜悦、愤怒”[①]，而《真实故事》再现的，绝对不仅仅是“爱、喜悦、愤怒”所能涵盖的。《在一起》《救救我的孩子》《止咳少年的苦与痛》等一批新闻当事人参与其中，真人演绎，命运抉择；《姐妹争夫》《车祸之后》再现困窘下人性的释放，无望中理性的挣扎。

讲到这里，不得不说的一点是，在某种程度上，《真实故事》是个被误解了的栏目。从血统论的角度讲，栏目剧名声并不好，粗糙的制作，蹩脚的剧情，加上备受质疑的色情、暴力，《真实故事》从一开始

《真实故事》首期节目《在一起》，主演（中）与故事原型（右）。

① ［英］利萨·泰勒、安德鲁·威利斯著，吴靖、黄佩译：《媒介研究：文本、机构及受众》，北京大学出版社2005年版，第25页。

就被这样一种有色氛围包裹。甚至于就笔者个人而言，在刚刚接触到栏目剧时，就写下过《中国内地栏目剧问题分析》[①]的文章，对栏目剧选题的逼仄和情趣的低下大加指责，而事实上，重庆卫视《今夜不设防》被广电总局叫停，也正是出于这个原因。

对于这个问题，在2007年12月第二届全国电视栏目剧评优会上，来自理论界的侯克明、周涌等和业界人士认识高度一致，立场鲜明地指出题材黄赌毒现象对栏目剧发展的严重危害。而对于《真实故事》，专家们给予的则是高度的认同，马及人更是给出了"从舆论引导到深度开掘，从思考生命到关怀人性，《真实故事》可以说是栏目剧从业者的典范"的高度评价。

这方面，笔者举两个比较极端的例子，《姐妹争夫》《人老也同居》。单从名字角度讲，一个违背了伦理，一个违背了道德，相信送审到某些专家，一定逃脱不了被唾弃的命运。可没有调查就没有发言权，因为电视媒体线性传播的特点，管中窥豹的方法常常被应用，最后是窥一斑还是得全貌，则全靠下结论者的运气了。事实上，《姐妹争夫》反应的是在都市经济极度繁荣的时代，以农民工为代表的底层人的情感生活，这个角度的立意，与备受诺贝尔文学奖评委马悦然推崇的曹乃谦[②]作品主旨不谋而合；而《人老也同居》标题虽然生猛，关注的视角则是在欲望泛滥时代，老年人在不被接受的黄昏晚情尴尬处境下的无奈选择，其独特的叙述视角也颇具创新意识。

当然，这种电视使用的有效体现，更大程度上体现在对老百姓的日常生活的介入。英国学者哈思坚信，电视和日常生活是无差别的等同。在他看来，"电视不仅仅是传输节目的简单相加，电视在延伸性、

① 韩晓飞：《中国内地栏目剧问题分析》，《现代传播》2007年第5期。
② 代表作《到黑夜里想你没办法》，长江文艺出版社2007年版。

广阔性、不稳定性、乏味性和普遍性上和日常生活相一致”[①]。而一直以“老百姓的大舞台”为标志性口号的《真实故事》，不仅仅是为老百姓提供参与演出的机会，更多的是一些常识的警醒和提示，在财产、情感、意外等方面的处理上，提供最有效、最生动的参考。

三、玉碗盛来琥珀光——超越新闻形式的民生大纛

“成为第一并不自动意味着你的品牌将成为新品类的领导品牌。这只是给了你成为领导品牌的许可证。”而要想成为品牌的领导者，“你的品牌必须进化，以维持领导地位，同时，必须时时保护你的品牌，要特别警惕竞争品牌威胁你的地位”[②]。而作为复制性极高的电视业，没有任何的版权保护，里斯父女的这段话更显得意义深远。

2006年的栏目剧杭州研讨会上，众多理论界的人士对电视栏目剧进行了理论上的分析与探讨，为电视栏目剧发展的又一个契机。于是乎，2006年也被传媒界堂而皇之地称为“栏目剧年”，四川、重庆、广东等地多个频道多个电视栏目剧的先后上台、同场竞技的激烈角逐显示了此种新生节目类型的生命力和竞争力，低投入、高收益这一打破电视经营常规的经营模式让各影视制作群体对其倍加关注。

电视栏目剧的制作投入对于电视剧来说一直是个寒酸的数字。“目前全国栏目剧的制作成本大概一集2万元到2.5万元之间”，重庆广播电视集团总台电视栏目中心副主任、《雾都夜话》工作室负责人赵琦接受采访时透露这样的数字，而绝大多数栏目剧的制作成本更低，控制在5000

① [英]罗杰西·尔弗斯通著，陶庆梅译：《电视与日常生活》，江苏人民出版社2004年版，第238页。
② [美] 阿尔·里斯、劳拉·里斯著，火华强译：《品牌之源》，上海人民出版社2005年版，第149—150页。

元以内的也很平常。而现实情况是，更多的节目采取购买其他电视媒体的发行节目，改头换面、头尾包装后，以自办栏目形式推出。《真实故事》正是在这种背景下，遭遇到节目发展的第一个瓶颈。

事实上，《真实故事》自2006年3月开播以来，无论是集团、台内，还是观众，反应都极佳。稳步攀升的收视率，全面扩大的影响力，使得这样一栏周播两期、每期成本不足1万元的节目，社会反应热烈，市场潜力广为看好，开播仅两个月，冠名广告、特约广告纷纷找上门来，广告总额达到800万元，实现了当年投入当年产出的奇迹。

然而，在电视节目时代，品牌的更新换代极快，全球品牌实验室发布的一项数据显示，电视节目品牌的生命周期集中在3—5年。对比，《真实故事》主创也有深刻的认识。故而，在实现周播的基础上，从编排角度而言，实现周间、周末的全面打通，全面提高收视份额，成了首要的目标。这个目标，从2006年6月提出后，经过不断的反复论证，得出的结论是：必须！上马！但是，从现有人力储备方面看，难度之大，

《真实故事》创建新闻发布会

无异于登天。

南方电视台员工少，这是全国都知名的，别说省级台，即使普普通通的城市电视台，动辄千号人也是稀奇平常的事，可南方电视台全台总共不过400多人，而《真实故事》栏目组，筹备期不过3人，正式开播后人手也是紧缺，保证周播也有相当的难度。日播节目、每天30分钟原创性节目的播出，无异于异想天开。

走还是不走？在行进的岔路口，广东电视台珠江频道《夜倾情》栏目在十一黄金周的试水，坚定了《真实故事》日播的决心，日播不是个走与不走的问题，而是快走与慢走的问题。在频道竞争处于劣势的情况下（珠江频道收视基点相当于经济频道的3倍），在以语言竞争处于劣势的情况下（《夜倾情》是全粤语节目，《真实故事》以普语为主），在节目制作经费处于劣势的情况下（《真实故事》节目制作经费仅仅为《夜倾情》的1/3不到），经台编委会同意，《真实故事》冒着极大的风险，作出了打通周间、周末的决定。

而这个决定，不是贸然的冲动，不是无知的硬撞，在分析了《真实故事》的种种优势后，栏目主创人员信心满满，毅然前行。

确实，尽管从播出平台、制作经费和语言等方面考虑，《真实故事》毫无疑问地处于劣势，但“高踪一超越，千里在须臾”[①]，广东本土第一档栏目剧，而且区别于其他节目购买外地节目加以包装的做法，《真实故事》在人才培养和资源利用方面，在品牌认知和生活介入等方面，又有着不可复制的优势。

在采用国际上通用的社会独立制片人合作、外判节目制作的机制后，《真实故事》日播在2007年元月1日全面推出，当月收视率达到1.8个百分点。从单期平均收视率看，比周播有所降低，但在频道收视份额

① （唐）孟郊《送从叔校书简南归》。

提升、拉升栏目影响方面，起到了超过预期目的的理想效果。

但不可否认的是，竞争对手的增加，对《真实故事》的发展造成了不小的影响。

2007年5月份央视索福瑞最新的一份调查数据显示，栏目剧这一形式在各省级电视台均已出现，每个省的平均数量为2.6个，而各城市电视台也有不少这种新兴的节目类型存在。仅仅是广州地区，自《真实故事》于2006年3月作为第一档原创栏目剧出现以来，至2007年5月，已经先后有多档同类型节目出现（具体如下图所示）。

	栏目剧名称及开播时间	播出平台
广东南方电视台	《真实故事》2006年3月	南方电视台经济频道
	《雅居人家》2007年5月	南方电视台都市频道
	《第一故事》2007年6月	南方电视台都市频道
广东电视台	《夜倾情》2006年12月	广东电视台珠江频道
	《益街坊故事会》2007年3月	广东电视台公共频道
	《博客奇谭》2007年3月	广东电视台卫星频道
广州电视台	《广州人家》2007年1月	广州电视台综合频道
	《真相》2006年12月	广州电视台影视频道
境外媒体	《世相夜总绘》2006年	华娱卫视

图1–5 广东市场开播栏目剧情况统计（截至2007年5月）

江河汇流难免挟泥沙俱下，尽管现有栏目剧在成本控制、收视份额及媒介把控力方面都较为理想，但其中隐忧却不因时间的短暂而减小。作为这一电视节目形态最早的实践者，重庆卫视《雾都夜话》制片人马及人保持着警醒的态度。“2007年栏目剧会登上顶峰。但在这之后，这种节目样式可能呈现下落的趋势，尤其表现在数量上。大家都纷纷上马，这么多台，每一天每一个作品都要是新的作品。创作人员可能面临‘巧妇难为无米之炊’的局面。新奇感得不到满足的观众，对于这种节目样式也会产生审美疲劳。”而根据央视索福瑞5月份的收视数据，栏目剧收视率也确实有下降的隐忧。

在应对全国同类节目类型的瓶颈问题上，《真实故事》有着自己的应对策略，也有自己的战略战术，既有“谁怕，一蓑烟雨任平生”的豁达，也有“以少总多，情貌无遗”的规划与部署，这些，具体表现在以下几个方面：

（1）《真实故事》周末版的改版计划，将电视使用的功效进一步放大，积极引导和介入百姓生活的力度与广度；

（2）演员培训班的设立，一方面为《真实故事》储备大量的群众演员，同时也为学习境外电视媒体的艺人经济探路；

（3）《百姓奥斯卡》演员选拔项目的策划与启动，一方面锻炼大型活动的能力，另一方面形成与《真实故事》的双向宣传，共赢发展；

（4）加入国内的电视栏目剧联合体，实现资源共享；

（5）与报刊如《广州日报》合作，交换故事选题；

（6）全国发行，制作DVD以及出版同名书刊；

（7）与网站合作，付费收看……

“变新声、能翻往事，眼前风景依然”，鉴于《真实故事》的影响，南方电视台针对其存在专门设立了栏目剧部，可见对其存在和发展的高度认同。

当然，在广东首开栏目剧先河的《真实故事》瞄准的不仅是栏目剧的市场，“欧美和香港市场上，处境剧已经初具规模，这是我们下一步努力的方向”，经济频道总监黄天文如是说。

第二章

《真实故事》为什么要嫁接栏目剧的母体?

——栏目剧发展周期论及本体论

第一节 借问栏目剧模样——栏目剧发展分期及形态定义

2006年之前，很多人不知道栏目剧是个什么。

2006年3月5日，童话大王郑渊洁在自己的博客里贴图留言："在广州看到这个横幅，我不知道什么叫'电视栏目剧'，谁能告诉我？"

照片内容是南方电视台经济频道栏目剧《真实故事》开播时的大红条幅。

郑渊洁对电视界不算不熟悉，早年从儿童文学创作跨界到电视圈，综艺类、选秀类、电视剧集，参与过不少电视节目的制作，但就是这样的人对"电视栏目剧"都不甚清楚，可见电视栏目剧存在并未纳入主流视野。作为一种带有鲜明中国特色、存在十数年的节目形态，未尝不是一种悲哀。

20世纪80年代，电视机走进中国家庭，当时的电视台和节目非常稀缺。短短十多年，中国已经拥有亿台电视机。发展到今天，已经注册被正式批准建立的电视台达到了2100家，中国已经成为首屈一指的电视大国。但是与数量发展不完全协调的是，中国电视节目里，克隆的节目占大多数，自主研发、创新的却很少。

中国电视节目的觉醒始于20世纪90年代，历经本世纪初的完全克隆到近年克隆与创新并举，一路行来，创新之路可以说是举步维艰。2012年《中国好声音》热浪席卷全国，版式引自国外，以创新思维加入的具有中国特色的媒体评审团备受诟病，可见创新同克隆并未完全融为一体。

栏目剧是第一个由中国电视人策划、创意、制作、播出的具有开创意义的"中国特色节目"，是中国电视荧屏第一个具有本土特色的节目。真正意义上以完整、常态栏目形态出现，首开先河的，是重庆电视台的《雾都夜话》。

《雾都夜话》创办于1994年9月16日，比中央电视台《焦点访谈》还稍微早一点。随着重庆卫视的上星，打开重庆卫视，会听到这样的声音：这不是电视剧，这是真人真事，是地地道道的重庆人自己演自己的故事。

不是电视剧，是真人真事，是地地道道的重庆人自己演自己的故事。这是被誉为栏目剧第一人的马及人对栏目剧最本色的描述。2004年上海国际情景剧研讨会上，马及人第一次提出了栏目剧的概念，同电视剧、情景剧、方言剧加以区分。电视、电视史、电视分类中，没有电视栏目剧这样一种说法，很多人把电视剧、电视方言剧、情景剧混为一谈。用马及人的话讲，创办《雾都夜话》栏目是向电视剧挑战的。原因很简单："总的来说，电视剧讲收视率的，要干一个栏目，比电视剧更贴近生活更好看，这是很难的事，怎么区别于电视剧？电视剧要说很多，没有时间。电视剧是以受众的心理区分，观众怀着看他人的经历，怀着看稀奇、看古怪的心理享受时间和空间，是这样的。"

走过10年的《雾都夜话》终于有了自己的定位。虽然这个名字还有待商榷，但是却在业内约定俗成。自此之后，"电视栏目剧"的概念一炮而红，这一新名词越叫越响。

存在只有当被需要的时候才能放大，这也正是马克思说的，需要就会比十所大学更能把科学推向前进。据不完全统计，涵盖中央电视台、省台、市台在内，开办了栏目剧的达到150余家，并出现跨区域、跨文化、跨节目、多形式的发展状况，呈现一种爆炸式、全方位、多层面的发展态势。此种高产出低投入的电视节目形态，迅速占据了各地域收视榜单的前列。

电视理论研究一向都是实践先行、理论相对滞后，栏目剧的研究同样如此。

栏目剧的开山鼻祖《雾都夜话》开办于1994年，可是到了2004年才定义了形态，学者专家开始关注始于2006年。2006年杭州会议，有关电视栏目剧的研讨成为现实。其后，2006—2012年7年间分别于苏州、济南、广州、福州、西安、昆明、武汉举办了7届评优及学术研讨年会，2006年、2009年的杭州、威海再次举行学术研讨会。作为近年来最为活跃的节目形态，中国广播电视协会、中国电视艺术家协会先后组织不下30次的评优、研讨活动。

2008年广州第三届电视栏目剧年会上，北京电影学院侯克明、中国传媒大学苗棣等国内著名高校学者就国内72家制作团体参评作品评议后，持一种高度认同态度。学界声音的释放，代表对业界实践的高度认可，同时也表明一个事实，无论是漠视还是歪批，作为一种电视节目形态，栏目剧宣告着它的存在。

电视栏目剧的发生、发展，在一定程度上说仍然处于一种自发的、自然的状态，在理论研究和实践总结方面还存在诸多模糊的、不确定的因素。栏目剧因其形态的新颖，成为中国电视史上第一个具有本国特色的节目，总结其发生和发展的轨迹，厘清生存状态和未来趋势对中国电视理论的丰富也颇具意义。

电视栏目剧是一个和别的电视形态不一样的节目类型。

各地的电视受众，从南到北，由东至西，时跨春秋，地越寒暑。

西安有《狼人虎剧》《都市碎戏》《百家碎戏》，成都有《麻辣烫》《成都情事》，重庆有《今夜不设防》，广州有《真实故事》，上海有《百家心》，北京有《大城小事》，昆明有《非常板扎》，乌鲁木齐有《新疆羊肉串》，黑龙江有《天舒工作室》。每一个城市和地区的老百姓，时时惦记、每日约会，成为他们生活的重要组成部分。通过这样一档节目，他们可以了解自己所在的城市，一个个个体，展现的是平民百姓的日常生活，关注的是情感变化的所想所欲，这里有他们的情感记录，这里有他们的苦乐传奇，是他们充满质感的生存状态和心灵状态，是整个城市民风、民俗、民情、民态的如清明上河图般的立体演绎。在最为贴近百姓日常生活状态的栏目剧表述中，城市超越了一群人和社会街道的集合，超越了制度和管理设施，成为一种心态，一套习俗和传统，一种有序的态度和情感。

一、栏目剧的发展周期

总体而言，电视栏目剧的发展经历了四个阶段：萌芽期、发展期、成熟期、转型期。

（一）萌芽期（1994—2001年）

1994年，重庆一档名为《雾都夜话》的节目新苗初绽，甫一面世，即勃发出强劲的生命力。

《雾都夜话》的出现，宣告电视栏目剧的发展进入了萌芽期。

从重庆市到上星走向全国，从周播到日播，《雾都夜话》这个重庆方言节目完成了10年传奇。所有剧情都来自重庆的真人真事，大部分的演员都是当地的普通群众报名出任，尽管是简洁的电视手段，生涩的表演，但“从观众中来，到观众中去”的亲民宗旨却使之得以长盛不衰。

自2006年起每天晚上20：00播出，每天一集，《雾者夜话》成为重庆卫视最有地方特色、最有人缘、收视率最高的栏目，也是我国创办最早、最有影响的栏目剧。 该节目自觉追求“三贴近”，是一种向传统影视类节目挑战、向电视剧争观众的具有极强生命力的节目形态。它模糊虚构与真实的界线，创造了一种让观众审美“真人真事”的情景，从而在10多年的时间里赢得了大量忠实观众。

这一时期，在“方言剧”的形态范畴内，《雾都夜话》在节目形态和制作理念方面，进行着积极的摸索。节目内容方面，形成了相对明晰的范式。但正式提出并加以界定，是在2004年上海国际情景剧研讨会上。

就是这样一档长盛不衰的日播方言节目，以调侃的语气讲述着贴近市民的人生哲理，聚集家庭伦理和社会问题，社会关注度高。贴近民生的题材，简单真实的画面，平实的叙事风格，观众喜闻乐见。演员来之普通观众，参与性强，观众吸引率高，成为重庆电视台最持久的品牌节目，拥有最稳定的收视观众。

但是，在理论探索方面，因为个案性、孤岛式的存在，多被纳入“方言剧”研究视野，没有作为一种独具中国特色、有鲜明节目样式的新节目形态来对待。

萌芽期的栏目剧发展，可以用一枝独秀、混沌前行来形容，区域范围内影响力空前，节目形态却始终没有得到应有的认可和重视，理论研究更是一片空白。

（二）发展期（2002—2006年）

这一阶段，实践上，四川《麻辣烫》、湖南经视《故事会》、湖南卫视《爱情魔方》、陕西《都市碎戏》、广东《真实故事》、中央电视台《法制编辑部》、浙江台《本塘第一剧》、湖北《故事会》、苏州《故事会》等一系列节目诞生。据不完全统计，2006年底全国有40多家省台、市台开办了栏目剧，并出现跨区域、跨文化、跨节目、多形式的发展状况。

1. 《本塘第一剧》

《本塘第一剧》是浙江电视台影视娱乐频道一档自办新闻剧栏目，于2006年1月1日开播，每周五期，自4月2日起改为每周六期。

开播以后，《本塘第一剧》在短短一周时间内便迅速吸引观众的眼球，引起业内外较大反响，此后，《本塘第一剧》收视率高歌上扬，杭州市网收视率先后突破1.5个百分点、2.0个百分点、2.5个百分点，最高一期平均收视率达2.7个百分点。超过多部电视剧和新闻栏目，位列当天市网收视率第六位，创造了省级电视台自办非新闻类栏目最好的收视率业绩。目前《本塘第一剧》平均收视率为2.0个百分点以上，已稳居市网收视率上游。《本塘第一剧》所讲述的故事大多是在本地真实新闻基础上进行改编演绎，在保留新闻真实性、实效性的同时，又增加了许多戏剧元素，加强其可看性。《本塘第一剧》以一种轻松的方式完成它对本土的人文关怀，因此格外受到观众的青睐。《本塘第一剧》节目时长30分钟，包括主持人演播室串播、新闻短剧、本塘奥斯卡业余演员介绍和新闻链接四大部分，每一部分相对独立又有机融合，互为补充，形成了独特“本塘”气质。

2. 《爱情魔方》

《爱情魔方》是湖南卫视2006年新创的一档栏目剧，其核心是来自韩国的一种新的电视短剧概念，它在剧情上有表现就是故事的起始、发展好像都是按照观众预料的那样进行，但是到了结尾，却峰回路转地冒出让观众意想不到的结果，让人吃惊，但仔细想想，又意味深长。

《爱情魔方》每个播出单元的短剧都是互相独立的小故事，故事内容大部分是爱情悲喜剧，剧中的角色选择是栏目剧一大亮点，男女主角基本上是邀请专业的年轻演员或者演艺新人，特别是湖南卫视的选秀新人，既增强节目的关注度，又为演艺新秀提供了一个新的表现出口，提高本台新秀资源曝光率，持续提升栏目和演员的人气。

由于《爱情魔方》节目剧情篇幅短，节奏快，非常适合当下年轻观众和挑剔白领观众的收视需求，在短短20多分钟的时间里，就可以观赏到一个极富悬念和视觉冲击的剧情，使得观众在最短的时间内得到了最大的娱乐满足，加之节目色彩与造型时尚亮丽，目标观众明确，非常符合湖南卫视青春、时尚、亮丽的频道定位，与时段观众契合度很高。从2013年2月份播出开始，节目收视率迅速提高，进入3月份以来，更是进入了中央电视台和央视国际网站发布的“中国电视剧排行榜”榜单

（周榜），曾连续六周进榜，跃居过“中国电视剧排行榜”第二名的好成绩，并在全国同时段节目中排名第三。

3. 《经视故事会》

《经视故事会》2005年于湖北经济电视台开播，播出时间为首播：19：03—19：28，重播：次日16：40—17：05。

《经视故事会》以18—65岁、具有中等学历水平、月平均收入1000元左右的老百姓为主要收视群，节目为本土方言短剧，以电视小说的形式用真人真事进行新闻报道式的讲述，靠真实的情节和情感打动观众。

节目围绕“三贴近”原则，真正做到了“始终把镜头对准火热的生活”，演绎的是发生在老百姓身边的市井百态，家长里短，人间真情，新闻事件，警世案例，演员全部由普通老百姓扮演，从2005年2月开播至今，《经视故事会》取得了极为骄人的成绩，年平均收视率高达4.54%，在2005年度湖北经视自办节目平均收视率排行榜上排名第一，同时在全省各频道各时间段（含电视剧）收视排行榜上也名列第一。

据央视索福瑞调查统计，目前该节目的平均收视率达到7个百分点，最高收视率超过11个百分点，在湖北地区的收视率更是超过了同时段的央视传统王牌节目《新闻联播》，创造了本土节目在收视率方面的一个神话。

4. 《法制剧场》

《法制剧场》是中央电视台第七套农业节目《法制编辑部》栏目的一个主打版块，时长30分钟。精选与农业生产和农村生活相关的典型案例，情节适当丰富补充或将同类案件整理合并，以“电视短剧”的方式演绎主要情节，由各地专业演员、业余群众演员、警察、法官、检察官、乡村干部和普通农民参加演出，故事曲折充满悬念，并由主持人讲述串联，在展示案情的同时，揭示人物间的法律关系和案件发生的主观因素及社会背景，故事中包含的法律知识由著名法律专家进行点评，解读法律、解剖人生，以贴近生活的角度体现出普法的重要意义，“寓法于案、寓教于乐”，展示了法制节目的一种全新样式。

栏目自2003年11月开播以来，深受广大电视观众的欢迎。2005年初，央视公布了对全台12套节目共200多栏目2004年度“观众满意度”调查结果，《法制编辑部》栏目列第10位。由于节目的播出时间选择在中央台及地方台的电视剧已集中播放完毕的时段，对观众的收视选择具有很强的吸引力，因而拥有十分稳定庞大的观众群体。

5. 《大侦探西门》

《大侦探西门》创办于2003年1月1日，浙江教育科教频道在栏目开创之初的目标观众群是青少年，因此在形式上借鉴了当时红极一时的日本动画片《名侦探柯南》，创立了虚拟主持人“西门”为青少年的侦探偶像，并用警长这一角色将虚拟与现实沟通，让警长替代西门在现实案件中搜寻现场遗留证据，调查问询嫌疑人，推理排查出真正的凶手。

栏目的定位是：一档侦探类型的栏目剧，以引领青少年观众缜密思考、大胆想象、科学推理为栏目诉求。随着栏目播出后影响的不断扩大，其在各个年龄层的观众中引起了共鸣，几年来收视率一直领先于同类专题栏目，2003年开播第二个月节目就冲上尼尔森前50榜，全年平均2.2，有一半节目位居尼尔森前20榜，2004年尼尔森全年平均2.1，其中最高为4.8，位于尼尔森周排行第二位，2005年索福瑞全年1.8。《大侦探西门》栏目的观众已从青少年拓展到了一批爱好侦探推理、具有侦探情结的不同层次的观众，由此，栏目也在选题、内容、结构、形式等方面积极地拓展、创新，以适应变化了的观众群。

同时，充分利用栏目的个性特质，在多维空间上打造品牌。除了利用报纸、杂志、网络宣传栏目外，2006年又与动听96.8音乐调频合作，联手推出了广播版的《大侦探西门》，每周六晚21：15分电视版《大侦探西门》，22：00音乐调频同步播放，还将几年来的精品集萃制作成音像制品，走了栏目二度开发的市场，此外，还将根据《大侦探西门》的故事原型，改编出版漫画丛书。

理论上，马及人正式提出“电视栏目剧”的概念，并从学术范式上为栏目剧作为独立的节目形态正名。2004年上海情景剧国际研讨会上，马及人首提“栏目剧”的概念，并在10年实践基础上提出了栏目剧形态和本质特征，于2006年杭州的全国电视栏目剧研讨会上提出了“五化一性”的说法。

五化：形态生活化、题材平民化、演员群众化、语言地方化、情景真实化。一性：观众的参与性。“形态生活化”是对栏目剧节目形态的认识，栏目剧和其他栏目有别，它是一种贴近生活、反映生活的节目形态；“题材平民化”是对栏目剧选材的认识，栏目剧从不追求宏大叙事，总是选取家长里短的市井生活编成剧本；“演员群众化”和“观众的参与性”是对栏目剧选择演员和剧本的认识，栏目剧选择普通百姓作为演员，选择来自民间的剧本拍成故事，强化了栏目与普通观众的互动，这也成了栏目剧区别于一般电视剧的显著特色；“情景真实化”是对栏目剧真实性的推崇，目的在于使观众从栏目剧中看到生活本身。[①]

马及人坚持，“情景真实化”是电视栏目剧最主要的特色。“电视栏目剧应该创造出一种让观众审美真人真事的情景。电视剧是角色和角色的对话，电视栏目剧则是角色和观众的对话，观众并非把演员当演员，而是看成是当事人，观众不是‘心理间离’地看戏，而是‘心理认同’地参与。”[②]

同时期值得注意的一篇文章，是韩鸿发表的《电视栏目剧：形态特征与文化语境解析》[③]。该文除了较早从学理层面概括了栏目剧的形

① 王科文：《电视栏目剧以平民化打造百姓盛宴》，《新华日报》2010年6月13日。
② 邓喆：《栏目剧：在实践中成长》，《中国广播影视》2007年2月刊。
③ 载《中国电视》2006年第2期。

态特征，归纳了作者理解的电视栏目剧的概念、类型外，更难能可贵的是高度肯定了栏目剧在中国电视节目形态学发展中的重要地位，鲜明指出："栏目剧的出现，拓宽了中国电视节目的形态领域，也标志着中国电视传统话语方式的改变"，"标志着中国电视节目形态从单纯的简单克隆发展到引进与自主创新并进的新阶段"。

这一阶段，行业创作进入高速发展期，蓬勃高歌，一路向前。而学理层面的探讨，更多集中在行业内的理论探讨，无论马及人还是韩鸿（韩鸿时任四川电视台《经济麻辣烫》制片人），都是栏目剧一线从业者。

（三）成熟期（2006—2010年）

栏目剧全面爆发是在2006年，这一年，被栏目剧从业者认定为"栏目剧年"。

业界方面，北京台《大城小事》、上海文广《百家心》、河南《故事聚乐部》等高调出击，风格鲜明，特色明显，质量上乘，播出平台、栏目达到150余家（个），制作机构达到数千个，省级以上电视频道开办栏目剧比例达到2/3以上。

全国开办栏目剧的频道及栏目统计表（截至2006年）

栏 目	电视台	栏 目	电视台
《本塘第一剧》	浙江电视台	《开心茶馆》	杭州电视台
《岛城故事》	青岛电视台	《真实再现》	济南电视台
《麻辣烫》	四川电视台	《成都情事》	成都电视台
《中州夜谈》	河南电视台	《南京麻辣烫》	南京电视台
《非常板扎》	昆明电视台	《生活麻辣烫》	重庆时尚频道
《经视故事会》	湖北广电总台经济频道	《大侦探西门》	浙江电视台教育科技频道
《百姓聊斋》	江苏广电总台影视频道	《百姓故事会》	辽宁影视频道
《醋溜故事》	山西电视台影视频道	《南国故事会》	广西电视台影视频道
《百家心》	东方电视台新闻娱乐频道	《红男绿女》	广西电视台都市频道

2006年1月，重庆卫视《雾都夜话》、湖南经视《故事会》、湖

北经视《经视故事会》、山东卫视《绝对故事》、陕西卫视《都市碎戏》，在全国栏目剧制作上处在领先位置的五大强势栏目主创人员，聚首杭州，和浙江经视商讨栏目剧合作适宜，行业内戏称此次聚会的意义好比中共党史上的“遵义会议”。

2006年5月，栏目剧协作体在杭州正式宣告成立，在电视栏目剧发展过程中有里程碑式的意义，从处江湖之远的野蛮生长、单兵作战向渐入庙堂的形态美学、独特品格发展，“中国栏目剧网”正是在此次会议上被提出，旨在打破以前隔绝状态，以剧本创作与交流为基础，拓展新的栏目剧生产平台。

之后，研讨会蓬勃举办，苏州会议研讨会、贵州改革开放30年专场、杭州传媒大会栏目剧创新专场、威海国庆60年专场、云南重大题材栏目剧专场等相继举行。

2006年12月7日，全国42家电视台的80多位栏目剧分管领导、制片人又共聚苏州，参与由中广协会电视学研委会主办、苏州广播电视总台承办的“全国电视栏目剧评优暨研讨会”。

2006年12月9日上午，随着重庆卫视《雾都夜话》栏目制片人马及人轻轻点击鼠标，成功上传了“中国栏目剧网”的第一个剧本——《妈妈别骗我》，国内第一个栏目剧剧本交流平台“中国栏目剧网”正式开通。其后，每年一度的行业评优创新年会，先后于济南、广州、福州、西安等地召开。

学界方面，关注度极大唤起，栏目剧研究一时成为显学，《中国广播电视学刊》《现代传播》《中国广播影视》《视听界》《综艺》等先后开辟专题讨论，《人民日报》《光明日报》《新华社》等多次刊登有关栏目剧的文章。

这一阶段的电视栏目剧发展，呈现风起云涌之势，同时不免泥沙俱下的盛世危机。在片面追求收视率的误区下，暴力、情色、同质化、粗糙感等问题随之日渐暴露。

（四）转型期（2010年至今）

2010年，电视栏目发展呈现两个基本态势：系列化和专业化。

系列化，指的是栏目剧的发展，日益呈现从单本剧向系列剧、连续剧转型的态势，传统意义上的电视栏目剧逐步升级，向自制栏目剧发展，本质上体现的是电视栏目剧从栏目属性向剧集属性靠拢的艺术追求。

专业化，指的是栏目剧制作从编剧、导演、演员到服装化妆和灯光道具等各个方面，由原发质朴的粗糙状态向电视剧制作水准靠拢。

早期的栏目剧发展，门槛低、专业化程度低，早在2007年，包括赵德全、侯克明、周涌等学者就指出栏目剧发展的隐忧，并有“日播选题面临枯竭”、“制作人员水平难达水准”、“购片配音无法弥补区域特色不足”①等方面的论述，至今看来已经基本得到验证。尤其是在审美情趣提升方面，日益被文化学者诟病。“看似丰富了大众的文化生活，貌似无害，仅仅给人以娱乐和消遣，实质上却灌输给人一种低级趣味和情调，不但无益于人的思想情操、文化素养和审美品格的提高，而且消磨着人的意志，导致享乐主义，导致理想和信仰的丧失。”②不管学者站在怎样的文化高地，恰恰是栏目剧发展过程中自身的瓶颈，导致了受众对于电视栏目剧这一形态呈现审美疲劳，早期较有代表性的几个栏目，如湖南经视《故事会》、河南电视台《故事聚乐部》等纷纷关停，痛别观众。在活着还是死去的两难选择下，基于栏目剧基础上的升级改造工程日益被提上议程。

栏目剧系列化的趋势早在湖南卫视2006年《爱情魔方》初现端倪。

---

① 张步中：《中国电视栏目剧现状及发展之我见》，《中国广播电视学刊》2007年第3期。

② 章国锋：《“文化工业”是一种反文化》，《文艺报》1998年7月28日。

当时的发展处境下，业界和学界对《爱情魔方》的理解分歧巨大，很大程度上并不将其视为栏目剧主流形态。它的拍摄手法基本是室内情景剧，故事内容大部分是爱情喜剧、爱情悲剧。该短剧最大的特点不是出在喜剧成分上，而是它是反转的。它在剧情上的表现就是故事的起始、发展，好像都是按照观众预料的那样进行，但是到了结尾，却峰回路转冒出一些让观众意想不到的结果，甚至转了又转，不按情理出牌，让人有吃了一惊的感觉。

如果说《爱情魔方》制作属于单本系列剧的范畴，《家大欢喜》则代表了连续系列剧的发展趋势。

2010年，南方电视台在《真实故事》发展的基础上，开创百集系列剧《家大欢喜》，第一季主题是“橙出一片天”。该剧是由南方电视台投资、制作的广东本土第一部都市时尚题材的百集系列剧，到2012年，已经连续制作三季共300集。截至2012年底，云南电视台《快乐正流行》（2011年5月）、黑龙江电视台《开拍啦》（2012年3月）、浙江卫视《梦想新生活》（2012年7月）等多家遵循自制栏目剧的创作理念，标志着栏目剧在剧集形态上从单本剧向系列剧发展、表演人群从群众演员向准专业化演员发展、美学追求上从仿真性向戏剧性发展等诸多特征（具体描述详见第五章第一节《以小博大，掀起剧风行动》）。

不论是《爱情魔方》还是《家大欢喜》，从单本剧向系列剧发展、从粗糙特质向专业化发展，旨在升级改造，将大众看来制作粗糙的栏目剧以精品化打造，致力于高起点、艺术化。

二、学理层面的形态比较

电视栏目剧之前被纳入方言剧的研究范畴，其同方言剧、情景剧、电视剧的区别又在哪里？

（一）与方言剧的区别

方言剧，是地方方言影视剧或舞台剧的简称。方言剧最火的是成渝巴蜀地区，带有鲜明地方特色的人物、方言化演绎是方言剧的最大特色。

20世纪80年代的四川方言剧《死水微澜》《凌汤圆》把四川地区独特的风土人情显现在全国观众面前，在全国范围内产生了重大的影响，为此后方言剧的发展奠定了基础。90年代是方言剧的黄金时代，涌现出一大批优秀的方言剧作品，并培养了一批具有专业水准的编剧、导演和演员，许多优秀的方言剧作品为全国观众所熟知。进入2000年以后，随着《刘老根》等优秀剧目在全国各地的热播，方言剧获得了进一步发展。

与方言剧相比，栏目剧在语言载体、人物类型、观众群体等方面都有相通性。在语言载体方面，栏目剧和方言剧为了贴近本地观众，都大量采用了方言，这使得两者有着天然的相近性，这也是为什么有的研究者将栏目剧也归入方言剧的主要原因。另外，在表现地域文化方面，栏目剧同方言剧都非常注重对本土文化的发掘与呈现，呈现富有地域特色的风俗文化与生活方式。另外，在人物类型方面，栏目剧与方言剧都注重刻画具有地域特色的典型人物，剧中的人物具有本土的气质和特色，它们的观众群体也是以本地观众为主，并且都主要定位于市井百姓，而非高端时尚的观众群体。

但是，栏目剧跟方言剧又有着显著的不同。

首先，在节目形态方面，方言剧属于电视剧范畴，多集、故事和主人公连贯，情节发展有连续性，而栏目剧在节目形态上有自己的特点，多是演播室和故事双时空，多为单集结构，固定时间播出。

其次，在播出方式上，方言剧的播出类似于电视剧，在某段时间内集中播出，国内通常是日播，每天1—2集，播完为止；而栏目剧播出时间固定，多为单集容量，更具有时效性和当下意义，同情景剧、方言剧都不一样。

再次，人物类型方面，虽然栏目剧和方言剧都注重表现具有本土特色的人物，但是，方言剧的人物类型多带有鲜明的历史遗留特色；而栏目剧体现更多的是当下色彩，更贴近观众的现实体验与当下生活。

最后，方言剧大都以幽默搞笑为主，尤其注重通过独特的方言来制造喜剧效果，给观众轻松、愉快的体验；而栏目剧的风格就更为丰富多样，虽然有些栏目剧也追求幽默、搞笑，但这在栏目剧中并非主流，大多数栏目剧注重曲折的故事、充沛的情感，有些栏目剧还特别注重“真实性”，总体上以正剧和悲剧为主。这也是栏目剧与方言剧的不同之处。

（二）与情景剧的区别

情景剧通常以喜剧的形式出现，因此它又被称为“情景喜剧”，“情景喜剧”的英文名称是situation comedy（简称sitcom），它是从国外翻译过来的一个概念。中国导演英达将在美国已经非常成熟的situation comedy引入国内时，将这种节目类型翻译为“情景喜剧”，此后这一概念在业内和大众媒体中得到了广泛传播，后来又有研究者将situation comedy译为“情境喜剧”，例如著名电视学者苗棣就认为“从词源和其本来意义上讲，我认为译成‘情境喜剧’较为正确”[①]，但他同时也承认“英达在引进这一类型的时候译为‘情景喜剧’，问题也不大”。

西方电视学者明兹·拉瑞这样界定情景喜剧：“这是一种半个小时长度的以情节为主的电视系列剧，剧中人物一成不变。也就是说，每个星期我们将在电视上见到生活在同样场景中的同样人物。剧集之间很少有联系，一个故事将在半个小时之内结束。情景喜剧一般在现场观众之前拍摄完成。无论是用现场观众的笑声或者是罐装笑声，情境喜剧的现场笑声都使观众意识到他们在看一场喜剧。情景喜剧最重要的特征是它

① 苗棣：《成长的烦恼——情境喜剧在中国》，见曲春景主编：《中美电视剧比较研究》，上海三联书店2005年版，第20页。

的循环式的叙事，出现矛盾、压力、变化的威胁，但是最后矛盾解决，压力消失，一切又回到开始时的状态。根据喜剧理论，这种大团圆的结局是喜剧的主要组成部分。”[①]明兹·拉瑞的这一界定在西方被广为引用，他指出了情景喜剧的几个主要特征：时长半小时，剧中人物一成不变，同样的场景，剧集之间少有联系，通常有背景笑声，循环式的叙事，以及大团圆结局。

国内影视作品中通常被归入情景喜剧这一类型的有：《我爱我家》《百老汇一百号》《候车大厅》《老娘舅》《心理诊所》《中国餐馆》《向阳理发店》《炊事班的故事》《闲人马大姐》《东北一家人》《体育人家》《家有儿女》《西安虎家》《一家老小向前冲》《追着幸福跑》《司徒公办案》《地下交通站》《武林外传》《都市六人行》《卫生队的故事》《超人马大姐》《大学生士兵的故事》《爱情公寓》，等等。

栏目剧和情景剧表现出某些相似之处。

首先，两者的时间长度相近，单集故事多在半个小时左右，比一般的电视连续剧单集时间要短。

其次，栏目剧和情景剧通常都是每集讲述一个完整、独立的故事，这一集故事构成一个相对独立的单元，上下集之间没有密切的联系，这也是它们不同于一般电视剧的地方。

较之它们的相似之处，栏目剧和情景剧之间的差异更为明显。

在作品风格方面，情景剧多是喜剧，追求娱乐性和诙谐幽默的喜剧风格。跟一般的喜剧作品相比，情景喜剧还有一个重要的特征，就是要让观众高频率发笑。英达在谈到情景喜剧时说：“情景喜剧是比较纯

① 转引自吕晓志：《中美情境喜剧喜剧性比较研究》，中国电影出版社2008年版，第6—7页。

粹的喜剧，比一般的喜剧又高了一步，它要让大家高频率发笑……几分钟，甚至几十秒就必须让观众发出笑声。”栏目剧多为悲剧或者正剧，强调艺术表现和社会意义的结合，更重视社会意义的体现。

选材内容方面，情景剧重视戏剧效果，故事、人物、情节连贯，整部剧集风格统一；栏目剧则更注重贴近生活，强调现实意义，剧情发展局限在单集空间，人物故事不连贯。

在剧情推进方面，虽然情景剧通常每集讲述一个独立、完整的故事，但是，情景喜剧中的主要角色贯穿始终，在每一集中都是讲述这几个人的故事；而栏目剧则没有统一的人物，每一集的主要人物都在不断变化，以反应更广阔的社会生活，呈现各色人等的不同故事。

从演员选择上看，栏目剧一般用的是群众演员；而情景剧大多是由专业演员表演的。

从场景选择上看，有些情景剧中出现了部分外景，但主要还是室内拍摄；而栏目则是实景拍摄。

从播出时间看，栏目剧实行的是栏目化播出，其播出时间固定；而情景剧的播出时间则比较灵活，每天一到两集，直到整部情景喜剧播完为止。

（三）栏目剧与一般电视剧之间的区别

电视剧是一个外延较广的概念，严格来说，上述的方言剧、情景剧也都可以归入电视剧的范畴，但它们是电视剧中的边缘范畴，人们在日常生活中谈及电视剧时，其实主要是最为常见的电视连续剧；而栏目剧跟一般的电视剧既有诸多相似之处，也存在着明显的差异。

两者的相似之处表现在：

首先，两者都以讲故事为主要诉求。两者都是利用影像手段来讲述故事，满足当代观众消费故事的需求，它们的主要目的不是为观众提供信息、资讯，而是要向观众讲述一个曲折有趣的故事，“一种意味深长的情感体验”[1]。

其次，栏目剧和连续剧都是剧类节目，如果将这种剧类节目跟其他新闻类、财经类社会服务类节目相比较，很容易发现它们之间的不同。在一些节目中虽然也讲故事，但是这些故事大都是由主持人通过语言描述、串联而完成；而在栏目剧和连续剧中主要借助演员的演出，让观众直观、鲜活地看到推进中的故事，是将故事“演”出来，而不是“说”出来，是一种戏剧化的讲述故事的方式。

栏目剧和电视剧之间的不同表现在：

首先，电视剧是用几十集甚至上百集的长度讲述一个完整复杂的故事，不同剧集之间有着人物、剧情上的承接和连贯；但是栏目剧通常一集一个故事，每集各自独立，不同剧集之间基本上不存在人物和剧情上的承接，这也是它们最显著的不同之处。

其次，在制作方式上，电视剧通常有着较高的资金投入，采用较为专业的演员，制作团队人员较多，规模较大，有着较长的制作周期；而栏目剧主要采用非专业演员，制作成本低，团队小，制作周期较短，以满足栏目每天播出的需求，这使得栏目剧在精致程度上会略逊于电视连续剧。

最后，栏目剧的时效性比电视剧更强。正是由于它的制作周期短，能够迅速对当下热点事件、社会问题作出反应，从而具备了更强的时效性。而电视剧从剧本策划、写作，到拍摄、制作发行，需要较长的时间，因此很难像电视栏目剧那样迅速地对当下问题作出反应。

在艺术表现形态上，栏目剧跟电视剧也有所不同，例如栏目剧中通常会有主持人，主持人除了点评之外，还可以承担一部分叙事功能，这样栏目剧在讲故事的时候就更为自由、灵活，而电视剧则必须完全借助于影像叙事。

---

① ［美］罗伯特·麦基著，周铁东译：《故事》，中国电影出版社2003年版，第182页。

在对白方面，栏目剧中的对白大都非常凝练，较少像电视剧那样的长篇大段，比如南方电视台的《真实故事》甚至明确地要求“连续的对话不能超过一分钟，以人物行动与事件进程来推动剧情的发展”，这样自然地加快了故事整体的节奏，同时也避免了大段的对话造成的单调感。

另外，栏目剧为了更好地贴近当地观众，一般都走方言化的路线。这些都是栏目剧跟一般电视剧的不同之处。“有专家称，‘栏目剧’除了具有‘剧’的共性，还有一些草根性、专业性的问题。其一它是从具有戏剧性的生活原料中选择出来经过加工改造而成的电视短剧的一种形态。其二它是栏目化、日常化播出而不是集中播出的常规电视剧。其三相比较而言是低投入、高产出。”[①]这些都体现了栏目剧跟一般电视剧的差异。

（四）与电视栏目的区别

北京师范大学于丹认为，栏目剧，栏目是定语，剧是主语，是带有栏目规格和属性的电视剧，采用的是栏目规格剧情卖点。在这里，她强调了“剧”作为主语的主体地位，从而将其跟一般的电视栏目区别开来。央视股份研究公司靳智伟认为，电视栏目剧是以栏目形态播出的电视戏剧故事。它采用的是戏剧结构的故事讲述方式，是戏剧故事情节的栏目化拼合。中国传媒大学关玲将栏目剧阐述为一种跨类型的媒介，由多种电视节目形态结合而成，是栏目形态的剧，栏目不仅仅是它的播出载体，而且是它的重要构成元素。她认为，栏目剧是具有栏目特征和地域特征的、平民化情节的、好莱坞式的叙事方式的情节剧。

不管何种论述，学界的专家有一点是达成共识的，那就是电视栏目剧作为“剧”与“栏目”的联姻，既表现出对电视栏目特点的继承，又呈现出自身的特点。

它跟一般电视栏目的区别主要表现在：

① 李娜：《电视栏目剧的生存与发展研究》，华南理工大学2010年硕士学位论文。

首先，栏目剧作为“剧”的一种，采用的是演员出演、情景再现的方式来讲述故事，这跟一般的电视栏目有所不同。虽然栏目剧中也有主持人的讲述，但主持人在其中处于次要的地位，出镜的频率受到了严格的限制。观众主要是像看电影、电视剧那样观看故事的推进，而不是听主持人讲述。为了给观众提供生动的在场感，栏目剧借鉴了影视剧的拍摄方法，由演员出演，这跟一般栏目的制作方法明显不同。

其次，栏目剧虽然依托固定的电视栏目播出，但它还要符合戏剧类艺术的规律，例如注重矛盾冲突，讲究故事推进中的起承转合，注重人物形象的塑造，讲究台词写作的技巧，倚重悬念的精巧设计……而一般的电视栏目就没有这方面的要求。

再次，一般电视栏目更注重为观众提供信息、资讯等理性层面的服务，而电视栏目剧更注重情感服务，它要通过讲述一个曲折有味的故事让观众获得“一种意味深长的情感体验”。它不仅作用于观众的理性层面，更作用于观众的感性和心灵。

最后，在拍摄和后期制作上，栏目剧要遵循影像叙事的一般规律，要求能够在不依赖主持人串讲的情况下，凭借影像自身，完成清晰、连贯的叙事，而一般的电视栏目则通常没有这方面的要求。例如在剪辑方面，栏目剧中上下镜头之间要选择恰当的剪辑点，遵循流畅剪辑的一般规律，而不能像一般的电视栏目那样，毫不相干的镜头也可以借助主持人串讲或者音乐、文字等剪接在一起，有些镜头的连接在一般的电视栏目中可以，但在剧中就会显得有些跳。这些都是在制作方法上栏目剧区别于一般电视栏目的特点。

三、关于电视栏目剧的定义

2006年以来对栏目剧的研究进入一个高潮，虽然没有专门的著作面世，但围绕栏目剧的节目形态、美学特征、传播效果、文化范式等多有聚焦。

电视栏目剧作为一种新兴的电视节目形态，自诞生之日起在定位与概念上就备受争议，而对其进行类型上的分析，则基本上处于空白状态。对一切文艺形式进行研究，从分类学的意义上对其进行归纳和分析，是不可缺少的一个步骤。究竟什么是栏目剧，形态是怎样的，元素必须包括哪些？事实上，作为一个新生事物，尤其是中国所特有的电视节目形态，不妨先别着急下定义，更多的是看，如何在相对宽泛的概念下，丰富形态，经过一个大浪淘沙的过程，最终定型定性。

对电视栏目剧而言，分类和定义是一项更为复杂的工作，因为既无现成的参照，本身的复杂性、多变性更甚于传统电视剧，但正因为如此，对电视栏目剧进行定义就更为必要。

关于什么是电视栏目剧，学术界及业界对此尚未达成一致意见。理论界争论的激烈，可以从一个细节看出。在“栏目剧”的名字界定上，专家之间都存在争议，究竟是叫“栏目剧”（马及人）还是叫“剧栏目”（夏志方），又或者是“电视故事”（苗棣）。

有的学者和专家则特别强调栏目剧作为一个栏目的特性，认为一定要有主持人作为栏目剧的标志，中国传媒大学周涌就持这种观点，他认为：以栏目的方式来生产、制作、播出；具备电视栏目的基本特征，如有主持人、相对的板块化；由演员扮演的讲故事的节目形态——这是把握栏目剧特性的三个关键词。

有些学者专家则特别强调电视栏目剧的草根特色，认为这是电视栏目剧和传统电视剧的根本区别，如《中国广播电视学刊》副主编李彩英认为，电视栏目剧是根据现实生活题材创造的、组织群众表演的，以栏目形式播出的故事剧。可以看出，这种观点比较强调保持栏目剧草根的特色。

《雾都夜话》制片人马及人在2004年的国际情景剧研讨会上正式提

出：电视栏目剧既不是电视栏目和电视剧的简单相加，也不完全是以栏目形式播出的戏剧故事或者电视剧。从内容上看，“它不是情景剧，不是喜剧，它是正剧”，从形式上具有“相对固定的时间、固定的长度，以栏目的形式加以发布”，可以说是电视剧与栏目的嫁接。

笔者认为，分歧的根本在于电视栏目剧的本体属性究竟是“仿真性”还是“戏剧性”。而从栏目剧发展至今的过程来看，强调“仿真性”的属性特征占据栏目剧创作的主流，但从发展趋势来看，越来越趋向于“戏剧性”的追求。

是以，笔者对电视栏目剧的定义为：栏目剧，兼具“栏目”和“剧”的双重属性，具有电视“仿真性”与影视剧“戏剧性”的双重本体特性，以非职业化群众演员表演为主，以社会生活百姓故事为表现内容，以栏目化（固定时长、固定版块、固定主持等）呈现的电视节目形态。

第二节 现象之魅：视听快感与文化阐释——以《真实故事》为个案的文本分析

一、伦理、时政、心理、经济——《真实故事》的类型分类

电视栏目剧作为一种新兴的电视节目形态，自诞生之日起在定位与概念上就备受争议，而对其进行类型上的分析，则基本上处于空白状态。对一切文艺形式进行研究，从分类学的意义上对其进行归纳和分析，是不可缺少的一个步骤，因此，本书拟以南方电视台《真实故

事》栏目为主要研究对象，对电视栏目剧的类型划分作一初探。

对研究对象进行类型分析，看似是一件极其简单的事情，但在实际操作过程中却有着相当的难度，就已经达到相当水平的传统电视剧的研究而言，这也是一个尚未完全解决的问题。王维起的《电视剧初探》、宋家玲的《电视剧艺术论》、壮春雨的《电视剧学通论》，都从不同的角度对电视剧进行过划分，《电视辞典》也在电视剧这一词条下对其进行了品种分类，但是到目前为止，电视剧类型的学科理论仍不完善，分类仍不科学，这主要是因为电视剧不同于任何传统的文艺形式，它是一种多元的艺术形态，是多种艺术形式的综合，其本身具有复杂性。另外，它处于不断的发展探索过程中，相对于其他较为稳定的文艺形式而言，它具有开放性特征。而只要是分类，就要在一种相对单纯、相对稳定的状态中进行，因此目前对电视剧的分类，或因照顾客观情况而失之于驳杂，或迁就既有理论体系而有削足适履之讥。对电视栏目剧而言，分类则是一项更为复杂的工作，因为既无现成的参照，本身的复杂性、多变性更甚于传统电视剧，但正因为如此，对电视栏目剧进行类型分析就更为必要。

在展开具体分析以前，我们首先需要确定以下分类标准：其一，电视栏目剧的类型划分应依据其客观存在；其二，分类应该在同一逻辑层面展开。依据客观存在也就是说，分类首先是对作品客观存在的描述，分类要建立在客观文本的基础之上，不能为了某种既定的理论体系而牵强附会，这一点比较好理解；关于分类逻辑层面问题略微复杂一些，首先要从概念入手为电视栏目剧作一个定位。

前面我们已经提到过，关于什么是电视栏目剧，学术界及业界对此尚未达成一致意见。《雾都夜话》制片人马及人在2004年的国际情景剧研讨会上正式提出：电视栏目剧既不是电视栏目和电视剧的简单相加，也不完全是以栏目形式播出的戏剧故事或者电视剧。从内容上看，“它不是情景剧，不是喜剧，它是正剧”，从形式上具有“相对固定的时间、固定的长度，以栏目的形式加以发布”，可以说是电视剧与栏目的嫁接。

本章第一节提到，专家学者从不同的角度对电视栏目剧进行了定义，各有其侧重点，然而从目前国内栏目剧的整体情况来看，具有栏目特征，具有电视剧特征，具有一定的草根性，是所有电视栏目剧的共同特征，显然，共性上进行分类是不可行的，因此，我们不妨抛开这些形式上的东西，从内容入手来进行分析。

在具体分析电视栏目剧之前，我们先来看一下电视栏目剧在电视剧中的定位，这有助于我们对电视栏目剧进行整体上的把握。

据曾庆瑞的《电视剧原理》一书，电视剧的类型分析可以从以下层面展开：文化学划分；审美学划分；社会学划分；叙事学划分；接受学划分；传播学划分。曾庆瑞只在对电视剧进行传播学意义上的划分时单列出电视栏目剧一类，而在其他层面的论述上并没有只字片语提及电视栏目剧。而据笔者的意见，电视栏目剧在这些层面上都可以找到其位置：从文化学角度而言，电视栏目剧应属于商业电视剧、通俗电视剧的类型；从审美学角度划分，电视栏目剧多属于现实主义或纪实性电视剧；从题材划分，电视栏目剧属于现实题材电视剧。对电视栏目剧作这种定位是必要的，因为若不如此，我们对电视栏目的分类可能会受到比如有无主持人、是否用方言、是否用群众演员等此类因素的干扰，而我们认为此类因素只是电视栏目的一些外在特征，并且是绝大多数电视栏目剧都具有的特征，不足以在其分类中起决定因素。在对电视栏目剧从整体上进行定位之后，我们就可以避免在这些问题上纠缠，而从最适合电视栏目剧的分类层面——题材上进行分类，明确了这一问题，下面我们就以南方电视台的《真实故事》为主要对象，对电视栏目剧的类型进行划分和研究。

上文提到过，电视栏目剧是现实主义的，其题材几乎全部是与现实生活息息相关的，但在这些有着共同特点的题材里，又可以按照其关注重点之不同，分为以下几种类型：人际关系类；经济问题类；心理类；其他类。其中人际关系类涉及伦理关系、邻里关系、同事朋友关系等；经济问题则涉及当前经济中的新政策以及人们在经济改革发展中的种种经济行为；心理类则涉及当前都市人的精神状态、情感状态；最后是其他类，这是对都市中的一些新事物在尚无法作出归类的情况下所做的单独划分。这几种类型有一些在具体的作品中是有交叉的，人际关系往往与经济问题纠缠不清，人的情感状态往往与经济利益密切相关，实际上是无法截然分开的，我们只是就每一部作品的侧重点对其进行分类。

（一）伦理类

人与人之间的关系，无论在什么样的社会环境下，都是一个非常基本的问题，文学即人学，而人学说到底，是人与人之间的关系，无论是萨特的“他人是地狱”，还是马克思从历史唯物主义角度的论述，都是讲人和人之间的关系，中国传统的儒家文化，更是有系统的理论解决君臣、父子、夫妻、师生、朋友等各种人际关系。伦理类型在中国有着悠久的接受传统，拥有广泛的受众，从中国古代戏曲到现代影视剧，伦理类型在人们的视野中从未间断。在中国古代经典曲目中，享有盛誉的南戏四大名剧《荆》《刘》《拜》《杀》（《荆钗记》《白兔记》《拜月亭》《杀狗记》），以及《张协状元》《西厢记》等，都涉及伦理或以伦理为表现重心，在漫长的历史长河中，这些剧作让无数观众抛下动情的泪水，勾起千百万人的喜怒哀乐。

早期的中国电影直接继承了古代戏曲以伦理题材见长的传统，从20世纪早期电影《孤儿救祖记》到《菊豆》《大红灯笼高高挂》等，伦理题材被反复表现，在电视剧领域，红遍大江南北的《渴望》《双面胶》《中国式离婚》《金婚》《裸婚时代》《蜗居》……都可以看到伦理类型的身影。

在现代社会，人和人之间的关系更加复杂，就拿伦理关系来说，现代家庭不同于传统的大家庭，人少了很多，表面上的关系也简单了很多，但是其中却产生了很多新问题，是以前的伦理关系中很少存在的，比如第三者的问题、离婚再婚问题，等等。

电视栏目关注的是当下社会进程，是以伦理类型对于电视栏目剧而言更是至关重要。这是因为：首先，如前所述，伦理类型有着悠久的历史，具有经久不衰的魅力。可以说，伦理是人类一个永恒的话题，那么，伦理类型的故事样式也必然会伴随着整个人类的历史。《真实故事》作为一档栏目剧，它来表现伦理题材，能够有一种“借力”的效果，用崭新的技术手段和传播方式来表现人类的永恒话题，能起到事半功倍的作用，甚至可以说，只要达到一定的质量水准，伦理类型自然就会拥有自己的观众。

其次，对于栏目剧的受众群体而言，伦理类型也有着先天的优势。栏目剧以家庭观众为主，这些人往往就是我们身边的街坊邻里、大叔大妈，其中，家庭妇女占了很大的比例。对这部分群体而言，伦理问题不仅是电视里的故事，更是他们生活里活生生的现实存在，是他们的情绪和焦虑的一个重要触发点，因此，伦理类型自然更容易引发他们的共鸣，唤起他们的观看欲望。

最后，表现伦理题材，不仅可以褒扬真善美，抨击假恶丑，弘扬社会主流价值观，而且它可以比较容易地跟政府倡导的主旋律融合起来，避免因为过于“主旋律”而带来的生硬、虚假等问题，起到积极的宣传教育作用。

也正因为如此，在《真实故事》中，家庭伦理一直是一个重要的类型，七年的播出实践也证明了，伦理类型拥有广泛的观众群体，是观众喜闻乐见而又经久不衰的一种故事类型。

婚姻与两性关系、婆媳关系、父子关系、兄弟姐妹关系等，都在

《真实故事》视域之内，其中两性关系和家庭关系更是一个常谈常新的问题。

两性关系是一个永恒的话题。自人类产生之日起，两性关系经历了群婚时代和个体婚姻时代，从群婚时代到个体婚姻时代，两性关系发生了根本变化，这标志着父权制家庭的诞生，也标志着女性受压迫的开始，女性受压迫是从性束缚和性压迫开始，然后发展到全面的压迫。个体婚家庭的等级关系与社会的阶级等级关系相一致，家庭中的父权制与最初的君主专制相一致，性别压迫和阶级压迫是同时产生的。现代工业社会，生产方式的改变，使社会结构又一次发生了巨大的变化。社会化大生产，把生产和分配的功能从家庭中分离出来，家庭成了生活和消费的单位，家庭的一部分很重要的功能转移到社会，包括生育和养老保障也逐渐转向社会，个体对家庭的依赖也逐渐转向对社会的依赖，于是家庭规模向小型化发展，核心家庭成为现代社会的主流家庭形式，并且具有继续向小型化发展的趋势。单身家庭、同性恋家庭、同居家庭、单亲家庭等家庭形式的出现正改变着家庭的基本含义。家庭功能和社会功能具有彼此消长的关系，当家庭变得更小的时候，其功能就会进一步弱化。有些西方学者认为，现代社会中的"家庭危机"、"家庭崩溃"实际上是家庭丧失了原有的某些功能的表现。现代人在两性关系上，虽然更开放、更灵活、更符合人性的关系，但是现代社会依然是个体婚结构，婚姻与家庭合一，人们尽管在两性关系上获得了很大的自由，然而许多人也为此付出了惨重的代价，种种社会问题也随之产生。

作为具有新闻特性的电视栏目剧，比一般电视剧更加关注百姓生活，对社会问题更加敏感，因此，对婚姻与两性关系的关注，始终是《真实故事》的一大任务，比如《视频里的老公》《书包里的避孕套》《妻子的诱惑》等剧作，涉及夫妻信任危机、第三者这些当代社会非常普遍又备受争议的话题。

《视频里的老公》一剧中，女主人公因不信任丈夫，给丈夫安装视频监视器，而导致被坏人利用。在这一故事中，涉及了现代高科技犯罪，商业竞争，而这一切的诱发点，是现代夫妻信任危机所导致的。在《视频里的老公》一剧中，女主人公的丈夫并没有出轨，只是她杞人忧天，但是这也从一个侧面反映出现代社会中夫妻关系的脆弱，夫妻间的信任度几乎降至历史上的最低点。《书包里的避孕套》则是讲述一个女中学生如何“战胜”父亲的情人，把父亲拉回到母亲身边的故事。在为故事中女中学生的聪明和机智叫好的同时，我们也感到非常沉重，这么严肃的问题，却要一个尚未成年的女孩子去用一些小小的“手腕”解决，而成年人的道德却处于缺席状态，发人深省。《还是你最好》则从“离婚同居”这一当代社会特有的现象入手，重新审视家庭对于当代人的重要性。

除了夫妻关系、婆媳关系、父母与子女的关系，各种亲戚关系，也是当代家庭中的重要问题。中国是一个很重视亲情关系的国家，中国的传统文化是以家庭文化为支柱建立的，现代社会中人们的家庭观念、人际观念都发生了很大变化，尤其是经济关系的改变，极大冲击了原有的家庭体制，在这种情况下，产生了一系列新的社会现象，南方电视台的《真实故事》对这些现象给予了极大的关注。比如《公厕遗失的购房款》一剧，通过弟弟雇人偷盗父亲给哥哥的购房款这一看似离奇的事件，真实展现了现代人在经济利益与亲情的纠葛中的心态，发人深省；《上门女婿的报复》则用悬疑的手法为我们讲述了一个上门女婿在一种非正常的家庭关系中的心理裂变故事；《继母的后现代生活》为我们展现了继母和继女这一对经常争吵的“冤家”相互关爱相互帮助的点点滴滴，处处显示出人间真情；《恩怨婆媳案》讲述一个乡下媳妇和城里婆婆的恩恩怨怨，揭示当代人的亲情在经济利益面前的迷失和回归；在《家有传染病婆婆》一剧中，城里媳妇和农村婆婆由于生活观念的不同而导致了种种矛盾。此外，《孝顺不能承受之重》《老子、儿子、票子》《迷失的父爱》《女儿的卖命钱》《报恩的婚姻》《和婆婆同居的日子》《婆媳香火战》等栏目剧，都是以家庭伦理为关注的重点。

古今中外的社会结构几乎都是以家庭为中心的，因此，家庭中的人伦关系，自然而然成为伦理的基础。这种情况在中国社会尤为显著，中国的五伦关系之中，有三个是家庭内的人际关系，对中国人而言，谈到伦理道德就必须讨论家庭内的行为规范。当代社会，个人的自由度大大加强，女性的地位得到了提高，两性关系也更为自由，但与此同时，也产生了一系列负面影响，中国的家庭制度正在承受各种外在因素的冲击，比如离婚率大幅度增加，婚前婚外性行为更日渐普遍，很多家庭没有了凝聚力，随时面临瓦解的悲剧。如何解决这些问题，是每个家庭成员都应该深入思考的，所谓家家都有本难念的经，面对公说公有理婆说婆有理的家务事，《真实故事》通过讲述这些生活中普普通通的故事，倡导爱和宽容，指出对亲情的回归才是通向幸福的路途。

（二）经济类

上一部分我们主要探讨的是伦理关系类的剧作，伦理情感是传统社会极为珍视的神圣领域，是维系传统社会的基本组织——家庭、家族与氏族的基本价值观、社会结构的基本胶合剂，其中一切社会经济关系严格禁止用货币清算。然而不可否认的是，伦理当中是掺杂了经济利益的，甚至伦理体系的建立，都可以看作是经济利益的需要，尤其是当代社会，伦理情感面临着消解的危险，神圣的亲情关系被消融了，血缘社会结构被解构了，“资产阶级撕下了罩在家庭关系上的温情脉脉的面纱，把这种关系变成了纯粹的金钱关系”。一个用血缘与亲情粘合起来的传统社会，被冷冰冰的市场结构所取代，由此产生的结果，是经济生活乃至全部社会生活的“理性化”。货币化使社会经济关系中具有神圣光环的特质被驱除，剩下的只是货币的量，于是一切经济活动变成了对货币数量的算计。继马克思之后，韦伯把资本主义理解为一种理性主义的经济实践方式，“一种个人主义的资本主义经济的根本特征之一就是：这种经济是以严格的核算为基础而理性化的，以富有远见和小心谨慎来追求它所欲达的经济成功……资本主义精神的发展完全可以理解为理性主义整体发展的一部分，而且可以从理性主义对于生活基本问题的根本立场中演绎出来”。

货币化历史潮流，消解了等级制的经济权力体系和用血缘等伦理观念粘合起来的传统社会，用货币的力量产生了在形式上人人平等的、以自由契约为基础的、理性化的和法制化的平民社会。由货币化带来的这一历史变革，既是历史的进步，同时也带来了许多弊端。货币消解等级，确立平等观念；但其同时用货币数量作为衡量人的价值的唯一尺度和人的价值目标，造成人的价值的缺失。货币消解经济权力，用自由契约的市场来配置资源，这是历史的进步；但同时产生了由个人自由带来的社会经济秩序的无政府状态，甚至会导致经济危机。货币化导致理性取代情感，使人们的经济行为成为追求货币增值的理性算计过程，由此提高了经济活动的效率；但与此同时却带来了人类情感生活和人格多样性的丧失，人际关系被冰冷的理性计算与缺乏人情味的规章条文所统治，造成了生活意义的丧失。至于货币化进入了它不该进入的公共权力领域，带来了这些领域的腐败，其危害性更大。完全消除这些负面作用是不可能的，在社会主义市场经济的建设中，我们要充分发挥货币化的积极功能，限制与弥补其负面作用，以建立一个利大于弊的社会经济体制。

具体到每个老百姓的生活中，金钱，就成了他们生活中一个极为重要的话题，即使是亲情占主要地位的家庭成员之间，也难以与金钱划清界限，这也为栏目剧的创作提供了丰富的空间。南方电视台的《真实故事》栏目，就擅长以普通老百姓的生活为切入点，对当代社会的各种经济问题予以关注，这或许与其特殊的地缘有密切关系。南方电视台所在的广州是我国几个最发达的都市之一，商品经济的繁荣非别的城市和地区所能比，经济问题，更是生活在这里的人们关注的重点，自然也成为《真实故事》关注的焦点。

《真实故事》探讨经济问题多从以下几个角度入手：

首先，探讨人间真情在金钱面前遭遇的危机。其中房子问题是一个重点。在最近几年人们生活中，最大最热门的问题是房子问题。作为人类生活必需品的房子，在房价居高不下的情况下成了奢侈品，让普通上班族为此负债累累，成为“房奴”，而“AA制房奴”更是当代都市社会的新产物，栏目剧《A A制房奴》就是讲述在经济压力下不得以合伙买房的两对小夫妻之间发生的种种纠葛。该片以点带面，透过两个家庭的小故事，展现了现代都市生活中存在的普遍问题，很具有探索性和新闻价值。同样的，《不该买的限价房》也是讲述房子问题，透过一对兄弟对金钱与房子的态度问题为我们展示了当代人在经济的压力下所作出的不同选择，既有道德启示，又为我们剖析了房子所引发的种种社会问题。《离奇的借贷》中，女主人公为了存私房钱，欺骗再婚的丈夫，盗用好友的名义，造成了严重后果，这一故事透露出夫妻信任危机，但是其中经济问题是关键，这一故事真实展现了当代人在金钱面前的复杂心态。《你到底还不还钱》是关于一对好朋友之间讨债忙和忙躲债的故事，展现了现代人在友情和金钱之间的两难处境。《离婚立省四十万》则从普通百姓的视角，解读了国家的二套房政策。由于二套房政策规定第二套房的买卖首付不得低于房价的一半，贷款利率不得低于基准利率的百分之一点一，因此，有些人为了在购买二套房的过程中省钱，就想出假离婚的招数，一时间竟然成为一种非常普遍的现象。这种现象透露出国家政策存在某些漏洞，揭示出当代人在经济的压力下的荒唐行为。

其次，关注打工一族在金钱重压下的艰难抉择。打工族是广州这个大都市的一个特殊阶层，这些打工族的辛苦工作，给这座大都市带来了经济的发展和繁荣，而这些打工者的生活，有甘甜，也有苦涩，有希望，也有陷阱，对这一群体的关注，是《真实故事》最具人文关怀精神的体现。《日欠五百元》讲述了一对在城市打工的夫妻为了创业而借高利贷的故事，展示当代人在金钱的重压之下的艰难生活。更加离奇的是，很多在城市奋斗的女孩子，因为找工作艰难，创业又没有经济基础，不得不选择一些特殊的职业，比如代孕妈妈就是其中一种，就是这样一种离奇的职业，甚至已经发展成一种具有相当规模的地下产业。《代孕少女历险记》通过一个代孕女孩所经历的种种磨难，展示了这一群体的畸形人生。另外，《签约女友的秘密》《美女医托的遭遇》也都是讲述孤身奋斗在都市的年轻女性的艰难生活，这些故事从人文关怀的视角，对剧中主人公给予情感上的同情与理智的批判，引发我们对于如何构建健康和谐社会的思考。

再次，关注金钱进入公共权力领域后所产生的消极后果。金钱本来是不该进入公共权力领域的，但在现实生活中，权力又常常和金钱纠缠不清，带来了这些领域的腐败，《梅局长的风流日记》就是暴露某些官员利用职权谋取私利，进行权钱、钱色交易的丑恶嘴脸。《还钱太难》则讲述了某些领导在权利斗争中不惜用金钱陷害竞争对手的故事，事情虽然离奇，却很真实地展现了权利场的险恶和污浊。《买官风波》的主要内容是职场斗争，明里一团和气的职场，暗地里却是波涛汹涌，女主人公为了在公司不受其他同事的压制，不得已编造父亲是高官的谎言，引发了一系列连锁事件，展现出官场百态。

总之，无论是给亲情带来冲击，还是让人将其作为权利之争的砝码，抑或是让在底层生活的普通人为之不惜代价，金钱似乎都充当了罪恶的角色，但是金钱本身并不是罪恶的，它只是一种工具，君子爱财，取之有道，金钱无论在什么情况下也不能替代亲情，不能消解人间真情，不能抹杀正义。《真实故事》的这类故事始终具有明确的价值观定位，对那些错误的金钱观念进行批判，弘扬着人世间的真善美，是最具有人文关怀精神的一类剧作。

（三）时政热议类

《真实故事》的英文名称是“News Story”，这个名称就清晰地表明了节目在设定时的定位。比起一般的栏目剧，它更突出新闻性，当前社会正在发生的故事，热议的话题，成为《真实故事》一个重要的表现方面。

“热议”本身已经表明，这一事件或者现象受到了群众广泛的关注，是群众兴趣的一个汇聚点。一个事件能够收到热议，绝不仅仅是因为它的突发性，更大程度上，是因为它涉及众多人的利益，集中了众多人的焦虑，或是反映出大众早已在担心、关注的某些问题。

对于当下热议的某些话题，电影、电视剧或许还没来得及反应，而《真实故事》快速制作的栏目剧却能够给予及时的反应，这一方面承接了社会热点，更容易受到受众的关注，取得更好的收视率。另外，根据这种热议事件、话题而创作出的栏目剧，也能承载更丰厚的社会内容，使故事具有更大的格局，不再仅局限于男男女女的悲欢离合，从而更好地承载起电视媒体所应有的社会责任。《神秘的肛门被缝事件》《锤子砸向丈母娘》等节目，来自社会热点新闻事件。

《神秘的肛门被缝事件》，源自深圳一家医院的报道。新闻事件里，不具备手术资格的助产师在手术期间以帮助孕妇生产的过程中，“顺便”帮着做了痔疮的切割手术。尽管当时新闻事件的细节没有完全披露，但《真实故事》的编导还是敏锐地抓到了该新闻事件背后折射出的社会现状：医患关系的复杂及由此导致的各种冲突和信任危机。于是，围绕着医患关系的紧张、对抗，以及因此产生的种种不信任，编导大胆假设，小心论证，借助于新闻事件的热议，结构人物关系、架构戏剧冲突，将医患关系中敏感的红包问题、责任问题等诸多问题一一解剖。

《锤子砸向丈母娘》中，刚刚毕业的大学生深爱自己的女友，但是因为考公务员落榜、不具备拼爹的家庭背景以及只能找到一份勉强糊口的工作等诸多原因，被迫与深爱的女友分手，而分手的最大阻力就来自于女友的妈妈。各种压力之下，大学生心理失衡，处于崩溃状态，最终在与女友母亲一次言辞激烈的对峙中，控制不住情绪，锤子砸向了未来丈母娘的头部。这期节目同样是改编自新闻事件。

时政热议类节目，大概有一个相通的创作规律，就是以新闻事件为大的故事背景，人物关系的设定和戏剧冲突的架构，遵从社会事件的基本事实，但细节尤其是人物内心刻画方面会更多遵循戏剧创作的艺术真实。

（四）心理类

心理问题也是当代社会的热门话题。当代社会中人与人之间的关系已经不同于自然经济时期那种完全以血缘和婚姻为纽带的关系，而是具有更强的独立性，处在一种相对松散的状态之中，这是人类社会进步的表现，但是同时也产生了一些弊端，人总是要在与他人的关系中定位并获得社会的认可，而情感一旦无所归依，就很容易产生种种心理问题。尤其是在大都市中，工作和生存压力、感情和家庭变故等，这些现实问题经常给人们带来心理上的困扰，让人类的幸福指数急剧下降，甚至某些人会因为承受不了心理上的痛苦而选择自杀。南方电视台的《真实故事》中的短剧对当代人的心理健康进行了剖析，对社会上新出现的一些心理现象进行了关注，这也是《真实故事》以人为本宗旨的体现。

当代人的心理问题多与情感状态有关，缺乏关爱，没有归属感，个人价值得不到承认，都会引发各种心理问题。《谁更惦记第三者》就是讲述一个妻子对丈夫不够信任，凭空想象出第三者，给自己的心理造成困扰的故事。事情虽然荒唐，可在现实生活中却时时存在，因为现代婚姻关系中男女双方相对自由，而男性在社会上仍然处于相对优势的地位，使得很多女性在结婚后没有安全感，随时随地提防丈夫出轨，不仅给自己造成很大的困扰，也扰乱了正常的家庭生活，甚至毁掉了本来可以幸福的家庭。《女强迫症患者》记录了一个女孩子因为在传销组织受到各种刺激而导致心理失常的事件，为我们解读了现代人在人情和经济的压力下所产生的种种心理问题。《剩女往事——非诚勿扰》讲述的是一个大龄都市白领在网上交友被骗的故事，这个故事把关注的镜头对准了城市大龄女青年这一都市中普遍存在而又相对特殊的人群，对她们在社会和家庭的压力下产生的种种心理问题进行了记录。《爱上“偷窥”老公》是讲述一个丈夫由于妻子比自己事业有成而对妻子产生不信任，因此展开对妻子的“侦察”，镜头通过对丈夫种种违反常理的举动和内心独白进行记录，展示了当代人复杂多变的心理过程。《男言之隐》是讲述一个男人在出轨之后担心染上性病的心路历程。当前，对性病和艾滋病的恐惧已经形成了一种比较普遍的心理问题，甚至有些心理专家专门提出“恐艾症”一词，对这种心理进行学术上的探讨，《真实故事》对这一问题进行关注，为大众了解这一医学界和心理学界的前沿问题提供了契机。《情断女老板》讲述了一个家境贫寒的大学生和一个女老板的畸形之恋，通过这段恋情展示了当代人在孤独冷漠的城市中的心灵渴求，剧中主人公可怜亦可悲，故事荒唐又可叹。《叛逆女儿要当贼》讲述了一个因为得不到父母关爱，为了引起父母注意而去偷窃，假装患上“偷窃癖”女孩的故事，对当代青少年中普遍存在的心理问题进行了剖析，同时也对为人父母者提出了要求，是件很有意义的事情。当代社会，女人和男人一样走出家庭，走进职场，但是对于大多数家庭而言，男人仍然是主要的责任承担者，他们承担起养家糊口的大部分责任，但是却得不到相应的关怀与照顾，因此极易造成心理失衡，对妻子和孩子产生怨恨。《男人，更需要关怀》将镜头对准一个得了“产后忧郁症”的男人，对那些面对职场和家庭双重压力的男人进行关注，让人看到那些隐藏在坚强外表下不堪重负的脆弱心灵，引起人们对男性心理健康的重视。

《真实故事》对心理的关注，是其人文关怀精神的一个重要体现。社会文明的进步，目的是要人类生活得更加幸福，但是随着物质文明的发展，人们的心理却出现了各种各样的问题，幸福指数急剧下降，与物质的满足不成正比，所以，每个人的心理健康，整个社会的心理健康，是实现社会和谐发展中的一个重要问题，《真实故事》对这个问题的深度关注，体现了其人文关怀精神，是其一贯宗旨。

二、但肯寻戏便有戏——《真实故事》的题材选择

在现代生活中，社会分工越来越细化，人们被归置在不同的行业，不同的住所，他们大多数时间有规律地做着同样的事情，往返于同样的路径，体验着有限的人生，一个人在他的行业内可能是专家，但是，对于其他领域，他可能一无所知，这样固然从总体上提高了社会生产效率，但也造成了人与人之间的隔阂，至于其他人怎样生活，有着怎样的故事，大部分人也无从了解。在我们接触的这片世界之外，还有广阔的未接触的世界。

因此，很多人在内心深处渴望着了解自身以外的生活，他们希望看到自己所没有经历过的生活，了解不同的领域、不同的生存方式、不同的人生，看到那些远在的生活和远在的故事。这绝不仅仅是一种猎奇、窥视的欲望，而是现代生活方式带来的一种必然需求。

而现代都市的特点，又使得人跟这个城市里的绝大部分人并不互相认识，这样他也就更无法了解别人的生活，因此，电视栏目剧作为一种公共文化资源，自然要承载起这样的功能——展示此在的和远在的生

活，告诉你接触的和未接触的世界。

这也就决定了在题材选择上，必须丰富多样，囊括各行各业、各个阶层、各种不同人的生活，只有丰富多样的题材，才能展示丰富多样的人生，满足不同观众的需求。《真实故事》自2006年播出以来，所涉及的题材包括：

婚恋题材 婚恋题材一直是栏目剧表现的重点之一，它包括年轻恋人之间的各种误会、冲突，也包括已婚夫妇的情感纠葛，诸如夫妻之间的争吵，老公或老婆的出轨，彼此间的信任危机，或因房产、子女、老人等问题而引发的家庭不和，等等。

婆媳关系（含女婿与岳父母之间的关系） 婆婆与媳妇之间的冲突在人类历史中普遍而持久，这也是《真实故事》经常涉及的题材，既包括不同性格、不同生活习惯、不同文化观念的婆媳的冲突，也包括由家庭主导权的争夺引起的冲突、财产的分配引发的冲突等。

邻里关系 这类题材涉及公共区域的卫生维护，不同生活习惯的相互影响，双方男女间可能产生的暧昧或者误会，邻里家的老人、小孩甚至宠物所引发的冲突，噪音、油烟的相互影响，等等。

刑事案件 这方面的题材涉及盗窃、抢劫、绑架、诈骗、缉毒、骚扰女性、拐卖儿童等。由于刑事案件是人与人之间极致化的矛盾冲突，因此很容易成为剧类节目表现的内容，也比较容易抓住观众的注意力，但是，关键是要把握好良好的文化导向与审美趣味，在展现犯罪的同时不把玩犯罪，坚持正确的立场，在这方面，《真实故事》始终坚持正确的舆论导向，抨击不法行为，提高市民的防范意识，起到了积极的警示作用。

法律纠纷 这类题材包括财务赔偿、债务问题、遗产的分割、房产归属、合同履行等等，这是《真实故事》所侧重表现的一类题材。法律纠纷本身就包含了当事双方的激烈矛盾冲突，而且通常这些矛盾强化到道德舆论无法解决时，当事者才会诉诸法律，因此它本身就有了对这类冲突予以戏剧化表现的基础，这样不仅能够向观众展现一个曲折精彩的故事，更重要的是，能够向观众普及法律知识，增强法制观念与契约意识，从而在推动法制化建设方面起到一定的积极作用。

职场争斗 这类题材包括员工间为升职、加薪而产生的矛盾，上下级之间的角力与冲突，甚至为了办公桌的位置、名字的先后、某个女同事的好感而产生的恩怨纠葛等等，在这些故事中，广泛涉及的群体包括公司白领、政府公务员、教师、律师、会计、厨师、清洁工、快递员等等，对社会各阶层都有着广泛的呈现。

食品卫生 随着食品安全方面的负面新闻不断爆出，食品问题成为人们关注的热点。《真实故事》也紧扣民生热点，像《夺命住家饭》《有毒的青菜》等都表现了这方面的问题。

劳资问题 这类题材重点表现打工者和老板之间的纠纷，他们因为工资、假期、迟到罚款、辞职或解聘等问题而引发各种矛盾，从农民工到都市白领，从个体小老板到大财团董事，这类题材所涉及的人物也是形形色色，展示出林林总总的社会百态。

商战题材 人们常说商场如战场，商人是这个时代的弄潮儿，商场也就是他们角逐各自利益的竞技场，充斥着各样的欲望、野心、权谋、算计，有着无数曲折动人、丰富多彩的故事，《真实故事》的不少剧集都表现了卷入商战中形形色色的人物及他们的不同命运。

医患纠纷 如今看病难看病贵成为一个沉重的社会话题，医患关系也变得空前紧张，医生和病人站在各自的立场上，都会对对方有所指责。因为每个人都有可能生病，医患纠纷就涉及社会的方方面面，受到全社会的极大关注。《真实故事》对这一类题材也有广泛的涉及，像《神秘的肛门被逢事件》等，深入地表现了医患双方的误会或冲突。

子女教育 在现代家庭中，在子女的教育问题上，不同的教育理念、不同的培养目标，都会成为引发家庭冲突的导火索，《真实故事》广泛地呈现了夫妻双方不同教育观念的问题、两代人不同的教育方式的问题、学校和老师的选择问题、不同的培养目标问题等等，展现了由子女教育问题引发的各种冲突及其解决途径。

老年人的扶养 据统计，到2020年，中国将有2.5亿老人，对老人的扶养问题摆在全社会的面前。这里面既涉及家庭伦理，比如儿子孝不孝顺、父母是否适应城里的生活方式、老夫妻之间的情感状态等等，同时，也涉及整个社会的养老问题、老年人的生活保障和经济来源问题等等。《真实故事》中像《老来难伴》等的许多剧集都是针对这一问题而制作的。

三、想象人生的方式——悬念、戏剧性、陌生化与审丑等艺术手法的运用

世界编剧培训大师罗伯特·麦基曾在他的名著《故事》中说到：在生活中，人们通常都是采取最小保守行动……

但是，这并不能阻止人渴望剧烈冲突、追求快感体验的冲动，德国心理学大师弗洛姆曾指出，永不满足、追求极限体验是人类大脑的天性，这是我们与生俱来的特质，如果停下来，我们就会感到厌倦、乏味。

那么，怎样追求强烈刺激而又不至于把自身置于危险的境地？想象是实现这一目的的有效有段，人们可以经由屏幕上制作出的幻象而去经历不同的生活，体验不同的人生，获得一种强烈的快感。20世纪初期的文艺理论，“内模仿”说曾盛极一时。观众可以安全地坐在椅子上，在内心模仿赛场上马的奔跑，从而获得一种快感。同样，栏目剧的观众可以在他们舒适安全的家里，对着电视屏幕，跟他所移情的那个剧中人一

起体验不一样的生活。

换句话说，未曾感知、触摸而又真实存在于周遭社会的故事情感体验，是受众最希望也最痛快的感知对象，而这种最痛快的感知对象的获取，反映到《真实故事》的创作领域，是基于戏剧性、悬念、陌生化、审丑等几种创作方式集中实现的。

（一）戏剧性

或许我们已经厌倦了平平淡淡的日常生活，内心又本能地有着对追求新鲜刺激的渴望，这时候，"戏剧性"的处理方式刚好能够满足我们的这一期待，它将生活中零散的矛盾整合到一起，压缩了漫长乏味的时间过程，使其以更清晰、鲜明的状态呈现出来，我们调动起自己的心智和情感投入其中，从而在短时间内获得一种想象性的满足。

所谓戏剧性，就是那些强烈的、凝结成意志和行动的内心活动，那些由一种行动所激起的内心活动，也是一个人从萌生一种感觉到发生激烈的欲望和行动所经历的内心过程，以及由于自己的或别人的行动在心灵中所引起的影响，也就是说，意志力从心灵深处向外涌出和决定性的影响从外界向心灵内部涌入；也就是一个行为的形成及其对心灵的后果。行动和激烈的感情活动本身并不具有戏剧性。戏剧艺术的任务并非表现一种激情本身，而是表现一种导致行动的激情；戏剧艺术的任务并非表现一个事件本身，而是表现事件对人们心灵的影响。黑格尔在《美学》第三卷中，详细论述了戏剧动作的要点："动作总是要导致纠纷和冲突，而纠纷和冲突又要导致一种违反主体原来意图和意愿的结局。"①"在戏剧里，具体的心情总是发展成为动机或推动力，通过意志达到动作，达到内心理想的实现。"②从黑格尔的定义中，我们可以看出，能够将冲突

① ［德］黑格尔：《美学》，朱光潜译，商务印书馆1984年版，第244页。
② ［德］黑格尔：《美学》，朱光潜译，商务印书馆1984年版，第244页。

和性格的真正内在本质揭示出来的人物外在言行和内在心理的根本动机及其表现，具体到影视艺术当中，紧张、深刻的性格矛盾冲突是其最重要的因素，另一个重要因素就是情节的突转。突转，也称陡转、突变，指剧情向相反方面的突然变化，即由逆境转入顺境，或由顺境转入逆境。它是通过人物命运与内心感情的根本转变来加强戏剧性的一种技法。最早提出突转的是亚里士多德，他认为突转是情节的主要成分。在剧本创作中，好的突转场面不光着眼于剧情的起伏跌宕，而且立足于人物刻画，力求通过情节的合情合理的突转写出人物剧烈丰富的心理变化与感情活动。例如索福克勒斯的《俄狄浦斯王》第四场，俄狄浦斯为了解救城市的苦难，全力以赴查访杀父娶母的罪人，最后由于报信人无意之中透露真情，情节急转直下，一个公正贤明的国王成了一个自我放逐的瞎眼乞丐。

中国电视剧从诞生之日起就在剧作结构上与传统戏剧有着极深的渊源关系，无论学界和业界如何强调电视剧要摆脱传统戏剧模式的限制，不可否认的是，电视剧必须重视情节的作用，它必须通过冲突、危机等戏剧因素和波澜起伏的故事情节吸引观众。作为电视剧之一种的电视栏目剧，对情节的重视也是题中应有之义，而且是栏目剧能否抓住观众、继续发展下去的关键问题。但是与普通电视剧又有不同，电视栏目剧关注的都是老百姓的日常生活，讲述的多是老百姓身边的故事，如何使这些普通的生活故事充满戏剧的意味，是一个值得探索和讨论的问题。但与此同时，如何使这些故事在充满戏剧性的同时又不失其真实性，又是问题的另一个方面。也就是说在意料之外，又在情理之中，既有戏剧性，又是“真实故事”，这是一个非常高的艺术要求，《真实故事》就很好地做到了这一点。

其具体做法是通过两个方面来进行的：一是加强人物的戏剧性格冲突，二是特别关注情节的突转。

《真实故事》中的故事都是取材于百姓日常生活的，有些甚至就是根据新闻或当前百姓热议话题进行创作的，真实性自不待言，而戏剧性的处理则是其一大成功之处，下面我们来结合具体剧作进行一初探。我们对《真实故事》里剧作进行分析，发现多数故事都具有强烈的戏剧性，比如《继母的后现代生活》就是一个充分利用了人物性格冲突的好剧作。剧中的继女顽固呆板，而继母则热情开朗，继女因为看不惯继母的种种开放行为，因此屡屡故意找茬，但每次在紧要关头都被继母以“太极手法”化掉，而当继女再一次准备与继母“斗法”的时候，却发现自已怀上了一个已婚男人的孩子，剧情发生了戏剧性的转变，继女在继母的帮助下脱离困境，两人的关系也发生了微妙的变化，两人由处处敌对发展为相互关心、相互爱护，但继女对继母在表面上仍然态度强硬，情节继续向下流动，当故事结束之前，继母检查出乳腺癌晚期，母女两人的感情达到高潮。在这部短剧中，母女两人的“斗法”构成了戏剧的基本冲突，而在故事发展过程中，两次矛盾的突转也是作品极具戏剧性的关键因素，而因为这些戏剧性的冲突符合两个人的性格特征，同时情节的突转与两人情感的加深紧密结合，因此既精彩好看又在情理之中。再比如《代孕少女历险记》一剧，是关于作为好朋友的两个女孩不同选择的故事。其中一个女孩为了早点实现梦想，选择做代孕妈妈，而另一个女孩即时在找不到工作的艰难情况下也拒绝做代孕妈妈，情节一开始就是靠两个女孩的性格冲突来推动的。故事往下继续，选择做代孕妈妈的女孩顺利通过手术受孕，而另一女孩在求职中屡屡受挫，又被妈妈生病逼入绝境，正当此时，故事却发生了突变，代孕女孩因宫外孕不得不做掉孩子，而另一个女孩却因为帮助一个捡垃圾的老婆婆而被一个公司老总看中，顺利进入一家大公司工作，故事就在这样戏剧化的结局中戛然而止。这样的情节安排，既引人入胜，又合情合理，给人以启示意义。

除了我们上文分析过的这两部剧作，《真实故事》中还有很多作品都非常注意通过不同人物的性格冲突来推动情节，同时又通过情节的突转来加强戏剧性，比如，《恩怨婆媳案》通过婆婆的刁钻和媳妇的隐忍退让来加强戏剧冲突，《情断女老板》也是通过女老板和打工仔对生活的不同态度而造成的冲突来推动情节发展。此外，《家有传染病婆婆》《剩女往事——非诚勿扰》《爱上“偷窥”老公》等剧作，都是既有强烈戏剧性，又合情合理的好剧作。《真实故事》中的剧作，不仅实现了靠性格冲突来推动情节冲突，而且达到了黑格尔所说的通过意志达到动作，达到内心理想的实现，真实反映了人物强烈的、凝结成意志和行动的内心活动，那些由一种行动所激起的内心活动，一个人从萌生一种感觉到发生强烈的欲望和行动所经历的内心过程，以及由于自己的或别人的行动在心灵中所引起的影响。可以说，《真实故事》中的剧作不仅仅表现了激情本身，更表现了一种导致行动的激情，表现了人的心灵。

从创作规律上进一步分析，《真实故事》的戏剧性体现在：

一是故事的推进常常有戏剧性的转折。一个妻子原本过着平淡却又安稳的生活，爱着他的老公和孩子，正准备在结婚纪念日那天给老公一个惊喜，但是突然，她发现她的老公最近好像有什么异常，于是她陷入一种不安、纠结的状态，开始了她的调查、跟踪……故事就在她发现老公有异常的一瞬开始了戏剧性的转折，她无法再像以前那样继续常规的生活了。这种情况或许在大多数家庭中并没有出现，但我们又知道它是可能发生的，而且已经实际发生在身边的一些人身上，有些家庭即便没有到达这样的程度，但“绝望的主妇”已经开始感到隐隐的担忧，通过这种戏剧性的展现，表达了他们的焦虑，观众在欣赏的时候情感自然会卷入其中。另外，这种潜在的真实性，也正是故事的戏剧性得以建构的基础，否则观众就会觉得它太“扯”太不实际了。《真实故事》正是把握好了戏剧性和真实性这两个方面，才能够制作出既贴近百姓生活，又精彩、好看的民生故事。

二是人物命运常常有戏剧性的转变。一位白富美的女白领，突然遭遇了劫匪，她的人生道路因此改变；一位兢兢业业的医生，因为一个有争议的手术而被病人纠缠，他的生活从此被打破；一个年轻有为的公司职员，因为疯狂的野心，决定陷害他的上司；原本走到离婚边缘准备离婚的一对夫妻，意外发现妻子已经怀孕，是打掉孩子，还是继续一起生活……正是因为这种戏剧性的转变，人物的命运被推到了风口浪尖上，接下来会发生什么？他们将怎样选择？怎样应对？观众会带着这样的疑问看下去，这样也就自然而然地形成了“悬念”。这种戏剧性的命运转变，一般人在一生中可能都不会遇到几次，人生不可能总是在玩蹦极，大多数人即使内心有躁动，但理性还是会告诉他/她，要按部就班地生活，于是继续着先前的道路。我们普通的生活中并没有太多的戏剧性，但是，我们却希望看到别人身上发生的戏剧性，并在戏剧性的故事中获得一种情感的满足。通过观察别人的命运戏剧性地转变，我们思考自己的人生，或者“确认”当下安稳平淡的生活是值得珍惜的，或者在移情的想象中获得一种情感上的满足……《真实故事》里的许多剧集所体现出的戏剧性，也正是根源于观众心里这样一种内在的需求。

三是人物关系体现出一定的戏剧性。如果你的老公/老婆出轨了，而跟他/她有染的那个人，刚好是你的邻居，而且就住在你的隔壁（《小心隔壁女邻居有秘密》；一个富家女开着宝马车被一个仇富的人劫持了，而这个人刚好是以前在公司暗恋她的人（《引诱劫匪的富家女》）；一个单身女性屋子里被盗了，而且她的邻居刚好会开锁（《会开锁的女邻居》）；一位大款在跟他的情人幽会后中毒而亡，而投毒的人就是他情人的男朋友（《致命的剧毒晚霜））……这些故事中的人物关系多少有着某种戏剧性。人物关系的戏剧性，是构成戏剧性情境的一个重要方面，很多故事推进乏力，或者过于生硬造作，就是因为没有设定好人物关系。人物关系充满戏剧性，故事的推进自然而然就会呈现出戏剧性。可以说，《真实故事》的编导们在这方面下了很多功夫。但同时，这种戏剧性的人物关系也应有所节制，过于巧合就会显得不够“真实”，另外，也会给人一种幻觉：怎么身边这么多潜藏的坏人？这会在无意中强化了人们在揣测别人时的负面情绪。

（二）悬疑手法

悬疑是在各种文学作品尤其是影视艺术上经常运用的一种表现技法。社会生活是复杂的，矛盾的发展受各种各样因素的影响和制约，必然迂回曲折有进有退，也必然会产生意想不到的变化，在剧作里安排悬念，能够激发起读者或观众对艺术作品中人物命运、情节发展变化的关注。悬疑在一定程度上可以满足观众接受心理的“窥视欲”，当然，这里的“窥视欲”并不是一个贬义词，它只是在“对观众的观看兴趣、价值认同与审美期待所作的一种欲擒故纵的状态中寻找双向协调的支点”[①]，制造悬疑效果可以激发观众的兴趣，使观众的被动欣赏转化为积极欣赏，甚至转变为一种更高层次的创造意义上的欣赏。悬疑的重要特征就是预示出一种十分吸引人的事态，却不把它预叙出来。具体而言，就是突出不同寻常的情境并延缓披露底细，使其呈明显的悬而未决的状态。悬念的形成，就是提出问题，延缓提供答案。在具体的艺术作品中，悬念的构成，无论是提出问题，还是延缓提供答案，常常用到伏笔和突转。设置悬念既要求巧妙、出人意料，又要求合情合理，不能不顾现实胡编乱造，漏洞百出。可以说在影视剧中，悬念设置得恰当巧妙，是其获得观众认可的重要因素。

《真实故事》中的许多短剧都运用了悬疑这一手法。比如《“蒸发”的情人》《公厕遗失的购房款》《富二代猎婚》《剩女往事——非

① 卢蓉：《电视剧叙事艺术》，中国电视广播出版社2004年版，第21页。

诚勿扰》等剧作，都是在故事叙述的过程中处处设置疑云，又处处提示观众，到故事结束前才揭示事件真相的手法，使得本来普通的生活故事变得引人入胜，充满魅力。《“蒸发”的情人》一剧是叙述一个男人如何与第三者相识，并一步步背叛家庭的故事。起初，观众会以为这只是一个关于第三者的故事，但是直到最后一刻，才向观众揭示真相：第三者是男主人公的妻子雇用来的，目的就是为了能够顺利和丈夫离婚，并且取得大部分财产和孩子的抚养权。这一结局的出人意料让一个本来平常的故事顿时生色许多，故事的结局出人意料，但是并不突兀，因为在之前的叙述中，早就通过“第三者”的种种行为、语言、表情向观众暗示了事件的蹊跷，因此当真相展现在观众面前，观众就获得了一种恍然大悟的审美快感。再如《公厕遗失的购房款》一剧，也是以悬疑手法进行叙述的。父亲为了给大儿子买房，从银行取了40万元的现金，但是不料遗失在家附近的公厕里，随后展开了对这部分钱的追踪。在这一过程中，观众都会以为捡到购房款的肯定是那个在老人之后进入公厕的人，但是故事进行到最后，我们却发现，是老人的二儿子雇用别人为自己盗窃了老人的钱财。至此，我们回过头来看老人的二儿子在钱丢了之后的种种表现，再联系他自己也着急买房结婚的境况，就能够发现这一切都是意料之外却又在情理之中的事件，也更能引发人们对于亲情和金钱关系的思考。再如《富二代猎婚》一剧，富二代自以为他找到了一个不爱钱财不爱虚荣的清纯女孩，但是直到故事结束前，我们才知道，女主人公是个职业婚骗子。《剩女往事——非诚勿扰》也是在故事进行过半之时，才开始为我们一点点揭示出女主人公是陷入了一场骗局和闹剧中，而不是如女主人公和观众所想象的那样，是一个美好的恋爱故事。

除了上述剧作以外，《还钱太难》《爱上“偷窥”老公》《视频里的老公》都是运用悬疑手法叙述的故事，这类故事都很能抓住观众，让观众在欣赏的时候被“吊胃口”，而在欣赏结束时又满足了观众的胃口，让观众获得了更大的审美快感。悬疑手法，是在处理容易流于平淡的现实生活题材剧作时非常值得尝试的方式。值得一提的是，《真实故事》中的这类剧作很好地处理悬念和逻辑真实的故事，并没有单纯追求“原来如此”的效果而不顾事件的发展逻辑，故事的结局虽然都是出人意料的，但都符合事件本身发展的逻辑，同时又与剧中人的情感发展相一致，在演绎的过程中又处处不忘埋下伏笔，给观众以种种暗示，因此每个故事的结局都合情合理，毫无造作之嫌。

（三）陌生化

陌生化理论是俄国形式主义的核心概念。俄国文艺理论家维克多·鲍里索维奇·什克洛夫斯基认为：所谓“陌生化”，实质在于不断更新我们对人生、事物和世界的陈旧感觉，把人们从狭隘的日常关系的束缚中解放出来，摆脱习以为常的惯常化的制约，不再采用自动化、机械化的方式，而是采用创造性的独特方式，使人们面对熟视无睹的事物也能有新的发现，从而感受到对象事物的异乎寻常及非同一般。维克多·鲍里索维奇·什克洛夫斯基在《作为手法的艺术》等文章中认为：“那种被称为艺术的东西的存在，正是为了唤回人对生活的感受，使人感受到事物，使石头更成其为石头。艺术的目的是使你对事物的感觉如同你所见的视像那样，而不是如同你所认知的那样；艺术的手法是事物的‘反常化’（陌生化）手法，是复杂化形式的手法，它增加了感受的难度和时延，既然艺术中的领悟过程是以自身为目的的，它就理应延长；艺术是一种体验事物之创造的方式，而被创造物在艺术中已无足轻重。”[①]也就是说，艺术之所以存在，就是为使人恢复对生活的感觉，就是为使人感受事物，使石头显出石头的质感。艺术的目的是要人感觉

① [俄] 维克多·鲍里索维奇·什克洛夫斯基著，方珊等译：《作为手法的艺术》，《俄国形式主义文论选》，三联书店1989年版，第6页。

到事物，而不是仅仅知道事物。“陌生化”是与“自动化”相对立的。自动化语言是那种久用成习惯或习惯成自然的缺乏原创性和新鲜感的语言，这在日常语言中是司空见惯的，动作一旦成为习惯性的，就会变成自动的动作。这样，我们所有的习惯就退到无意识和自动的环境里。而“陌生化”就是力求运用新鲜的语言或奇异的语言，去破除这种自动化语言的壁垒，给读者带来新奇的阅读体验。“陌生化”并不只是为着新奇，而是通过新奇使人从对生活的漠然或麻木状态中惊醒过来，感奋起来。不仅文学作品需要陌生化，影视艺术作品也需要陌生化来打破生活本身的平淡和麻木，而作为以百姓日常生活为主要题材的电视栏目剧，能否运用陌生化叙述，是关系其是否具有可看性的重要因素，南方电视台的《真实故事》栏目就很好地做到了这一点，使日常生活故事变为一种远在的生活，让人们从远处、从另一个视角来审视自己天天经历的生活，既能让观众感觉可亲可信，同时又增添了一层奇异的色彩。关于心理方面的剧作，是运用陌生化手法最多的一类。第三者的问题几乎是现代家庭普遍面对的一个问题，就是这样一个被人讲滥了的题材，《真实故事》中的《谁更惦记第三者》从心理角度入手，记录了一个患了疑心病的妻子的种种不合情理的行为。在现实生活中，很多妻子都会怀疑丈夫的不忠，这种心理在多数情况下并不会影响到正常的家庭生活，但是却不得不承认，这种心理是造成家庭不稳定的一个重要因素，因此剧作对这种心理作了夸张和变形，剧中的女主人在家里的各个角落都发现第三者留下的痕迹，甚至从梳妆镜里看到第三者和丈夫亲热的场景，这显然是不可能的，但是从女主人公的心理状态来讲，她的这种感觉是符合她的心理的。剧作从一个有适当距离的角度让观众看到一个疑心病患者的心理状态，同时也引起观众对于自己的心理的关注。再如《爱上“偷窥”老公》更是运用了让剧中怀疑妻子出轨的老公和另一个“我”对话，运用这样一种不符合现实的手法来展示男主人公内心的挣扎，拉开了和现实的距离，同时又很好地展现出处在焦虑和怀疑中的人物心态，造成某种奇异的效果，且又合乎情理。除了这类关于心理类的剧作，其他作品也有很多都运用了陌生化手法，比如《妻子的“绯闻》一剧。这也是一个关于夫妻信任问题的剧作，作品并没有直接从心理入手，而是从妻子的种种怪诞行为来展示现代家庭的信任危机。剧中的妻子为了挽回丈夫的心，重新激发起丈夫对自己的爱情，不得不自己给自己订花，自己给自己雇用追求者，这一行为是极其荒唐的，也极少会发生在真实的生活中，因而给人以一种荒诞之感，是一种陌生化叙述。但是同时，妻子的这种心理又是极其真实的，在现实生活中不乏因生活失去激情而刻意给自己制造浪漫的故事，看这个故事，或许会让许多女观众像从一个比较远的距离看到没有把这些想法付诸行动的自己。

除了我们以上分析的剧作，《买官风波》《还钱太难》《日欠五百元》《小保姆和男主人》都是充分利用了陌生化手法的剧作。电视栏目剧的题材多取材于人们身边的日常生活，但是人们往往会对身边的、眼前的东西习以为常故而视而不见、充耳不闻。所谓“距离产生美”，如果说审美距离太近，观众会觉得平淡乏味，陌生化就是要把平淡无奇的事物变得不寻常，从而增加新鲜感，有了新鲜感，兴趣也就自然随之提起来了。编剧在讲述这些故事时或从独特的角度入手，或夸张，或变形，那么这些故事就唤起了读者或观众新鲜的审美感受，而太远，观众又会觉得空洞虚假，关键在于掌握两者之间的平衡，《真实故事》的多数剧作都很好地做到了这一点。

（四）审丑

雨果曾说：“丑就在美的旁边，畸形靠近优美，丑怪藏在崇高的背后，美与恶并存，光明与黑暗相共。”[①]当代艺术中，许多艺术作品都

① ［法］雨果著，柳鸣九译：《雨果论文学》，上海译文出版社1980年版，第30页。

以“丑”为其对象，人们用“审丑”来描述和批评20世纪80年代以来文学创作中出现的大面积写丑现象。中国古代的文学理论没有给丑以过多的关注，基本上是以儒家所提出的善和美为文学艺术的根本美学原则，庄子在其作品中通过寓言的形式对丑进行过关注，但是他主要还是为了表达天下万物的相对性这一哲学命题，尽管庄子的哲学在后代不乏响应者，但对此鲜有人在文学创作中进行实践，到了明代，出现了许多审丑的文学作品，比如《金瓶梅》就是其中的代表，这与当时的社会风气有关。周来祥认为，这是资本主义萌芽、市民力量的抬头、近代启蒙思潮的兴起所带来的结果。五四新文化运动以后，丑的问题日益显赫起来，受西方现代主义影响的徐志摩则说得更为强烈：“我的思想是恶毒的，因为这个世界是恶毒的；我的灵魂是黑暗的，因为太阳已灭绝了光彩；我的声调是象坟堆里的夜枭，因为人间已经杀尽了一切的和谐。”[①]到了80年代，社会上更是出现了大量审丑的艺术作品。有人把审丑看做是“审美疲劳”的产物，也有人认为审丑本身就是审美的一种表现形式。丑代表人性的负面，是与美相比较、相对立而存在的生活样态，是人的本质力量的扭曲与异化。需要特别指出的是，艺术作品中的审丑并不如有些人所认为的那样，和心理学里所说的自尊需要和自我服务的偏见有关。心理学认为，自尊低的人需要更多的东西来支撑自己的自尊，通过对比他们更不堪的对象的评头论足来获得自尊，这或许是一种科学的分析，但是艺术上的审丑并非为了满足观众或读者的这一心理，否则就会过分渲染人性的阴暗丑恶，而忽略了在审丑的背后所蕴涵的对人性的深刻批判、对小人物的关怀、对人类个体精神的反思，成为审丑的泛滥。所以，当“丑”进入艺术作品时，需要艺术家以审美态度去审视、选择、提炼“丑”，使之成为被人掌握的积极力量，即通过对丑恶事物的

① 徐志摩：《毒药》，《晨报·文学旬刊》1924年10月5日。

厌恶，唤起对美与善的渴望与追求。

南方电视台的《真实故事》中的剧作，有很多是审丑的，作品通过对社会上那些假恶丑现象的叙述，来达到某种独特的艺术效果，但是其“审丑”并没有停留在表面的对丑的描述上，而是对其进行了美的提炼，并且通过理性介入，来达到惩戒人心、弘扬社会正气的目的，是非常成功的。比如《离婚立省四十万》一剧，是一部典型的“审丑”剧作。片中的主人公都为了购得二套房绞尽脑汁，辛苦钻营，各种丑态展露无疑，与此同时，剧作也展示了他们善良辛酸的一面，而且最终以主人公一家放弃用钻空子的手段购买二手房为故事结局，可以说是用理性来节制了审丑的泛滥，使观众看了剧作，既能实现由审丑到审美的转化，获得心灵上的洗涤和升华，又获得了理性的启迪。再如《小保姆与男主人》也是用审丑的方式对故事进行关注的。故事中的小保姆贪得无厌，而男主人则由于有把柄捏在小保姆手中而不得不对小保姆卑躬屈膝，委曲求全，这是一种典型的审丑，但是栏目剧的制作者并没有让这种审丑变为一种对丑的自然主义的渲染，而是融入了自己的批判和思考，使故事自始至终都在一种理性的关照之下，让观众通过对这一故事的欣赏，获得一种对当代社会人类尴尬生存状态的理性认识，完美地实现了由审丑到审美的转化。当代社会，新事物层出不穷，这些事物有好有坏，而且其中有些蕴含了荒诞意味。比如许多都市白领被公司压榨，连年终奖都被公司以各种借口克扣，为了顺利拿到年终奖，不得不想出种种稀奇古怪的招数，《我们都是发票奴》就是通过一个男白领在大街上乞讨、购买发票的故事展示了荒诞的社会现实。在创作人员独特的视角之下，剧中克扣年终奖的老板、到处乞讨发票的主人公、用胸罩发票冒充办公用品发票的女同事，大街上强卖发票的贩子、抢劫发票的路人，维持公共秩序的工作人员，其行为都滑稽甚至有几分龌龊，观众在欣赏这一剧作时，既为剧中人违反常理的举动而捧腹，又对剧中小人物的辛酸给予理解和同情，同时还对这一个荒诞的社会现象进行理智的思考，可以说这部剧作完美地实现了审丑，并且达到了通过审丑实现审丑的目的，是一个非常成功的典型。

除了我们上文分析过的几部剧作，《真实故事》中还有很多这样的例子，比如《日欠五百元》展示了高利贷者的丑恶嘴脸，《买官风波》则是生动的现代都市官场现形记，这些都是成功“审丑”的例子，《真实故事》通过对身边故事的“审丑”使观众得以从另一个角度来审视自己身边的生活。我们在前面的论述中强调过，丑的审美价值在于“以其艺术的存在否定自身现实存在的美……否定性艺术形象只有具备社会认识价值、伦理教育价值和情感愉悦价值的高度完美统一，才能成为激发深刻美感的审美对象，转化为艺术美”[①]。可见艺术作品中的审丑应当与审美相结合，并且以审美为最终目的，只有这样，“审丑”才会走出欲望痛苦的泥淖，化丑为美，焕发出新的生机。当“丑”进入艺术作品时，需要艺术家以审美态度去审视、选择、提炼“丑”，使之成为被人掌握的积极力量，即通过对丑恶事物的厌恶，唤起对美与善的渴望与追求。通过美丑对照，更能彰显美、崇高和光明，这是艺术形象的根本价值所在，《真实故事》中的剧作，就充分发挥了“主体的能动性、个体性、体验性中，存在一种内在制约性，它使得审美欣赏（接受）主体的再创造不至于出现随意性、非理性以及伪审美性”[②]，完美实现了由“审丑”到“审美”的转化，在艺术上和社会意义上都具有启发意义。

以上对电视栏目剧的艺术特征，从戏剧性、悬疑手法、陌生化、审丑四个方面进行了分析。悬疑手法满足了观众的好奇心理，使得日常生活的叙述不至于淡乎寡味。戏剧性使得人物性格的塑造在冲突中更加饱

---

① 胡经之：《文艺美学》，北京大学出版社1999年版，第200页。
② 胡经之：《文艺美学》，北京大学出版社1999年版，第384页。

满，更加符合生活逻辑。观众都对自己身边的故事感兴趣，同时又希望了解自己未曾接触的世界，如何解决这一矛盾，陌生化的艺术手法可以为我们给出最满意的答案。审丑是当代文艺界非常热门的话题，而审丑容易流入审丑泛滥的末流，如何通过审丑走向更高层次的审美，《真实故事》在这一方面可以说是给出了一个很好的范本。《真实故事》综合运用这些艺术手法，为观众展现了既熟悉又陌生的当代生活。剧作所讲述的故事，都是老百姓身边的故事，但是其中所涉及的具体故事却未必是每一个人都遇到过的，剧作中所展现的，既是我们身边的世界，又是远方的生活，既满足了观众对自己生活的观照，又形成了一种距离感所造成的美感。

四、结构、视角、行动——一样的故事，不一样的讲述

在广袤的非洲大草原上，一头饥饿的狮子正在追捕一只狂奔的羚羊。如果这一期《人与自然》讲述的是关于一头母狮子的故事，它已经饿了几天，它的孩子正在窝里等待着母亲捕猎归来……这样，观众的情感会自然偏向这头母狮子，在它成功捕猎时，甚至会为它感到高兴，这个时候，观众不会过多地去想那只被捕的羚羊的痛苦。但是，如果这一期节目以羚羊的视角展开，它优美，温顺而且无害，这天，它刚出去觅食，就被一头凶残的狮子猎杀。这样，观众就会痛恨这头狮子，他们的情感会自然地偏向羚羊。

同样是狮子捕食羚羊这个事件，采用不同的视角讲述，效果上会有巨大的差别。由此可见，视角的选择，对于故事的讲述多么重要。它不仅决定了这是一个什么样的故事，而且还可以左右观众的情感和立场。我们在摄影和绘画时可以发现，从不同的角度看，同一个物体会呈现出截然不同的面貌，苏轼所谓“横看成岭侧成峰”，正是这个道理。同样，

对于一个故事，我们从不同的角度去讲述，也会带来截然不同的效果。

从整体上看，《真实故事》的定位决定了它在讲述故事时的平民视角，力求呈现出老百姓眼里的这个世界。比如在一些富人看来，有的人穷是因为他们“懒”、“迂腐”，而不会去考虑起点的不公平、游戏规则的不公平。如果一个主流媒体认同这样的视角和价值观，那它就脱离了平民立场，这样讲出来的故事自然也背离了老百姓的切身感受。《真实故事》的讲述视角，不是宏大的历史视角，也不是高高在上的文化启蒙者的视角，更不是那少数有钱人的视角，而是真正地贴近平民、贴近生活，从平民的视角出发，表现他们的欲望、追求、苦恼、快乐、悲伤……

从具体的操作层面看，在讲述每一个具体的故事时，《真实故事》的视角选择是别具匠心的。总体定位上的平民视角，并不是说每一集都只能以平民作为故事的主人公，如果是那样，那就未免有些胶柱鼓瑟了。整体上的平民视角，跟每一集中根据剧情需要采用不同的角度讲述之间并不矛盾，前者主要是立场问题，后者主要是技术问题。怎样把故事讲得曲折动人，用谁的眼睛去看才最有效果，以什么样的视角最能抓住观众，这都是要下一番功夫的。只有选用了合适的视角，才能使悬念最大化、信息最大化、情绪最大化，才能使观众忘我地投入其中。《神秘消失的美女房东》讲述的是一对并不富裕的小夫妻的故事，他们租住在一间便宜的房子里，因为女房东的离奇消失，小夫妻意外得到了一套没有主人的房子，而当又一位房子的主人找来时，夫妻发现，这人正是杀害房东的凶手。整个故事采用了这对小夫妻的视角，选择这个视角，一方面能够展示出一对普普通通的小夫妻面对房子问题的无奈和心酸；另一方面，这个视角也最能使故事自始至终保持着一种强烈的悬念：这个美女房东是什么样的身份？她为什么消失了？是死了还是去了哪里？这个要来收回房子的男人是谁？这样，就使整个故事变得曲折有味，试想，如果选择女房东的视角，那这些悬念就无从建构了，讲述的效果也会弱了很多。

除了视角的选择问题，《真实故事》还非常注重结构的安排。罗伯特·麦基认为，故事的结构……（引用）真实故事在结构方面符合剧类节目的一般规律，分为：开端，发展，高潮，结局（或按照美国剧作理论提出的三分法分为：开端，中段，结局），它也符合美国戏剧理论家霍华德·劳逊所提出剧类文艺作品的一般规律，即可以通过高潮看出整体上的统一性。

但是，《真实故事》作为一档栏目剧，它跟电视剧、电影又有所不同：

首先，《真实故事》在宏观结构方面是每集一个独立的故事，这跟电视剧集与集之间密切相、注重整体结构上的前后关联有所不同。

其次，《真实故事》每一集长度较短，没有从容的时间交代人物关系，铺排剧情，渲染情绪和气氛。因此，它在结构上更加紧凑，“在具体操作中，我们通常了解的一个故事，不会从开头、缘起向观众慢慢展开故事，而反倒在故事矛盾、冲突最激烈的‘节点’，或是拎出故事最吸引观众那一点，开始剥开、解构整个故事，让观众如坐‘过山车’，惊呼进入，酣畅到头”。

再次，《真实故事》中有一位主持人，他可以灵活地出现在故事开始、中间或结尾，来向观众交代信息或者对剧中人物、事件作出评价。由于主持人的串联作用，《真实故事》可以有更灵活的时空跨越，也允许段落化、碎片化的结构方式，而这是一般电视剧和电影很难做到的。

正是因为视角选择上的别具匠心，结构把握上的精益求精，才使得《真实故事》能够站在平民的立场上，讲述曲折有致、引人入胜的民生故事。

第三节 心力之美：多元语境下民生权力的释放——《真实故事》存在的本质属性

该节主要分析栏目剧的审美意识形态，从社会学、接受美学等角度进行解读。

一、民生视角下的寻根之旅——民生立场

我们都有这样的经验：站在高楼的顶端俯瞰，和置身于熙来攘往的街道上，眼前的景观是绝对不一样的。同样，面对着这个世界，我们选择的视角不同、立场不同，看到的也会是截然不同的景观，我们因此而形成的价值判断也会各不相同。不同社会地位和生活阅历的人，从各自的角度来感受社会、生活，会有各种不同的景观，得出各不相同的结论。在做电视节目时，同样如此，选择什么样的视角、什么样的立场，就是选择呈现出这个世界的哪一面。如果是选择所谓成功人士的高端视角，这个世界可能是供他狩猎的丛林或者是供他享受的游乐场；如果是选择普通老百姓的民生立场，则难以避免地呈现出生存之艰、生命之重，这个世界会有很多辛酸和艰难，充满了生存的挑战，同时也有奋斗和收获的喜悦以及生活中的各种苦乐。

《真实故事》选择的正是这样一种民生立场。

一个故事只能选择一个核心立场，“以剧化的方式讲述民生故事”，是《真实故事》的主要定位之一。栏目自开办以来，一直坚持民生立场，注重平民性。《真实故事》的副监制杨清溪曾说：“《真实故事》的英文翻译是news story，意思是新闻故事，在实践中始终强调的

是做一档‘电视民生故事’。”

这种民生选择在节目制作过程中，首先，从选题上，就坚持民生立场。《真实故事》侧重于选取那些表现市民百姓生活的题材，表现他们的喜怒哀乐，传达市民百姓的关切和焦虑。这类题材包括邻里关系、婆媳关系、婚恋爱情、职场纠纷、食品安全、医患纠纷、子女教育、老人抚养……涵盖了百姓生活的方方面面。《真实故事》不会因为刻意猎奇或者迎合那些所谓高端消费者的趣味，而脱离民生立场，去表现灯红酒绿或声色犬马，《真实故事》在选题时始终把老百姓的诉求和关切放在第一位。由于在选题阶段就注重民生传达，整个栏目剧自然就做到了对民生立场的坚持。

其次，在剧本写作的过程中，同样注重民生立场。在前文中笔者曾谈到，选择不同的立场和视角，看到的将会是不一样的世界，这样自然也会讲述出不一样的故事。剧本写作也是一种表达，作者的立场必然直接影响到表达的内容和效果。美国剧作理论家霍华德·劳逊在他的《戏剧与电影的剧作理论与技巧》一书中曾经指出，剧作者的核心观念对整部剧作有着决定性的影响，而写作者的价值取向和他的立场，无疑是这种核心观念中极为重要的组成部分。在写作剧本时，作者的立场会首先影响到他对故事中人物形象的把握和判断，这就直接影响到人物的设定，从而影响到人物的所思所想，以及他的对白，另外，故事发展的脉络和走向，也受到这背后的价值判断的影响。因此，可以说，选择不同的立场，将影响到最终写出来的是一个怎样的剧本。《真实故事》在剧本写作过程中，始终坚持民生立场，这样，为观众呈现出来的，自然也就是贴近百姓生活的民生故事。

另外，在拍摄的过程中，《真实故事》力求呈现客观环境的原貌，展现真实的民生常态，很多外景是在街头、商场、城中村、菜市场、工地、天桥下、珠江边、小区里……这些外景如实地再现了市民生活的真实环境，观众看着也会有一种亲切感，这就为上演民生故事提供了外在的环境条件。除了这些外景，《真实故事》的内景也如实地呈现了市民百姓的饮食起居，对广东地区一般老百姓的居住环境、室内的家具摆设等都有真实的呈现。

正是因为坚持了民生立场，《真实故事》跟一般的影视“剧”区别开来。“我们认为此类节目形态叫‘电视民生故事’更为妥当，即以百姓生活为切入点，以民生事件为主要内容，用电视的表现手段将其故事化。‘电视民生故事’强调的是事件组装的故事性，事件中的人往往只是道具；而‘剧’强化的是人物，是人物命运的胶着和形象的饱满。从传授效果来说，看‘电视民生故事’记住的是事件或故事，而看‘剧’留下深刻印象的是人物。《真实故事》的宗旨是浓缩再现原生态的社会生活，震撼观众的心灵。每一个真实故事都是社会生活中的一个侧面和缩影，而一系列的真实故事则是整个时代背景下的社会生活全记录。”[①]

“栏目剧的着眼点在于民生琐事，而其受众群体也即在于一定地域中生活着的普通大众。换句话说，栏目剧通过对日常生活的演绎来实现跟大众之间的交流。”[②]虽然说栏目剧不是电视剧，也不能取代电视剧，但是，它“满足了本地观众对民生新闻、民生故事的剧化需求，在本地观众的影视故事类节目消费当中赢得一定的市场席位”[③]。

二、真实的力量——多元真实基础上的艺术真实

“作为广东首个栏目剧，《真实故事》一开始就祭出追求真实性

---

① 张伍生、李曲：《电视栏目剧还能走多远——从南方电视台<真实故事>三年的实践说开去》，《中国广播电视学刊》2009年第3期。

② 俞春放：《栏目剧：平民化叙事》，《浙江传媒学院学报》2007年第6期。

③ 黄天文：《电视栏目剧在南方的实践和思考》，《中国广播电视学刊》2009年第3期。

的大旗。栏目剧不同于电影虚构的梦幻工场，也不同于电视剧艺术化的序列叙事，栏目剧更像现实生活的一个‘横截面’，追求真实是它生存和取胜的一大利器。《真实故事》经过三年摸索，始终注重故事真实性的六法则，即事件的真实、逻辑的真实、情感的真实、语言的真实、细节的真实和表现方式的真实。”[①]为了保证真实性，首先在故事素材的选取上，就要求它应该是真实发生的事件，也就是所谓的事件的真实。“事件的真实即从故事的源头要求它是真实的。”[②]它的素材来源包括新闻热点、案件追踪、百姓街头巷尾的生活故事等等，这样，就从源头上避免了虚假、不接地气等问题，同时也避免了一些编剧脱离生活的闭门造车，随意编造故事。

在故事的内在逻辑方面，《真实故事》同样提出了较高的要求，力求内在逻辑的真实性。要做到逻辑的真实，首先，人物的动机应该经得住推敲，是源于真实的生活动机和欲求，并且符合人性的内在规律，只有这样，由这些动机推动的矛盾才可能具备真实性。其次，人物的性格也应该具备真实性，作为故事素材的新闻事件可能并没有表现出人物的性格，那么，把这样的事件改编为栏目剧的过程中，剧作者要对人物的性格给予进一步的艺术加工，这时候，性格的真实格外重要，如果这种性格脱离了真实的生活基础，就会显得虚假、造作，势必影响整体上故事的真实。最后，在剧情的逻辑关系上，也要经得起推敲，避免因逻辑上的漏洞而造成的某些讲不通的剧情，同时也不要设置过多的巧合、误会，以避免影响故事的真实性。在应用戏剧技巧时，一方面要防止戏剧技巧的生硬、不成熟，另一方面也要避免戏剧技巧的滥用，由于过多的匠气而影响到真实性。

---

① 马玉亭：《粤派栏目剧的三位一体》，《中国广播电视学刊》2009年第3期。
② 马玉亭：《粤派栏目剧的三位一体》，《中国广播电视学刊》2009年第3期。

《真实故事》还要求情感的真实，情感的真实包含两个层面：其一是故事中人物情感的起承转变要合乎人之常理，也就要求群众演员要有直接或间接的生活阅历，要能用常人的朴实情感变化来避免表演痕迹；其二是导演在指导群众演员表演时，让他们的再现有体受感，要能替代并换位于角色，感人物所感，想人物所想。剧中人物的情感应该是真实而自然的情感，无论他是笑或者哭，都要有观众能够理解的现实基础，而非编导随心所欲的设计或是演员生硬的表演。如果剧情本身不真实感人，任凭演员怎么样痛苦流泪都不能真正打动观众，况且现在的观众有着丰富的影视剧观赏经验，他们对故意煽情的手法已经比较敏感，有时候煽情的痕迹刚刚流露观众就已经做好了心理防备，就可能不再感动了。因此，扎扎实实地做好剧情，做到内在情感的真实，才能调动起观众的情感参与。

在语言方面，《真实故事》要求台词符合人物的身份和性格。《真实故事》非常注重台词的生活化，人物所讲的内容、讲话的方式，都要符合人物的性格、身份、社会地位和文化程度等，在台词上就要体现出真实性。台词要生活化、口语化、方言化，摆脱电视剧式的人物对话，要求演员把书面的语言变成自己的语言，以最自然最生活的状态来说台词，不要咬文嚼字。

细节的真实，要求所挖掘的符合人物身份、地位、职业、教育等个性特征的细节，是其生活中独有的，又是有表现力和震撼力的，无论是白领、老板、快递员、厨师、民工、乞丐、服务员、小偷……在他们的人物造型和神态、举止上，通过真实而有表现力的细节，体现出他们独特的精神气质。

在场景的细节方面，也要做到真实可信，凡是故事中出现的市场、街头、酒店、小区、厂房、菜地、江边等，都到现场取景，确保环境的真实，并且通过一些表现力的细节，揭示人物的身份和性格，并带给观众强烈的现场感。

在表现方式方面，也对真实性提出了较高要求。《真实故事》在镜头表现方法上追求真实感，“以第三者的视角来跟踪故事的发展，以客观新闻镜头为主，尽量避免主观镜头。多调度人物，少调动镜头，追求一种刻意之后的随意”①。

对真实性的要求，还表现在《真实故事》对节目成片的检验方面，在检验标准中，很重要的一项就是对真实性的要求：“从选题和形式上都坚决拉开与电视剧的距离。真实是栏目剧的生命。通过事件的再现，创造‘真实感’，还原本色生活，拒绝娱乐化”②。

总之，作为以“真实”赢得观众的电视栏目剧，《真实故事》有别于电视剧和一般的栏目剧，对真实性有着独特的要求。《真实故事》的宗旨就是“选取现实生活中真情感人、曲折离奇的真实新闻事件为故事素材，启用群众演员，用影视剧的拍摄手法和事件重演的方式将真实事件再现于受众，植入主持人的现场评述，同时强调人文关怀和道德关注，在表现故事性、人情味的同时，特别强化新闻事件的戏剧悬念或情感冲突的因素，让真实事件产生前所未有的戏剧张力与情节冲突，浓缩再现原生态的社会生活，震撼观众的心灵”③。

三、意识形态：不仅仅是一个集体概念——主流价值观的个性化体现

对影视艺术而言，意识形态是一个无法回避的概念，即便有的作者声称远离意识形态，但是，其作品却往往暗合了某种意识形态，甚至那

① 马玉亭：《粤派栏目剧的三位一体》，《中国广播电视学刊》2009年第3期。
② 张伍生、李曲：《电视栏目剧还能走多远——从南方电视台〈真实故事〉三年的实践说开去》，《中国广播电视学刊》2009年第3期。
③ 黄天文：《关于栏目剧在南方的实践》，《中国广播电视学刊》2009年第3期。

种不合作的态度本身就体现了一种意识形态。爱德华·布兰里根曾给意识形态下过一个定义："我愿意把意识形态定义为个人意识和社会背景间的一种关联，它是一个包括形象、观念、价值、情感和行动在内的一个巨大而连贯的系统，依赖于它并通过它，人们在不同的时代中去体验他们的社会"[①]。

美国社会学家丹尼斯·贝尔认为，意识形态最早出现于19世纪，在面对莫斯科审判、纳粹—苏维埃大结盟、集中营等历史灾难，以及诸如资本主义的变革、福利国家的出现等社会现象时，"它失去了劝服的能力"。贝尔把意识形态理解成一种独立的、特征非常显著的实体，比如"共产主义的意识形态"，因此他把意识形态表述为一个教条的、不灵活的信仰体系，一种持久的政治忠诚，被他的追随者信奉的一种独立的经验主义式的"真实"。贝尔认为这样的信仰是相当危险的，他说，意识形态"使每一个个体觉得没有必要完全依赖个人的力量去解决他们自身的问题，个人仅仅依附于像自动售卖机一样的意识形态机器，生产的产品完全按照事先的配方复制"[②]。

西方新马克思主义的代表人物阿尔都塞曾着力于意识形态批判，他认为，尽管意识形态是以想象的形式再现客体，但意识形态作为一种观念体系本身是客观的，是一种物质的存在，这具体体现为宗教的、伦理道德的、法律的、政治的、美学的等不同的意识形态国家机器。而电影、电视剧，以及电视栏目剧，无疑都会是意识形态存在的领域。阿尔都塞认为社会成员中的每一个人都在接受着国家意识形态的"询唤"

---

① ［澳］理查德·麦特白著，吴菁、何建平、刘辉译：《好莱坞电影》，华夏出版社2011年版，第277页。

② ［澳］理查德·麦特白著，吴菁、何建平、刘辉译：《好莱坞电影》，华夏出版社2011年版，第278页。

③ "询唤"一词最初是从法国立法程序中借用过来的，它使人想到一种号召个人的社会结构和实践，赋予他们一种社会身份和把他们建构为一种主体，使他们不加思考地接受一定生产关系体制内所赋予他们的角色。

[3]，我们会在不知不觉中接受某一种意识形态。由于社会制度先于个体而存在，意识形态国家机器可以让个体进入机构并为他提供位置，个体只能通过规定的功能和角色进入社会制度，从而实现意识形态把个体“询唤”为主体，而这种“询唤”过程，就是个体被改造为主体的过程。

这一点，已经被许多影视文化的研究者所认同，理查德·麦特白在他的《好莱坞电影》一书中曾说：“作为信仰和行动的系统，意识形态没有具体的物质形态，但通过社会把其信仰灌输到具体的社会和政治实践中它却产生了实实在在的效果。因此我们不能把意识形态看成一张写满了规则和观念的特殊清单，而应把它看成一种过程，通过它信仰变成了惯例、规则、标准，通过它观念和制度会被逐渐看成一种自然的、通常的和由来已久的，以致它们真的就很难被我们的意识所察觉。”[1]

其实，任何一种文化产品都无法摆脱其意识形态属性，就连公认的娱乐至上的好莱坞电影，其实也暗含着意识形态取向，尽管好莱坞的代表们一再否认好莱坞是一个政治实体，但电影业却常常成为被意识形态渗透的对象，“意识形态渗透于文化之中；文化既是意识形态的工具又是意识形态的栖身之所。从意识形态的外围进行观察，就可以发现娱乐业是那种维持现存社会体系的意识形态产生并发挥作用的最理想处所”[2]。

我国的电视传媒担负着舆论导向的使命，具有维护国家意识形态的功能。作为在电视媒体上播出的栏目剧，也就自然有它的意识形态属性。《真实故事》在弘扬国家主流意识形态方面有着独特的贡献，它不是生硬地说教，而能够将意识形态内容植入生动的人物和曲折的故事

① ［澳］理查德·麦特白著，吴菁、何建平、刘辉译：《好莱坞电影》，华夏出版社2011年版，第279页。
② ［澳］理查德·麦特白著，吴菁、何建平、刘辉译：《好莱坞电影》，华夏出版社2011年版，第289页。

中，让观众在娱乐的同时，不知不觉地接受主流意识心态所要传达的内容。例如在一些案件类题材的故事中，当受害人遭到犯罪分子袭击以后，观众会跟着调查者一起推测谁是作案者，并随着剧情卷入到一种智力上的游戏之中，最后，当犯罪分子落网时，观众长舒一口气，感到由衷地释怀。这样，其实就已经在不知不觉中完全认同了警方所代表的秩序和正义，而警察是作为意识形态国家机器的一种。在这样的故事中，通过为警方赋予正义的执行者的身份，让观众在不知不觉中认同于主流意识形态，这种认同不是通过枯燥的政治化说教来进行的，而是植入曲折有味的故事，将政治符号融入到正邪较量、家庭伦理之中。政治教化可能是枯燥的，但是正邪较量、家庭伦理、婚恋爱情等却对观众有着永恒的吸引力，通过这样有效的转化，可以使观众不仅仅在理性认识层面接触主流意识形态，而且可以产生情感层面上的认同，而这种情感层面的认同才能够真正深入到观众的心田里，使观众在欣赏一个曲折有味的故事的同时，在不知不觉中接受并认同国家倡导的主流意识形态。

四、看别人的故事，想自己的人生——共鸣与净化

共鸣　共鸣原本是一个物理学词汇，当发声器件的频率与外来声音的频率相同时（即音调相同），则它将由于共振的作用而发声，这种声学中的共振现象叫做“共鸣”。中国古代就有“东边撞钟西边响，西边撞钟东边鸣”的佳话，说的就是洛阳城东的白马寺钟声响起的同时，洛阳城西钟楼上的钟也紧接着响了，原因就是这两口钟的音律一致。后来，“共鸣”这个词汇被引入到文艺批评当中，“共鸣，是文学接受进入高潮阶段的一个标志，通常有两个含义：一是指在阅读文学作品时，读者为作品中的思想情感、理想愿望及人物的命运遭际所打动，从而形

成一种强烈的心灵感应状态。另一种意义上的共鸣是指不同的读者，包括不同的时代、阶级和民族的读者，在阅读同一文学作品时可能产生的大致相同或相近的情绪激动和审美趣味趋同现象。”[①]这种现象是文学接受中的一种高度投入、高度应和的阶段，例如红楼梦第二十三回《西厢妙词通戏语　牡丹亭艳曲惊芳心》中写道：当黛玉听到《牡丹亭》中的戏文，“原来是姹紫嫣红开遍，似这般都付与断井颓垣”，黛玉十分感慨缠绵；当听到“良辰美景奈何天，赏心乐事谁家院”时，不觉点头自叹，心下自思，然后又悔不该胡想，耽误了听曲子；听到“只为你如花美眷，似水流年”，黛玉“不觉心神动摇”；又听到“你在闺中自怜”等句，越发如醉如痴，站立不住，便一蹲身坐在一块山子石上，细嚼“如花美眷，似水流年”八个字的滋味。这便细致生动地描绘了一种高度的共鸣状态。黛玉之所以能够产生这么强烈的共鸣，正是由于她和杜丽娘有着相似的情感体验，她从杜丽娘那里，看到了自己的影子。

观众在收看《真实故事》时，也会进入到这种共鸣状态。每天一集的《真实故事》题材广泛，涵盖了各行各业的人物，呈现了丰富多彩的生活和各种不同的人生，许多观众可以在这些不同的故事里面，找到自己过去的经历或者曾经体验过的情感，抑或是自己所认同的思想、见解，这样，他们就会感到自己压在心里无法表达的想法或情绪被表达了出来，在观看的时候不自觉地移情于故事当中，随着剧情的推进，将自己的内心情绪释放出来，从而产生强烈的共鸣。

净化　关于戏剧艺术的“净化”功能，亚里士多德曾经有一段经典的描述，他在《诗学》第六章提出了悲剧“净化说”：“悲剧是对于一个严肃、完整、有一定长度的行动的摹仿；它的媒介是语言，具有各种

① 童庆炳：《文学理论教程》，高等教育出版社1998版，第303页。

悦耳之音，分别在剧的各部分使用；摹仿方式是借人物的动作来表达，而不是采用叙述法；借引起怜悯与恐惧来使这种情感得到陶冶。”① 观众在收看这些悲剧故事的时候，由于移情作用，会将自己的情感投射到剧中人物身上，这样，就会跟随着剧中人物体验到怜悯或者恐惧的情感，从而使得自身的情感得到陶冶。

《真实故事》中有一些剧集就能起到这种效果，例如一些悲剧感较强的故事，或者涉及盗窃、抢劫、绑架、诈骗、缉毒、骚扰女性等刑事类题材的故事，观众在收看的时候，很容易被唤起怜悯或恐惧的情绪；或者剧中人物所做的事情契合了观众潜意识里的某些动机，当在观看这类故事的时候，就能够起到很好的陶冶和净化的作用。

通过现代心理学领域的努力，甚至还发展出了“艺术治疗”的方法，人潜意识里的一些本能冲动常常被理性或者社会力量所压抑，被压制以后潜在的能量会郁积起来，如果超过了心理所能正常承受的范围，人就会感觉痛苦，较严重的情况下还会引起一些精神病症。而通过文艺作品的净化功能，就能使这些被郁积的能量释放出来，让人的心灵更健康。“通过学习创作和艺术欣赏等过程使病人再现创伤经历，发泄病人潜意识当中压抑的情绪，从而达到放松的目的。艺术作品的欣赏不仅能帮助受情绪困扰的病人表达其内心体验，而且通过病人在欣赏艺术时的表现能够间接地协助心理医生发觉个体潜意识当中的欲望及人格特质等，也就是说可以用于心理疾病的辅助诊断。”②由此可见，文艺作品在人的情感疏导、维护心理健康方面的确有着重要的作用，每天一期的《真实故事》涵盖各种题材和类型，其中自然会有许多故事能够满足观众的这一需求。

---

① ［古希腊］亚里士多德著，罗念生译：《诗学》，人民文学出版社1962年版，第19页。

② 杨晓光、孙月吉、吴军、贾树华、张超：《艺术治疗的概念、发展及教育》，《医学与哲学》2005年第3期。

第三章

打造广东栏目剧第一品牌

——《真实故事》的品牌竞争策略

第一节 去娱乐化，强调新闻性、差异化

一、差异化战略，避免同境外媒体的正面对抗

“自从中国加入世贸之后，外国资本高度关注中国的传媒市场，几年之内，世界著名的大传媒集团如维亚康姆、新闻集团、时代华纳等等纷纷进入中国内地市场，尤其是2000年以来，国家广电总局陆续批准了多个境外频道在广东正式落地，使广东成为全国唯一有境外电视频道在模拟电视网络开路播出的省份，也成为事实上对境外、港台电视传媒开放的试验田。这一段时期，广州地区的收视市场占有率，境外、港台电视与内地电视之比是72.5∶27.5，外强内弱，形势不乐观。”南方电视台经济频道执行总监黄天文如是说。

广东独特的地理位置和改革开放前沿的地位，使它直接“暴露”在境外媒体的群雄逐鹿当中。“打铁还需自身硬”，置身于这种激烈竞争中的媒体从业者，要想生存下去，必须有过硬的本领和有效的应对策略。由于境外媒体强大的资本优势、丰富的制作经验和审查制度层面的宽松，在对方的优势项目上正面与之对抗的时机暂时还不够成熟，因此，实施差异化战略就成了理所当然的选择。

南方电视台经济频道执行总监黄天文指出：从本世纪起，新闻本土化和新闻民生化在广东得到极大发展，本地新闻节目迅速崛起，像南方电视台的《今日一线》、广东台的《今日关注》以及广州台的《新闻日日睇》等，都重新抢夺回大部分收视份额，广东人开始关注身边的事情，成为本地媒体超越港台媒体收视影响的关键。

但是，在收视数据上全面压倒港台电视媒体的同时，仍然不得不面

对一个问题，即影视剧的市场竞争中，本地媒体与港媒仍然有相当大的差距，翡翠台每天三档剧场，一集播出都能达到二三十个点的收视率，而本地电视媒体斥巨资首轮购买的国产电视剧，即使配上粤语两三集播出，最多也只有几个点的收视率，大部分都徘徊在一个点左右。对照分析，电视剧不同于新闻，需要完善的本土娱乐市场以及明星包装机制，需要大投入以及充分的发行回收成本。本地电视媒体在这方面的“软肋”，造成了长期被港台影视剧压制的局面。然而，从本世纪开始，广东电视台的情景短剧《外来媳妇本地郎》异军突起，创下了十多个点的收视率，堪称广东本地电视媒体的奇迹。于是本地电视媒体一拥而上，多档情景短剧不断出台，但是无法复制《外来媳妇本地郎》的成功，本土明星机制的自身欠缺、制作力量的薄弱，以及体制手段老化等种种原因，使其难以在一朝一夕就迎头赶上。一时间，本土电视媒体与港台媒体的竞争又处于一种新的平衡格局当中，无法有更进一步的突破。作为广东电视媒体工作者，一方面欣喜地看到广东内陆的主流新闻已经全面压倒港台媒体，另一方面又只能无奈地看着港台媒体电视剧的大行其道。从单个频道的收视率来看，本土电视仍然无法与香港翡翠台相比，短板就在影视剧上。要想全面超越港台媒体，就必须满足本地观众对影视故事类节目的消费欲望，栏目剧就此顺势进入了南方电视台的视野。

栏目剧之所以能够取得超越国产电视剧的效果，最关键在于它作为栏目形式的新颖性，低成本的制作，本土化的内容，“民星”化的表演，其发展之势正如同几年前的民生新闻，再一次给广东电视竞争格局带来了新的冲击和变化。具体来说，南方电视台经济频道的《真实故事》播出时间正好跨过香港翡翠台最强档剧场时间，收视率在跨界点反而逆势上升。虽然说栏目剧不是电视剧，也不可能取代电视剧，远比港产剧收视率要低，但是却满足了本地观众对民生新闻、民生故事的剧化需求，在本地观众的影视故事类节目消费当中赢得一定的市场席位。

这种差异化的战略主要体现在以下几个方面——

（一）去娱乐化

由于栏目剧“价廉物美”的特性，很多播出机构为追求短期效益，盲目扩张，现在国内众多栏目剧基本都是日播或者一周五播，选题内容出现脱离生活、猎奇低端甚至低俗、严重同质化的问题。好在经过2007年的“反对低俗化”整顿，再加上2008年广州年会上的行业自律公约《南方宣言》的发布，这种情况有很大好转，众多播出机构从思想层面上认清，猎奇剧化不是栏目剧的方向。

在评判“时事服务型”栏目剧作品传播效果和价值的时候，我们始终注意用“去娱乐化”来加以衡量。而这正是基于近几年全国电视一度大刮娱乐化之风，我们坚持反对低俗化、浮躁化、娱乐化的传播理念。

广东观众的观剧习惯受香港的电视剧影响很大，口味非常港化，而港剧当中最大的特点就是娱乐化。内地广东电视，面对娱乐工业十分发达的香港娱乐文化冲击，是以短博长，还是另辟蹊径？在思考如何适应观众口味的时候，南方电视台一贯强调不是一味迎合，而是有意引导。引导消费行为，创造新消费观念，注重真实感和公信力，强调正剧的力量而非喜剧的滑稽，这是我们之所以去娱乐化的初衷。

（二）突出新闻性

《真实故事》从编剧、拍摄、编辑到最后播出，周期在一个月左右，在所有各类型短剧的制作当中最为快捷，最具有时效性，最具明确的观众定位。例如：2008年的五集《京珠北》，开创了栏目剧的一种新体裁，我们把它命之为时事栏目剧，它和一般栏目剧最大的不同在它的选题。时事栏目剧就是以重大时事为社会背景，以老百姓的遭遇和经历为主要内容，以栏目剧的表现手法将其故事化，以小人物的故事折射大时代。《京珠北》就是以春运潮为背景，特别关注了2008年初发生的冰雪灾害，把故事集中在一辆塞在京珠北高速路上达10天的返乡过节的大巴上，故事主角是相依为命的老两口、三角恋情的年轻人、回家离婚的医生、疑似肺结核的病人，以及即将临盆的孕妇等等，在封闭的空间里面对生与死的抉择和考验，最终善良的人性得到释放，每个人都得到锤炼和成长。《京珠北》以真实事件为原型，把小人物的故事放在大时代背景下，记录了社会，见证了历史，也是对栏目剧创新的一种贡献。

（三）栏目化

在三年实践中，我们在和编导沟通时，始终坚持一个观点："栏目剧"是一个电视栏目，要让节目形态的类型化更加明晰。自2007年《真实故事》节目社会化制作之后，也出现过剧化的倾向。为此，我们特地出台了一个量化的制作标准：一个场景的对话，绝对不能超过一分半钟；增强纪实性，以表现生活交代环境的大景别镜头为主，不是特别需要，不给特写；杜绝情绪不够音乐来凑的现象，让同期声、现场声唱主角。

（四）本土化

可同境外媒体抗衡，能够"接地气"的本土特色是境内电视节目的一个先天优势。《真实故事》表现的是本土的民生故事，传达的是本土的生存体验，用的是本土演员，大部分剧集采用本土的粤语对白，这也正是《真实故事》面对境外媒体和国内其他电视台的激烈竞争所采取的生存策略。

《真实故事》坚持本土化和原创性，选取现实生活中真情感人、曲折离奇的真实新闻事件为故事素材，启用群众演员，用影视剧的拍摄手法和事件重演的方式将真实事件再现于受众，植入主持人的现场评述，同时强调人文关怀和道德关注，在表现故事性、人情味的同时，特别强化新闻事件的戏剧悬念或情感冲突的因素，让真实事件产生前所未有的戏剧张力与情节冲突，浓缩再现原生态的社会生活，震撼观众的心灵。

二、新闻消费大省，高收视率下的借力

广东是名副其实的新闻消费大省，仅报纸就有《广州日报》《羊城晚报》《南方日报》《南方周末》《南方都市报》《新快报》《信息时报》《21世纪经济报道》《南方农村报》《民营经济报》《第一财经日报》《羊城地铁报》《广东青年报》等，这些报纸无论在经济效益还是社会影响力方面，都遥遥领先于国内其他省市。此外，还有《南方人物周刊》《城市画报》《南都周刊》《21世纪商业评论》《商旅周刊》《南方第一消费》《新现代画报》等。这么多报纸期刊能够在广东这片土地上生存而且繁荣发展，充分显示了广东巨大的新闻市场和惊人的新闻消费能力。

根据《2011年新闻出版行业分析报告》，我们可以看出，广东新闻出版产业在综合实力、营业收入、增加值、纳税总额等方面，均居全国首位（详见图3-1至3-5）。

广东新闻传媒行业的巨大市场，为《真实故事》的发展提供了广阔的空间。首先，成熟的市场培养起有着稳定的新闻消费习惯的受众群体，他们会有意识地从报纸、期刊、广播电视等媒体中寻找、发现自己感兴趣的内容，这为《真实故事》能够拥有广泛的受众创造了便利条件。其次，繁荣的传媒市场还有助于人才引进，制作团队的组建，能够吸引传媒行业最优秀的人才参与到栏目的制作中来，这为提升节目的质量提供了重要的保证。另外，成熟而有序的市场还有助于广告的招标与投放，会有更多的商家将更多的资金投入到节目的制作中来，这为《真实故事》在资金的回馈方面创造了有利的条件。

《真实故事》又一个名称是“News Story”，从根本上说，它是新闻类节目的一个延伸，比起一般的栏目剧，它更突出新闻性，对当前社会正在发生的事件有着快速的反应。同时，它又是“电视民生故事”，

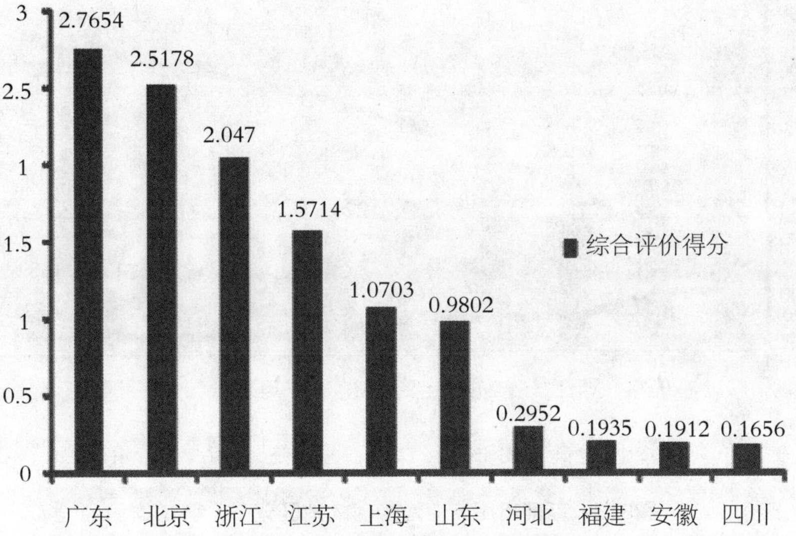

图3–1　新闻出版产业综合实力（前10位）

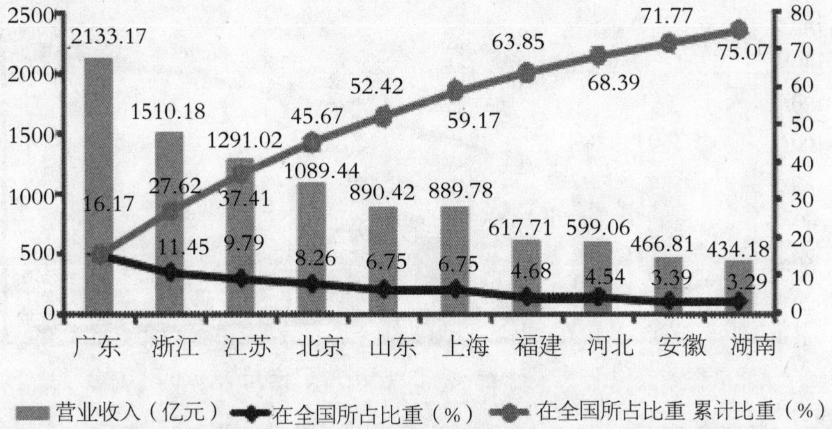

图3–2　新闻出版产业营业收入的地区分布（前10位）

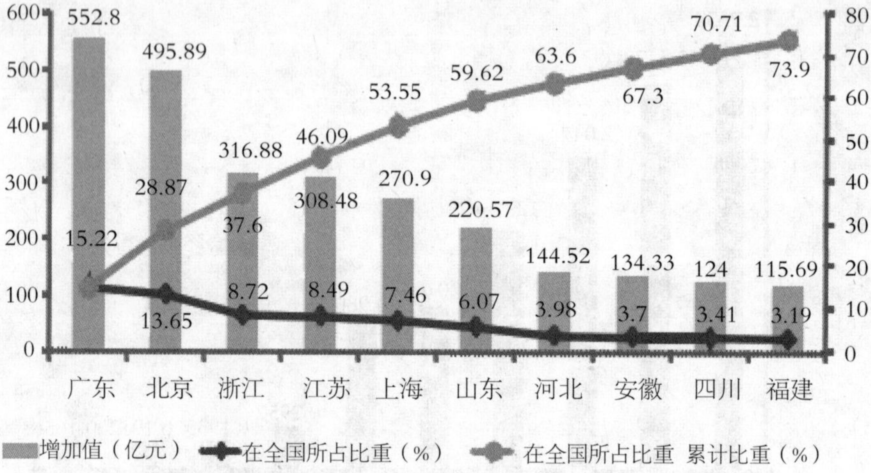

图3-3　新闻出版产业增加值的地区分布（前10位）

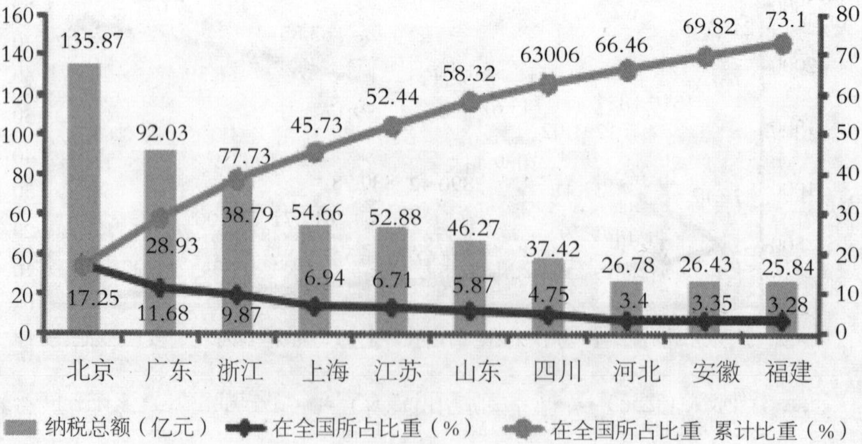

图3-4　新闻出版产业纳税总额的地区分布（前10位）

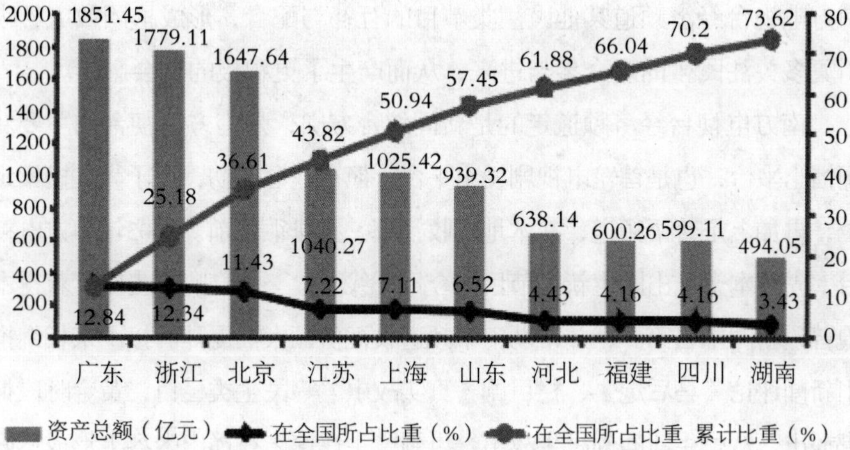

图3–5 新闻出版产业资产总额的地区分布（前10位）

比起简单描述性的新闻报道，观众在《真实故事》里可以看到生动的故事情节、鲜活的人物和错综复杂的人物关系。它不是对事件进行干巴巴的描述，而是把生活本身的样子还原给观众看，让观众通过情景再现的方式来“消费”新闻，这为观众提供了普通的新闻节目所不具备的生动性与观赏性。这样，观众在传统的新闻消费方式之外，又多了一个新的选择。

广东的新闻传媒原本就有着巨大的消费市场，《真实故事》提供了这种新的选择后，很快就得到了众多观众的接受和响应。借助于广东新闻传媒市场强大的助推力，《真实故事》创办后很快就得以迅速发展。

三、民生节目集群的抱团效应

一个好的栏目要在市场上取得成功，不仅需要内在的节目质量精益求精，还需要有周边其他栏目的配合。这些不同的栏目围绕着共同的价值取向和整体上的风格定位，优势互补，形成规模效应、品牌效应，从而引起更广泛的关注度，达到节目间的共赢。《真实故事》正是借助跟南方电视台经济频道其他民生类节目的互补与配合，形成抱团效应，吸引更多关注民生的观众参与进来，从而产生了更积极的社会影响。

南方电视台经济频道走的是新闻综合方向，是南方电视台的主要新闻播出平台，也是首轮电视剧播出平台。但在建台之初，由于尚在摸索定位，再加上是普语频道，在本地的收视率一直徘徊不前。2003年南方电视台率先在本土推出民生新闻节目《今日一线》，一炮打响，当年就获得本地普语新闻排名第一，并带动整个频道收视份额大幅提升。接下来相继推出新闻评论《马后炮》、栏目剧《真实故事》等民生类栏目，黄金时段捆绑播出，从民生新闻到民生故事，再到民生评论，在播出内容上形成良好的逻辑关联，素材资源共享，收视一脉相承，打造出一个本地最有影响力的民生栏目集群。《今日一线》在2008年度获得广东省新闻一等奖，而《马后炮》主持人马志海几乎同时获得全国金话筒奖，《真实故事》也在第三届全国栏目剧年会上获得全场特别奖以及一等奖。可以说，一个优秀民生栏目集群成就了一个民生频道，而一个民生频道又为民生类节目提供了高质量的播出平台，《真实故事》就是在这样的一个平台上得以发展和壮大。

这样的民生栏目的集群效应，吸引了一大批关注民生的、稳定的收视群体，有助于让观众养成固定的收视习惯，打造南方电视台经济频道民生栏目的品牌效应。这样，一方面保证了节目的收视率，能够获得较好的商业回馈，另一方面，也尽到了媒体人的社会责任，起到了积极的舆论导向作用。这样的民生栏目的集群，既有着内在统一的价值取向，同时又为观众提供了丰富的选择空间，观众可以根据自己的兴趣，选择适合自己口味的民生节目类型，有的观众可能喜爱新闻类的《今日一线》，而有些观众可能偏爱故事，喜欢看故事里面的微言大义、民生百态，《真实故事》正好能满足他们的需求。另外，借助这种集群效应，《真实故事》可以承接一些其他民生栏目的观众群体，其他栏目也可以借力于《真实故事》的良好收视率，以达到相互促进、共同繁荣的局面。也正是在这种强势的民生集群栏目的助推下，《真实故事》才得以拥有更广泛的观众群体。

第二节 第一者的生存——做的就是品牌

栏目剧发展到今天，要想跳出“其兴也勃，其亡也忽”的悖论，必须以内容本体建设为核心，全力打造品牌。“和许多其他新鲜事物一样，都落到一个从迅速扩张发展到走品牌竞争的路子上来。虽然电视行业的竞争有其特殊性，但强者愈强，弱者愈弱的品牌路线仍然是栏目剧未来形式走向的基本规律。”①

任何一类品牌都有其发展演变的周期，伊查克·爱迪斯《企业生命周期》中提到，品牌实际上经过了十个阶段，即孕育期、婴儿期、学步期、青春期、壮年期、稳定期、贵族期、官僚化早期、官僚化、死亡。②相对而言，埃尔·李伯曼等人提出的娱乐业的4C理论③更有利于分析栏目剧品牌的打造。所谓4C，主要是指以下四个方面的内容：

内容（Content）：娱乐行业真正的产品，既包括最初的创意、版

① 张伍生、李曲：《电视栏目剧还能走多远——从南方电视台〈真实故事〉三年的实践说开去》，《中国广播电视学刊》2009年第3期。

② 参见[美]伊查克·爱迪斯《企业生命周期》，中国社会科学出版社1997年版，第96页。

③ 参见[美] 帕特丽夏•埃斯盖特等著，谢新洲等译：《娱乐营销革命》，中国人民大学出版社2003年版，第1、2页。

权，又包括呈现在消费者面前的最终产品。

传播渠道(Conduit)：它指的是娱乐产品的传输方式，包括电影院、宽带、同轴电缆、卫星电视、卫星电视单收站碟形天线、激光、无线、超高频（UHF）、特高频（VHF）、数字传输、定位传播。

消费（Cnsumption）：这一概念是指消费者实际使用娱乐产品的具体形式，如影片、高清晰度电视（HDTV）、光盘、机顶盒、DVD、网络电视、个人数字助理（PDA）、蜂窝电话、电子图书、个人电脑等。

整合（Convergence）：它是指各种类型的媒体和技术相互融合，推动娱乐业的全球化进程——以电视为中心或以个人电脑为中心；电话设施的拓展应用；互联网的渗透等等。

那么，《真实故事》是怎么建构自己的品牌，在激烈的市场竞争中取得自己的一席之地的呢？

一、被模仿，不被超越——握紧核心生产力

（一）准确的内容定位

市场决定品牌，对于栏目剧品牌的创建者而言，一项基础性的工作，就是要对频道覆盖范围内的观众构成、社会分布、兴趣爱好、性别、年龄、学历职业分布及广告客户的投放要求、投放重点等作全面、详细的了解和分析，知道节目的最佳时段、竞争对手情况，针对对手制定双赢的策略和方法，避开竞争对手之“锋芒”，或以己之“长”击他人之“短”。清楚节目是办给什么群体的观众看的，节目运行播出后要组织节目收视反馈信息，了解节目是否达到预期的目的，在哪些方面还有待改进和提高，尽快改变节目在“怎么办”和“办什么”问题上不以市场为出发点的习惯思维模式和工作套路。因此，内容建设首先面临的是定位问题，这是栏目剧品牌生产的前提和基础。

2001年，美国营销学会评选有史以来对美国营销影响最大的观念，荣膺此誉的是30多年前由两位年轻的广告人杰克·特劳特（Jack Trout）和阿尔·里斯（Al Ries）提出的“定位”（Positioning）理论。

“定位”理论的核心是，在一个竞争激烈的市场中，通过调查分析和策划活动提炼、凸现品牌形象，并将其根植于未来潜在顾客的心中，在市场上为产品赢得一席之地。每一个品牌的推出都要事先进行品牌定位。一个品牌没有定位，它在消费者心目中就没有独特的价值。品牌定位决定着品牌特性以及品牌未来发展的动力。

广东处于电视行业的全开放区，除中央电视台、各外省级卫视外，包括星空、华娱、MTV、翡翠、亚视等9个境外媒体全部落地，加上广州电视台、广东电视台、南方电视台，以及新近批准交换信号接收的佛山电视台，普通观众可接收80多个免费频道。如此惨烈的收视竞争格局下，《真实故事》的创办，面临更加困难的选择。定位的准确，对于成功与否有着非凡的重要意义。定位决定着地位。

围绕着定位STP原则，即细分市场（Segmenting）、选择目标市场（Targeting）和品牌定位（Positioning）三个主要方面，《真实故事》权衡利弊，在整个竞争格局中分析自己的位置。

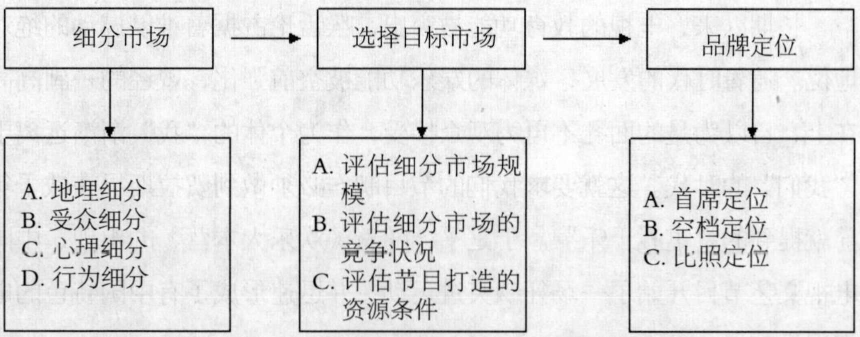

图3–6 《真实故事》定位流程示意图

结合对国内其他兄弟台栏目剧运作经验，充分考虑自身特点的情况下，在内容定位这一环节里，《真实故事》主要从受众定位、功能定位与市场定位三个方面着力分析。

1. 受众定位

受众定位要求细分市场和选择特定受众群，体现的是分众传播的观念，尤其在新媒体时代，不仅面临频道资源多样化的情况，网络、手机、IPTV、移动电视，都想跟传统电视分得一杯羹，新栏目创建以及维护都面临着更大压力。

品牌营销领域内盛行的USP定位，就是牢牢抓住受众的年龄、职业、性别、地域文化、经济收入、教育程度等因素，突出对受众的个姓化、差异性、长期性分析。在理解这点的基础上，《真实故事》受众定位十分清楚，结合广东外来人口庞大、整体素养参差不齐的现实，不去讲述大道理，更多地传达邻里百家的酸甜苦辣、街坊百姓的喜怒哀乐。只要抓住这一部分目标受众群，就抓住了自己的核心受众，依托他们酝酿影响力资源，从而打造知名度。

2. 功能定位

不同节目类型有不同的功能，具体到《真实故事》，更集中体现的是娱乐功能、交流功能。

长期以来，电视的教育功能被突出，喉舌论占据着难以撼动的绝对地位。随着时代的发展，媒体的娱乐功能被空前强化，曾经的一副高高在上、自以为是的面孔不再为观众接受，作为个体的“我”渐渐远离于“我们”的时代。这就要求我们的节目制作必须做到贺拉斯早在数千年前就提到的“寓教于乐”。于是乎，随着《欢乐大本营》的出现，中国电视文艺节目开始了一场狂飙突进运动，并迅速形成了有中国特色的电视娱乐节目。

《真实故事》娱乐功能的体现，不是通过内容，作为南方电视台民生节目集群的重要组成部分，《真实故事》似乎更关注普通百姓生活的心酸、病痛乃至凄楚，选题方面不具备很强的娱乐性。但是，作为栏目剧的特点之一，群众参与本身就具有很强的娱乐色彩。本身并非从事表演的张大妈李大姐，面对镜头，或紧张，或夸张，或腼腆，或内敛，透过镜头，观众在收看节目内容的同时，也在点评表演者，随处可见的马脚破绽，反倒成了观众关注的焦点。栏目剧这种娱乐功能，在其他节目类型中从未出现，有关这一点，值得从受众心理分析方面深入研究。

同时，喧嚣时代的律动之下，熙攘的人群中，涌动的是一个个孤独的个体，即使内心丰盈，却被交际的冷漠阻隔，因而，节目的交流功能日益得到突显。“电视是家庭文化中的一部分，这体现在正在上演的节目、节目单以及家庭生活的——或者至少是某类家庭生活的——结构上。电视也是我们融入消费文化的一种方式，通过它既构造了我们的家庭生活，也展现了我们的家庭生活”[①]，而这种功能绝不仅仅局限在家庭，透过镜头，屏幕里一个个熟悉而又陌生的场景真实再现，在人与人之间搭起了一座无形的桥梁，听到的和看到的在悄无声息间浸润着一颗颗苦涩的心灵。

需要注意的是，越是随着社会前进步伐的加快，交流的功能就越被重视。社会学群类别概念研究中，宅男宅女的数量和类别呈明显的上升状态。而《真实故事》收视分析的特点之一，就是有比较集中的全家老少集体收看。张家的事儿李家同样关心，从这个意义上来讲，这种功能定位，对于和谐社会的构建有着极为重要的意义。

3. 市场定位

电视的两种属性决定了其三种功能，是一种事业，同时也是一种产

① [英] 罗杰·西尔福斯通著，陶庆梅译：《电视与日常生活》，江苏人民出版社2004年版，第34页。

业，因此其也应该在一定程度上进行产业化运作，在媒介市场上实现自身的经济效益，这正是有关学者总结电视媒介权力时所归纳的“经济权力”。[①]经济权力的实现不仅依赖于其本身所具有的传播属性，同时需要运用经济学基本原理，根据市场寻找卖点。

现在我们的节目制作方式往往是在资金到位的情况下根据需要制作节目，而这种需要更多的是服务于政治和主流思潮，很少根据市场主动出击。而国外制作节目的方式，是根据市场去确定资金投入量和决定贷款的投入量。当一种新的思潮涌动于社会，节目制作者们往往会以前瞻的姿态关注，做到充分全面深层次地反映社会、引导潮流。因此，在资金投入上不会有太多的考虑，大的选题往往做得气势磅礴。此所谓大投入有大产出。目前来看，国内利用此种手段定位明确市场已然出现，从论坛打造、文化考察到事件直播、评选进行，各主办单位都有自己明确的市场定位，打差异化战略牌，这种现象称为“媒体实战”。

《真实故事》运作三年，借鉴的是英国独立制片人制，五个编导控制五家公司，编导负责单期节目的选题和剧本，公司负责节目的拍摄以及剪辑。这样的操作模式，既保证了栏目的自身特色，在选题把握、社会反馈等方面有自主权，同时又权力下放，根据市场运作，选择合适的合作伙伴。

这种操作模式，有利于生产者依据市场动态，在认真分析相关节目类型和数据的基础上加以营销，以免定位不准，在供求失衡中丧失竞争的优势。合理的节目制作方式，让《真实故事》有足够的精力充分考虑到竞争对手的优缺点、建构观众流量、培养观众收视习惯等等各方面的因素，在找准市场定位的基础上合理地投入人力和资金。

---

① 参见郑世明：《权力的影像——权力视野中的中国电视媒介研究》，中国传媒大学出版社2004年版。

（二）栏目剧品牌建设的内容构建

栏目剧归根结底是一种电视产品，没有质量保障，其他一切都是空谈。在内容构建的过程中，《真实故事》总结出了需要注意的两方面问题。

首先的一点就是品牌风格的建立。所谓“风格即人”实际上也可以说风格在一定程度上决定了品牌的存活。扬雄在《法言》中说道：“言，心声也。书，心画也。声画形，君子小人见矣。”声画俱全，足可观人识相，或典雅，或远奥，或精约，或显附，或繁缛，或壮丽，或新奇，或轻靡，此中变化，全在于创作者的主创心态，应用于电视也不例外。

《真实故事》的风格在创立之初就立足讲民生故事，说百姓心声，其后也有调整，最后还是回归。而如何体现，取决于最关键的两个要素，一是表现内容，一是主持人风格。

表现内容如果属于严肃性的话题，则整体风格应该谨严庄重，做到“严肃如冬，温和如春”，摒弃轻薄与浮华；相反，如果内容就是以轻松愉悦为主，那就应该做到疏放任诞，率性自然。

栏目剧作为一种新兴电视形态，难有经验可循，所以在发展之初，其表现内容也曾经走过一段弯路，经历过从粗糙甚至低俗到稳定、成熟的转型。《真实故事》在创立初期，也走过类似的弯路，后逐步调整，主要关注两方面内容：一是百姓百情百事，二是新鲜事物话题。前一类内容，主要满足观众的情感诉求，体现贴近性；后一类内容，体现节目的使用功能，通过节目，告诉老百姓新鲜的事物，或者是经常碰到的法律诉求，或者是花样百出的骗术。从收视方面看，后一类节目因为事件本身就带有很强的新奇性，表现比第一类略好。

当然，什么样的内容和怎样说，这是一个问题的两个方面。对百姓百情百事一类的内容，如何表现是关键，新瓶装旧酒是必备的本领。《人老也同居》是《真实故事》2007年播过的一期节目，讲述的是老年人的爱情问题。故事女主角是一个有钱有才的女儿，因为对父亲晚年爱情的干预，父女发生了争吵，老父亲因此生病住院。而在一位跟父亲年纪相仿的医院护工身上，女儿理解了父亲，知道了老年人情感世界的坎坷，进而认可了父亲的这段感情。而在试图进一步帮助老年护工时，女儿有了更多的感触。这种题材并不新鲜，但因为故事切入视角的不同，使得整个故事极具吸引力。

2008年，世界品牌实验室对中央电视台300多个栏目和近400名主持人进行全面评估后选出的四位"最具价值主持人"，品牌价值衡量均超过1亿元。在某种意义上讲，名主持、名记者、名编辑已构成当今名牌电视栏目的人格化符号，是品牌最重要的代言人。"主持人在电视节目中的形象效应、品牌效应以及主持人在引导公众舆论当中的明星效应，是观众选择收视节目的重要依据。采用各种方式提升主持人的品牌价值，才能使我们不但拥有世界知名的名牌节目、名牌栏目，还有与之相称的明星主持，以应对将来的媒体竞争。"[①]因而主持人风格与栏目风格的契合对于节目品牌提升有着相当重要的意义。

打造品牌型电视节目主持人，首要元素是契合栏目。倘若主持人的素质是创品牌的基石与灵魂，那么首要条件是其知识结构、经历、气质、个性能与定位准确的节目宗旨最大限度地融合。现在的品牌栏目制片人的最大收获不是在于内容多么精彩，而是品牌主持人塑造得有多么成功。

《真实故事》在主持人方面也在朝着品牌化的方向发展。栏目先后有三位主持人，初期的主持人程耀华是一名资深新闻人，担任《真实故事》主持的同时还兼任南方电视台一档时政新闻的主播。新闻从业背景，让他对一个个故事背后所折射的社会问题、人生问题有了更深的体悟，每集结尾的点评，也更加深刻和有力。另一位主持人马抟风相对较

① 傅海英：《中国专业媒体的经营之道》，《传媒》2004年第12期。

为年轻，从业经验并不丰富，在新闻性和评论性偏弱的情况下，其字正腔圆的普通话和亲切从容的主持风格，拉近了《真实故事》和观众之间的距离，这使得《真实故事》介入社会、引导舆论的功能进一步发挥放大。2012年末的再次改版，俎江涛加盟《真实故事》主持队伍，作为广东最有影响力的讲述型主持人之一，在推动《真实故事》法制化品牌建设的道路上起到极为重要的作用。

除内容本体建设外，识别系统建设和整合营销传播的环节同样必不可少。同时，栏目剧品牌的建设还需要处理好其他多方面的关系，比如，品牌节目经营战略与整个媒体经营发展步骤的关系，品牌节目成长规模与速度的关系，品牌稳定与创新的关系等等。

有人做过这样一个试验，借助于刀斧等器具，普通的南瓜成人稍稍用力即可剖开进食，而在不断加压、负重量逐日增长状态下生长的南瓜成熟后，其质地的坚韧性往往要超过大多数多年生木本植物。栏目剧品牌的过程就像这材质似铁的南瓜，每天承受重负下的磨炼，方能在竞争激烈的市场环境中，熠熠生辉，彰显其色。

二、独立制片人制——遵循国际品牌的操作理念

我国电视制片人制开始于20世纪80年代中期。中国电视剧制作中心在《红楼梦》《西游记》《末代皇帝》和《中国姑娘》四部电视连续剧的制作中，引入电视“制片人”管理机制，这也是我国电视领域制片人制的最早尝试。此后，中央电视台又于1993年5月在第一个早间新闻杂志型栏目《东方时空》中试行了制片人制。据《全国省市电视台电视制片人情况调查》，目前，我国大部分电视台已经实行或试行了制片人制。“电视栏目制片人是一个电视栏目的组织者，总负责人，把关人，严格意义上的栏目制片人掌握着栏目的财权、人权，并对节目的选题、

策划、制作、初审等节目运作环节实施全面的控制，对电视片生产需要的所有要素进行合理配置、协调组织。”① 独立的制片人制早已经成为大型国际传媒品牌中一种较为普遍的操作方式。

南方电视台在《真实故事》的运作过程中，着力打造更趋成熟的独立制片人制的社会化制作模式，以品牌管理代替节目生产，采用签约社会制作公司的方式，控制核心资源，把握成品质量。台里栏目组一共有五个编导五个编辑，分成五个小组，编导的职责就是《真实故事》的品牌经理，分别对应与台签约的五家社会制作公司，每家公司派驻一个编导和一个编辑，编导主要负责组织选题和修改剧本，编辑主要负责掌控成品风格统一，社会制作公司负责拍摄和制作，生产出来的成品经过频道三级审查后，由南方电视台按收视率高低分不同价格购买，甚至向制作公司提供专业设备租赁，以保证节目技术质量。

由于合作关系稳定，台里指导性强，社会制作公司成品率高，积极性也高，归属感强，忠诚度高。在同质化竞争激烈的今天，台里十人的编制，控制着将近五十人的制作队伍，始终能坚持低成本、高质量生产，并牢牢把握住植入广告的经营。

“当前，国内栏目剧的生产有多种方式。有的台利用台内的人财物，实行完全自制；有些台则完全外购，采用社会化大生产。前者成本居高不下，投入产出难以平衡；后者是节目质量难以保证，良莠不齐。南方电视台是个新台，人员较少，从建台伊始就强调创新的生产机制，重视社会化的合作。《真实故事》一直是在这种思路下进行实践摸索。经过多方调研，南方电视台《真实故事》汲取前两者的优势，采用签约社会制作公司的方式，控制核心资源，把握成品质量。”②

---

① 王甫：《电视制片管理学》，复旦大学出版社2006年版，第71页。
② 黄天文：《电视栏目剧在南方的实践和思考》，《中国广播电视学刊》2009年第3期。

三、产学研基地的打造

在探索创新的生产机制的基础上，《真实故事》还努力向产业化运营的方向拓展，“南方电视台栏目剧产学研一体化基地”的落成，就是这样一种有意义的探索和尝试。

2009年新年刚过，《真实故事》栏目剧部搬离南方电视台，租用600平方米的办公场地，打造了产学研一体化基地，包括办公室、编辑区、培训室区，开始了完全崭新的生产方式。最为大胆的变革，就是把五家签约制作公司引进基地，大办公室无间隔办公，形成五个制作组，营造良性竞争氛围。此外，在办公室旁边还设有演艺学习区，让群众演员与编导近距离接触，既有利于演艺培训招生，也有利于导演挑选演

产学研基地实景

员。产学研一体化基地的投入使用，为社会制作公司提供了一个公平竞争的环境，同时也为制作公司逐步走向合作、资源共享、吸纳人才提供了一个互动平台。

在探索新的生产机制和产业化运营方面，《真实故事》走在了国内同行的前面，这些有益的探索和尝试，对我国栏目剧的未来发展也有着积极的意义。

第三节 从分析收视曲线到分析受众——受众美学的栏目剧特色

一、服务性——广东文化的最强色彩

作为一个南北文化、城乡人事的汇集之地，一个有着几千年商业传统的华南商埠，广东自古以来就有着独具特色的本土文化。改革开放以后，这里更是商品经济的最前沿，不计其数的产品、信息、商业理念从这里产生，传播到全国各地。由于繁荣的市场经济和几千年商业传统的影响，注重“服务性”已经成为广东文化的最强特色。在这块土地上耕耘着的媒体从业者，自然也会融入到这种文化氛围中，具备较强的服务意识，希望自己的“产品”能够为读者、观众带来真正的实惠。

《真实故事》历来重视栏目的服务功能，服务于民生、服务于观众一直被作为该栏目剧制作时的核心理念。总体而言，这种服务性主要体现在以下几个方面。

（一）情感服务

1. 宣泄与净化

关于戏剧艺术的“净化”功能，亚里士多德曾经有一段经典的描述，他在《诗学》第六章提出了悲剧“净化说”：“悲剧是对于一个严肃、完整、有一定长度的行动的摹仿；它的媒介是语言，具有各种悦耳之音，分别在剧的各部分使用；摹仿方式是借人物的动作来表达，而不是采用叙述法；借引起怜悯与恐惧来使这种情感得到陶冶。”[①]观众在收看这些悲剧故事的时候，由于移情作用，会将自己的情感投射到剧中人物身上，这样，就会跟随着剧中人物体验到怜悯或者恐惧的情感，从而使得自身的情感得到陶冶。

《真实故事》中有一些剧集就能起到这种效果，例如一些悲剧感较强的故事，或者涉及盗窃、抢劫、绑架、诈骗、缉毒、骚扰女性等刑事类题材的故事，观众在收看的时候，很容易被唤起怜悯或恐惧的情绪，或者剧中人物所做的事情契合了观众潜意识里的某些动机，当在观看这类故事的时候，就能够起到很好的陶冶和净化的作用。

通过现代心理学领域的努力，甚至还发展出了“艺术治疗”的方法，人潜意识里的一些本能冲动常常被理性或者社会力量所压抑，被压制以后潜在的能量会郁积起来，如果超过了心理所能正常承受的范围，人就会感觉痛苦，较严重的情况下还会诱发一些精神病症。而通过文艺作品的净化功能，就能使这些被郁积的能量释放出来，让人的心灵更健康。“通过学习创作和艺术欣赏等过程使病人再现创伤经历，发泄病人潜意识当中压抑的情绪，从而达到放松的目的。艺术作品的欣赏不仅能帮助受情绪困扰的病人表达其内心体验，而且通过病人在欣赏艺术时的

① ［古希腊］亚里士多德著，罗念生译：《诗学》，人民文学出版社1962年版，第19页。

表现能够间接地协助心理医生发觉个体潜意识当中的欲望及人格特质等，也就是说可以用于心理疾病的辅助诊断。”[①]由此可见，文艺作品在人的情感疏导、维护心理健康方面的确有着重要的作用，每天一期的《真实故事》涵盖各种题材和类型，其中自然会有许多故事能够满足观众的这一需求。

2. 情感的慰藉

美国当代社会学家乔纳森·H.特纳在其研究情感的专著《人类情感——社会学的理论》一书中，指出了“情感的层级”这一现象：“当人们满足期望，获得权力、特权时，将感到更多的自信，并且这种正性情感的蓄水池可以使用和投资，以安全地获取新资源。相反的，当人们没有满足期望，或者失去了权力和特权，他们将缺乏自信，由此，也不可能有较多可以使用和投资的情感，从而，缺乏获得较多新资源的机会。因为如果分层系统的建构以资源的不平等分配为中心，那些处于较高阶层或阶层的较高等级者将不仅具有较高的经济的、文化的、社会的和符号资本，而且还会储备着较多的正性情感能量。相反的，那些处于较低阶层或者拥有较少资源的阶层，其正性情感能量的储备也较少。由此情感资本——社会学研究中新近提出的一种资本形式——不平等地在国家之内或国家系统之间分配。”正是因为如此，在社会中处于中下层数量巨大的群体就更需要情感的补偿，他们需要通过各种不同的途径来获取情感能量，以中和在经济和权力中的不利地位所带来的负面情绪，在他们可以获取的补偿途径中，文艺作品是一种安全而且有效的方式，因为故事就是要让人获得“一种意味深长的情感体验”，通过欣赏故事来感受不同的人生，获得情感的满足，在贫富差距悬殊的当下，也就更

① 杨晓光、孙月吉、吴军、贾树华、张超：《艺术治疗的概念、发展及教育》，《医学与哲学》2005年第3期。

有其社会意义。

其实不仅是处于社会中下层的人会常常感受到负面情绪，任何一个活在这个世界上的人都难免体验到痛苦、沮丧、挫折、恐惧等负面情绪。哲学家叔本华甚至认为痛苦才是人生的本质，佛家也曾主张人生就是一场“苦聚”，因为人只要活在这个世界上，就得面对生老病死，还有无数大大小小的挑战，没有人会在这每一次挑战面前都是优胜者，即使他能顺利地克服每一次挑战，但由于人类的天性，“无聊”倦怠的感觉也会随之而至——当生活没有挑战性时，人就特别容易会感觉到无聊和厌倦。在现实生活中，我们大多数人，都会遇到各种各样的问题，比如工作中的竞争和压力，夫妻和恋人之间的情感纠结，婆媳或者邻里之间的矛盾纠纷……人生就是被这些各种各样的问题所包围着，当我们因为职场上的失意而苦闷时，或是由于情感上的失落而痛苦时，或是因为婆媳之间的矛盾而苦烦心时……我们都产生负面的情绪，需要内心的安慰和情感的慰藉。这时候，打开电视，看到《真实故事》中千姿百态的人生和各种各样的故事，沉浸到剧情中，随着故事的兜兜转转和人物命运的曲折坎坷，我们的情感投入进去，仿佛跟着剧中人物经历了一次别样的人生，在这些故事中看到了我们身边的小人物，看到了棘手问题的解决，看到了善良人最终得到好的结果，坏人遭受到应有的惩罚，我们也随之感到释然了，在这个过程中，我们的情绪就得到了很好的缓释和纾解。

（二）信息服务

《真实故事》除了对观众具有情感上的服务功能外，还能提供信息上的服务。因为《真实故事》新闻性强，反应快速，紧贴市民生活，所以较之电影和电视剧，它在向观众提供信息服务方面具有得天独厚的优势。

例如《真实故事》有一些故事是直接面向观众生活中可能遇到的难题，给予解决的方案，提供有价值的信息，通过在故事中再现问题的方式，直接起到服务观众、关注民生的作用。在平时选题上有意识地选择一些功能性的故事，把大家关注的如房产、保险、教育等与老百姓密切相关的新闻题材，把举国民众关心的冰雪灾害、奥运、改革开放30年题材，通过栏目剧的形式表现出来。折射新闻背后的故事，又可以指导生活，让广大观众规避社会风险。例如我们在前文中提到过的《街头骗术》系列，用情景再现的形式揭露了经常出现的各种骗术，并有南方电视台的编导现身说法，向观众揭示骗子行骗的种种伎俩，这样，就能够帮助广大市民提高防范意识，识破骗子的花言巧语，也对加强社会治安起到了积极的辅助作用。

除了防止被骗这样比较极端的状况，《真实故事》还为生活中其他一些更为常见的问题提供信息服务，例如，如何处理孩子的成长与父母期望之间的关系，如何处理婆婆和儿媳之间的关系，如何处理夫妻之间无端的猜疑，如何处理被赡养的老人的情感问题，如何处理员工和老板之间因为工资、假期、迟到罚款、辞职或解聘等问题而引发的各种矛盾……这些问题，观众都可以在《真实故事》中获取如何妥善处理的启示。而且这种启示不是生硬的说教，而是以观众喜闻乐见的故事的形式呈现出来，因此也就更生动鲜活，为观众提供更好的借鉴意义。

在《真实故事》所提供的信息服务中，还有一类需要特别提到的，那就是法律信息服务。《真实故事》改版以来，越来越重视积极的社会影响，把普法作为发展的一个重点。这些故事广泛涉及财务赔偿、债务问题、遗产的分割、房产归属、合同履行等等。《真实故事》不仅涉及这些问题，而且还聘请专业人士来给出这些问题的答案，告诉市民遇到这种情况应该怎么处理。法律纠纷本身就包含了当事双方的激烈的矛盾冲突，而且通常这些矛盾强化到道德舆论无法解决时，当事者才会诉诸法律，因此它本身就有了对这类冲突予以戏剧化表现的基础，这样不仅能够向观众展现一个曲折精彩的故事，更重要的是，能够向观众普及法律知识，为观众提供了相关的法律方面的信息服务。

二、“游牧者”的收视文化心理

1955年，尤金·波利发明了名为“闪光助手”（Flash-Matic）的无线遥控器。该遥控器利用一个类似闪光灯的装置，通过激活电视机内的光电管更换频道。虽然这台“闪光助手”还较为笨拙（闪光灯必须对准某一方向才能进行操控；遥控器功能也很有限，仅可开关电视画面和声音，通过顺时针或逆时针转动调谐器来换台），但是，它的出现，彻底改变了电视传播领域的格局。

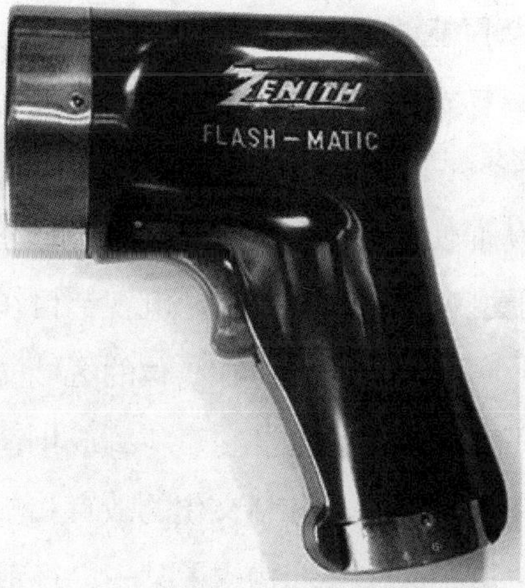

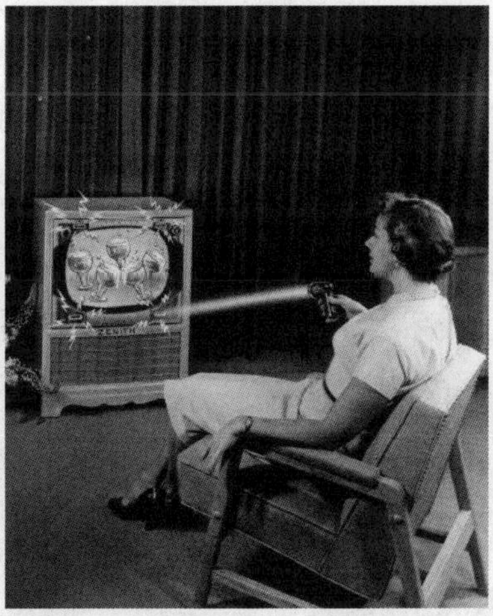

“闪光助手”利用光线，向位于电视机四角的接收器传送信号。四角的功能各不相同，有的负责换台，有的负责音量，还有的负责开关电视。

调查表明，手握遥控器的现代观众在某一个频道上停留的时间越来越短，如果屏幕上的内容不能在0.5秒钟内吸引他们的注意，那么很可能就会遭遇被换台的命运。现代观众更像是逐水草而居的游牧者，随时准备着将注意力迁徙到他们感兴趣的节目上。如今，在注意力就是

GDP的时代，怎么抓住观众的注意力，最大限度地把他们锁定在自己的节目上，成为摆在每一位电视工作人员面前的挑战。

如何才能留住观众的注意力呢?

前面我们在探讨品牌建设的受众定位时曾提到："营销领域内盛行的USP定位，就是牢牢抓住受众的年龄、职业、性别、地域文化、经济收入、教育程度等因素，突出对受众的个性化、差异性、长期性分析。在理解这点的基础上，《真实故事》受众定位十分清楚，结合广东外来人口庞大、整体素养参差不齐的现实，不去讲述大道理，更多地传达邻里百家的酸甜苦辣、街坊百姓的喜怒哀乐。只要抓住这一部分目标受众群，就抓住了自己的核心受众，依托他们酝酿影响力资源，从而打造知名度。"

可见，准确的受众定位，是设计节目能够被观众接受的关键，而这首先就要做出适应本地观众需求的节目样式。

哈贝马斯曾指出："理解的重要条件之一是言说者必须选择一种确切的话语，以便听者能够接受它，从而使言说者和听者能够在一个公认的话语中得到认同。"[①]也正是由于这个原因，地域性的电视节目在本地区的观众接受方面更有本土优势。"每一个人都是在具体的区域文化中接受文化的濡染而发育成长起来的，从婴儿、幼儿、童年到成年，每个个体都要在一定的区域文化氛围中接受雅文化和俗文化的教育和塑造，建构起文化心理的基本框架。"[②]这种文化心理构成了某一电视节目能够被本区域观众接受的基础。

目前，针对特定地区、特定受众的小众化、分众化传播已成为电视传播领域的一个新趋势，"随着区域性收视市场的开掘及国内90年代地方传媒的崛起，文化的地方化正在勾勒出一幅新的文化地图"[③]。斯科

---

① ［德］哈贝马斯：《交往与社会进化》，重庆出版社1989年版，第3页。
② 秦俊香：《影视接受心理学》，中国传媒大学出版社2006年版，第38页。
③ 潘健：《电视栏目剧的生存现状与发展趋势研究 》，吉林大学硕士学位论文。

佩克(skopec)认为，一个文化存在的最明显的标志是独特的或具有特异性的言语形式的使用。在以区域性某种社会阶层为题材、反映地域文化的电视节目中，选择当地群众熟悉的日常生活场景，选用本乡本土的群众演员，采用观众普遍适应的方言、方音，似乎也是电视生产的一个走向。

在市场化背景下的收视率逻辑中，电视作为一个文化生产场，势必在内容和表现形式上以所在地区为目标市场、以区域性观众为主要定位，这为贴近特定区域群体的本地场景、本土题材、本土演员提供了紧密的社会纽带，密切了节目与观众之间的联系。尤其在以常有地域文化为背景的电视栏目剧生产中，电视视听合一的要求使方言运用更成为真实性、贴近性所安排的一种选择，这种贴近的文化产生的吸引力是不言而喻的。

广东有着独具特色的地域文化，这里的观众在收视心理和审美取向上也有着不同于其他地方的特点：“岭南地区具有天然的地理优势，山清水秀，人杰地灵，历来被称为鱼米之乡。在改革开放大潮的影响下，岭南地区更是走在改革开放的最前沿，社会经济迅猛发展，人们的物质生活十分富裕。因而在审美取向上，岭南地区的观众也偏向于都市化，他们喜欢把目光投向琐碎的日常生活，普通的俗世情感，并在平凡普通的日常生活中把握时代的脉搏，关注社会转型期躁动不安的都市男女们的追求与困惑。”①

《真实故事》正契合了本土观众的这种收视心理，在故事的选题上以都市题材为主，广泛地表现了都市生活中的法律纠纷、婚恋纠葛、婆媳关系、职场争斗、医患冲突、案件侦破……在重视新闻性、真实性、民生性的同时，注重故事本身的“好看”，让观众酣畅淋漓地看一个好故事，以求最大限度地满足观众的欣赏需求。

① 秦俊香：《影视接受心理学》，中国传媒大学出版社2006年版，第50页。

三、电视使用类型学/召唤结构与期待受挫

类型的出现，是影视剧市场走向成熟的标志，中国电视剧之所以被大多人数人认为比电影市场更成熟，正是因为电视剧市场已经形成了体系完善的类型，并且每个类型都有着稳定的观众群体。类型一旦形成，观众就会对每一类型的电视剧有着先验期待，也就是说，在看到一部电视剧之前，观众已经对它的内容与风格有个大致的预期，例如面对一部青春偶像剧，观众就会期待看到青春时尚的俊男美女，他们喜欢的明星，还有浪漫而轰轰烈烈的爱情；而面对一部悬疑推理剧时，他们则期待看到逻辑严密的剧情、出人意料的结局……一部类型作品就是要满足观众的这种期待，如果一部悬疑剧里没有扣人心弦的剧情，其他方面做得再成功观众也会觉得失望，同样，一部家庭伦理剧中如果没有让观众纠结而又难舍的家庭成员间的情感纠葛，喜欢这种类型电视剧的观众也不会觉得满足。

栏目剧同样如此。

首先从宏观上看，观众对“栏目剧”这一大的节目类型会有所期待。例如：栏目剧的故事性强。观众在看栏目剧时，可能并不期待在栏目剧中看到气势恢宏的制作或者多么迷人的男女主角，但期待能看到一个曲折有趣的故事。美国普利策新闻奖得主富兰克林曾说，所谓故事性，即“采用对话、描写和场景设置等，细致入微地展现事件中的情节和细节，突出事件中隐含的，能够让人产生兴奋感、富有戏剧性的故事”。这也是观众对栏目剧的一个最基本的期待。另外，观众还期待从栏目剧中看到本土的东西，例如他们熟悉的人物，他们熟悉的乡音，还有他们熟悉的环境和生活方式，本土化同样是栏目剧的一个普遍特征，也正是因为这个原因，在广东播出的大部分栏目剧都采用了粤语对白。

此外，观众还期待在栏目剧看到对现实的快速反应，看到时代情感和焦虑的传达，因为栏目剧小团队、低成本、制作周期短，因此特别适合快速对现实作出反应，观众也期待从中找到共鸣。这些，都是观众在开始看某一集栏目剧之前就已经持有的期待。

其次，观众还有对《真实故事》特殊的期待。《真实故事》自2006年开播以来，有着稳定的收视群体，同时，又不断有新的观众加入进来，他们对《真实故事》这一栏目也有着他们的类型期待。像对所有的栏目剧一样，观众期望从《真实故事》中看到曲折动人的故事情节，《真实故事》也一直把精彩的故事作为自己的生命线。除此以外，因为《真实故事》栏目名称中的“真实”二字，观众就会对这一栏目剧的真实性有所期待，他们希望从中看到有着现实基础的“真实”的故事，而非编剧凭空杜撰的狗血剧情。

另外，观众还会期待《真实故事》的新闻性与时效性，因为《真实故事》的英文名称是“News Story”，这个名称就清晰地表明了节目在设定时“新闻故事”的定位。比起一般的栏目剧，《真实故事》更突出新闻性，对于当下热议的某些话题，电影、电视剧或许还没来得及反应，而《真实故事》快速制作的栏目剧却能够给予及时的反应，观众对于《真实故事》的时效性的期待比对一般的栏目剧更为鲜明。

除了对《真实故事》这一栏目整体上的期待，观众对《真实故事》中不同类型的故事，同样有着不同的欣赏期待。例如有的观众喜欢看家庭伦理类型的情感纠结，有的喜欢在悬念重重的案件侦破故事中获得欣赏的快感，还有的喜欢看爱情婚恋中的种种悲欢离合……满足这些观众对不同类型的期待，正是栏目在制作时需要重点考虑的因素。

当然，我们说的满足观众的期待主要指的是观众对特定类型的期待而言，并不是说剧情进展都要在观众的预料之中，如果那样的话，观众反倒会觉得节目“弱智”毫无新意。因此，在满足观众期待的同时，还需要一定的某些在观众意料之外的东西，也就是使观众的期待受挫，这样，才能使观众保持欣赏的兴趣。一个好的作品，正是要在观众的期待和受挫间找到恰到好处的平衡点。

四、看/被看——表演、人生与收视的三重统一

分析鲁迅的小说时可以发现，在他的许多作品中有一种“看/被看”的结构模式，小说中的观看者在看别人的同时又在被看，“读者、隐含作者、叙述者与人物就置身于如此复杂的叙述网络之中，呈现出既非单一的，又是动态的复杂心理、情绪、美感反应”[①]。这一模式在《孔乙己》《药》《阿Q正传》《示众》等都一再出现。例如在《孔乙己》中：

> 小说的核心孔乙己与酒客的关系，已经构成了“看/被看”的模式；在这个模式里，作为被看着的孔乙己（知识分子）的自我审视与主观评价（自以为是国家、社会不可或缺的“君子”，“清白”而高人一等）与他（们）在社会上实际所处的“被看”（亦即充当人们无聊生活中的“笑料”）地位，两者形成巨大的反差，集中反映了中国知识分子地位与命运的悲剧性与荒谬性。但作家并没有选择孔乙己或酒客作为小说的叙述者，而是别出心裁地以酒店的“小伙计”充当叙事故事的角色。这样，他就可以以一个旁观者的身份，同时观察与描写孔乙己的可悲与可笑，看客的麻木与残酷，形成一个“看/被看”的模式，以展开知识者和群众的双重悲喜剧。而小伙计自己，随着小说的展开，也逐渐参与到故事中来，现实“附和着笑”，后又冷酷地拒绝了孔乙己教自己识字的好意，从而构成了一个被看客同化的精神悲剧。他的背后有隐含作者在

① 钱理群等：《中国现代文学三十年》，北京大学出版社1998年版，第45页。

“看”，从而形成第三层面上“看/被看”结构。[1]

在《真实故事》中，同样有着这种“看/被看”的现象。当然，因为时代的不同，《真实故事》并非要像鲁迅的小说那样，传达出人物的悲剧或是看客的麻木，但这种中性的“看/被看”的结构同样是存在的。作为一档民生类节目，《真实故事》讲述的是民生故事，以百姓的生活作为切入点，故事中的角色很可能就是观众自己或身边人物的化身。因此，观众在看这样的故事时，在看别人的同时，也在看自己，或者说，屏幕上的那个自己正在被看，屏幕上上演的，其实是他们悲欢离合的人生。在这些故事中，观众可以找到自己的人生况味或心路历程，通过观看，他们从自身的囚禁中跳出来，得以用一种旁观的视角来重新观察自己的生活，审视自己的人生，在“看/被看”中，完成了表演、人生与收视的三重统一。

例如《爷爷奶奶的“坏”习惯》，讲述的是两位老人去城里看他们的儿子，带了很多家里的土产，但是一见面儿媳妇就质疑这鸡有没有禽流感，紧接着，他们在饮食习惯、生活方式上，都表现出了截然不同的习惯。儿媳妇非常担心他们把这种习惯传给了自己的女儿，她原本期待着用西方的教育方式，把女儿培养成一个有品位的人，看到自己的公婆这个做派，她很担心自己的孩子会被带“坏”，于是，在关于女儿的教育问题上，她跟老公、公婆产生了激烈的冲突。在荧屏里，观众看到的是一个爱女心切的母亲因为担心自己的女儿受到“不良影响”而疑神疑鬼的故事。这原本是别人的生活，但是，每个家庭中都可能存在着这样的问题，在对孩子的担心和疼爱方面，在关于孩子的教育方式上，很多父母都存在着故事中这个母亲的焦虑，而很多家庭也会像故事中的家庭一样，存在着两代人生活方式和思想观念的冲突，很多抚养孩子的中年

① 钱理群等：《中国现代文学三十年》，北京大学出版社1998年版，第45页。

人可以从故事里的这对夫妇身上看到自己的影子，很多老年人也能在故事里的这对老年夫妇身上看到自己的状况。因此，他们在看的同时，也在被看，在感慨别人人生的同时，其实也是在感慨着自己的人生。

有一些故事离观众普通的日常生活可能会远一些，例如某些案件的侦破故事，普通观众很少会去犯罪或者作为警察来侦破案件，那么，这里面存不存在“看/被看”的关系呢？答案是肯定的。就像《李尔王》讲述的是李尔的野心与阴谋，但是，当它在舞台上被演出的时候，观众似乎看到了自己内心潜在的欲望在遭受审判，因为莎士比亚的这部伟大的戏剧作品表现的是人性，人们可以在剧中的人物身上看到自己显在的或潜在的动机和欲望。人性是复杂的，我们可能没有去犯罪，但并不代表心里从来没有过恶的念头，这些动机可能被理性和社会力量压抑着，一辈子也不会表现出来，但是，在通过屏幕欣赏他者的故事的时候，我们可以站在一个安全的距离，审视自己可能存有的某些欲念和动机，同时屏幕上这些与自身契合的欲念或动机也在被别人审视，这同样也是一种内在的“看/被看”。因此，不论是借助于生活境况的相似还是内在人性的交集，在欣赏《真实故事》的时候，观众都可以体验到表演、人生与收视的统一。

第四章

理论的渐进线

——栏目剧实践手册

第一节 记住，这是真实的故事——非典型的编剧生活

曾有电影评论人这样评论电影的好坏，“一部影片有多少电影味儿，是衡量这部影片作为电影艺术作品的质量和严肃性的尺度”，“一部影片只要放映几分钟，观众就会本能地和强烈地感受到它的电影味儿有多少，就像人们能够‘感受’到一幅画怎样使用色彩造型，‘感受’到一座精心设计的建筑物的规模和比例相得益彰，‘感受’到一部精彩的剧本的戏剧性”。[①]事实上，电影所必须具备的“电影味”的要求，同样体现在栏目剧的创作进程中。麻雀虽小，五脏俱全。栏目剧的体量短小精悍，30分钟的时空内如何迅速地呈现栏目剧所应具备的“栏目剧味”，值得我们认真分析。

一、故事素材选择的真实原则

首先来讲，跟一般的戏剧创作不同，栏目剧的这种味道，在剧本创作阶段，首先需要重视的，是真实性的问题。

在实际的编创过程中，创作者多会有这样一个感觉，选题把握精准的话，剧本写作非常流畅，且有吸引力。原因无非是故事素材的选择符合了栏目剧创作的特点。而这种故事素材的选择，多具有真实、时效、以小见大等特点。

---

① ［英］欧纳斯特·林格伦著，何力、李庄藩译：《论电影艺术》，中国电影出版社1987年版，第170、171页。

《真实故事》的定位就是剧化地表现民生故事，反映老百姓的生存状况，因此，它在素材来源上就比较注重真实性，“事件的真实即从故事的源头要求它是真实的。《真实故事》的英文翻译是news story，意思是新闻故事，在实践中始终强调的是做一档‘电视民生故事’”[1]。它的素材来源包括新闻热点、案件追踪、百姓街头巷尾的生活故事等等，然后在这些真实的故事原型的基础上，进行艺术处理，使之更符合叙事艺术的一般规律，使观众能够更投入地沉浸在对故事的欣赏中去。这样，就从源头上避免了编剧脱离生活的闭门造车、千篇一律的克隆等问题。对真实性的强调，使《真实故事》避免了虚假、脱离生活、不接地气等弊端，“《真实故事》的宗旨是浓缩再现原生态的社会生活，震撼观众的心灵。每一个真实故事都是社会生活中的一个侧面和缩影，而一系列的真实故事则是整个时代背景下的社会生活全纪录”[2]。

观众能够从这些真实故事中看到自己的影子，看到自己的生活，更由于栏目剧制作周期短，反应迅捷，能迅速捕捉当下的社会热点，传达社会情绪，对百姓普遍的关切予以迅速反映，引起观众的共鸣。

同时，故事素材的选取，不是仅仅做到真实就可以的，《真实故事》在选取故事素材时，还重点参考以下几个标准：

一是注重素材本身的社会意义。这一方面是由于电视媒体是党和政府的舆论阵地，重视节目的社会意义是媒体从业者的分内职责；另一方面，这也是栏目剧自身发展的规律使然，具备一定社会意义的素材才能引发观众更广泛的共鸣，才能使得《真实故事》这一栏目剧具备更广阔的格局。如果只是专注于都市小男女的婚恋出轨或者猎奇、刺激的选

① 马玉亭：《粤派栏目剧的三位一体》，《中国广播学刊》2009年第3期。
② 张伍生、李曲：《电视栏目剧还能走多远——从南方电视台〈真实故事〉三年的实践说开去》，《中国广播学刊》2009年第3期。

题，久而久之，就会流失一大批观众，另外，还会影响到这一栏目的品牌形象，使很多观众将这一栏目同“低俗”“猎奇”等联系起来。观众通常倾向于认为自己是“有品位”的，因此，消极的品牌形象最终也必然会在收视率上体现出来。所以，在选题方面，《真实故事》历来都注重选题的社会意义，重视栏目剧对观众的思想意识、道德情操、法制观念方面的积极影响，同时，也通过有社会意义的选题，引发观众更广泛的共鸣。紧跟时事资讯，把握时代热点焦点话题，深入社会问题层面，记录社会转型期的变迁改革进程，留下启迪人类普世情感的感人故事，而以此来服务大众精神文化需求，服务百姓衣食住行生活，服务社会安定、民主法治和文明进程。让节目播出的不仅仅是故事，我们是在做有益的故事，做有用的节目，做贴近百姓的生活伴侣，这就是粤派栏目剧的一种理念追求。

二是注重故事素材本身潜在的吸引力。并不是所有真实发生的故事搬上银幕都能让观众喜欢看、愿意看的，栏目剧毕竟不同于新闻纪实节目，它有自身的规律，这突出表现在，观众不仅要看“真实”的事件，更要看“故事”。能不能为观众呈现一个精彩的故事，也是我们在选择素材上的一个重要参考标准。在实际操作中，我们主要从以下几个方面来把握：

其一，事件是不是新鲜的、奇特的，能不能触发观众观看的欲望。因为栏目剧的播出量大，基本上是每天一集，很容易造成题材内容的重复，观众如果看多了这些大同小异的故事，就难免产生厌倦心理，以为说的无非就是婆媳矛盾或者小三插足之类，渐渐失去了对这一栏目的忠诚度。因此，栏目剧要格外注意避免题材的重复和雷同，而这就需要从源头抓起。有一些事件虽然也是真实发生的，甚至还可以从中折射出一些人情世态，但事件本身却总似曾相识，如果把其中的人物张三换成李四，把地点从广州换到东莞，把故事的时间从现在换到N年以前，发现还是那个故事，那么根据这样的素材来改编就很容易掉进重复、雷同的陷阱。因此，在把握选题时，是否有新意是一项重要的参考标准。有没有吸引观众的新奇之处，也是《真实故事》在把握选题时的一个重要标准。例如在《人身限制令》这集故事中，离婚的A女士经常受到前夫的骚扰，无奈之中，她向法院提出了人身限制令，这条法令规定她的前夫不能出现在她50米的范围内。人身限制令是从国外引进的法规，对大部分国人来说，还是个新奇"有趣"的法令，很多人甚至都没有听说过，之前也没有在电影、电视剧或者栏目剧中出现过，因此，这样的素材本身就很容易引发观众的好奇心，想知道这到底是一个怎么样的法令，这样，又会起到向观众普法的作用，具有积极的社会意义。当然，并不是做过的故事类型就绝不能再做了，故事的原型就那么几十种，关键是要找到新的角度、新的切入点，或是在司空见惯的老故事中挖掘出更深刻的思想意义，向观众展现出他们以前没有注意过的层面。

其二，故事本身的曲折性与戏剧性。"文似看山不喜平"，栏目剧也同样如此。曲折动人的故事才能抓住观众，给予他们"一种意味深长的情感体验"[①]。因为观众对栏目剧的审美期待主要还是在"故事"上，所以，能否把故事讲述得曲折有致，是栏目剧成败的关键。而要有一个动人的故事，除了借助编剧技巧的处理，故事素材本身也要具备潜在的戏剧性。例如《被克隆的银行卡》，故事取材于一个真实的案件：一位老板突然接到老婆的电话，老婆告诉他，她接到了银行发来的短信，说他的银行卡支出了50多万元，而离奇的是，这张卡就在那位老板身上，那么这些钱是被谁刷走的呢？警方介入以后调查发现，他的银行卡已经被别人克隆，因此才会在他的卡不离身的情况下钱被取走。

① ［美］罗伯特·麦基著，周铁东译：《故事》，中国电影出版社2003年版，第108页。

接下来，他们又面临着这笔损失应该由谁承担责任，怎么将钱追回来等问题……我们看这个素材，就会发现这里面已经包含了一定的戏剧性：他的卡不离身，但是钱却被刷走，常规的生活被打乱，当事人被抛到意想不到的情形中，而绝大部分观众也都会有一张或几张银行卡，难免不会想，"如果这种事情发生在我身上"……这就是有着现实基础的戏剧性转折。

三是选择一些功能性的故事。《真实故事》还有一部分选题是直接面向观众生活中可能遇到的难题，给予解决的方案，提供有价值的信息，从而直接起到服务观众、关注民生的作用。我们在平时选题上有意识地选择一些功能性的故事，把大家关注的如房产、保险、教育等与老百姓密切相关的新闻题材，把举国民众关心的冰雪灾害、奥运、改革开放30年题材，通过栏目剧的形式表现出来。折射新闻背后的故事，又可以让广大观众规避社会风险、指导生活。 例如《街头骗术》系列，用情景再现的形式揭露了经常出现的各种骗术，并有南方电视台的编导现身说法，向观众揭示骗子行骗的种种伎俩。这样，就能够帮助广大市民提高防范意识，识破骗子的花言巧语，也对加强社会治安起到了积极的辅助作用。

二、非典型的剧作方法

很多人以为，栏目剧无非就是时间缩短了的电影，或者自成章节的一小集电视剧，在创作方法上自然也就可以果断地实行"拿来主义"，以为直接移植电影和电视剧的创作方法就行。但是，真这么做的时候，他们却发现，做出来的东西既没有电影和电视剧的优势，也失去了电视栏目的强项，很难在收视上取得成功。虽然栏目剧跟电影、电视剧同属于叙事艺术，但是，它还要符合电视栏目的制作规律，满足观众对这一种特殊样式的电视栏目的期待。特别是由于栏目剧较之一般影视剧投资小，团队小，更多群众演员或者半职业演员，因此，栏目剧对剧作要求也就格外高，只有在剧作上具备自身的特点和优势，才可能跟高投入的电影、电视剧来竞争观众。可以说，一期栏目剧的成功与否，关键在于剧作环节。

相较于其他艺术创作形式，栏目剧的编剧创作既有符合戏剧艺术创作的一般规律，又同其他创作形式有着典型的不同特点，所以，可以将栏目剧的创作命名为“一种非典型的创作方法”。

一出大戏可以包容几十个人、上百个场面，而栏目剧因为拍摄周期、成本等制约，永远不可能出现万马奔腾、人浪滔滔的场景，所以呢，传统影视剧创作中“一支粗笔勾勒时代背景，交代过场”[①]的手法基本不会出现，更多的是“用一支细笔对人物性格做精细入微的描绘”，对冲突戏剧情境直接营造，对尖锐矛盾直接展开，具体而言，体现在以下几个方面：

（一）注重矛盾冲突

黑格尔曾说：“戏剧动作的情境使个别人物的目的要从其他个别人物方面受到阻力，有一个同样要求实现的对立的目的在挡住它达到实现的路，于是这种对立就要产生互相冲突和纠纷。因此，戏剧动作在本质上须是引起冲突的，而真正的动作整一性只能以完整的运动过程为基础，在这个运动过程中，按照具体的情境、人物性格和目的的特性，这种冲突既要以符合人物性格和目的的方式产生出来，又要使它的矛盾得到解决。”冲突在戏剧艺术中是如此重要，以至于西方戏剧界将“冲突律”作为戏剧艺术的一条普遍规律。作为“冲突说”的代表人物，法国戏剧理论家布伦退尔在他的《戏剧的规律》中，把冲突作为戏剧艺术的本质特征，在好莱坞电影体系中，同样把冲突作为建构故事的基础，许

① 谭霈生：《论戏剧性》，北京大学出版社2009年版，第230页。

多影片都是基于主人公面对的强烈冲突而展开的。

对于栏目剧而言，冲突更是至关重要。只有建构起有效的冲突，人物才能在冲突中表现出他的性格和欲求，呈现出他的本质力量，才能让观众感受到人物和故事的魅力，“主人公及其故事的智慧魅力和情感魅力取决于对抗力量对他们的影响，应与之相当”[①]。

通常，每一集《真实故事》都会有一个集中而鲜明的冲突贯穿全剧。这些矛盾冲突广泛涉及婆媳关系、婚恋冲突、职场争斗、刑事案件、医患纠纷，以及因子女教育或老年人赡养问题引发的冲突等等。美国戏剧与电影理论家约翰·霍华德·劳逊在《戏剧与电影的剧作理论与技巧》中曾指出：“戏剧的基本特征是社会冲突——人与人之间、个人与集体之间、集体与集体之间、个人或集体与社会或自然力量之间的冲突；在冲突中自觉意志被运用来实现某些特定的、可以理解的目标，它所具有的强度足以导致冲突达到危机的顶点。”综观各种不同题材类型的《真实故事》，这些冲突的具体表现形式虽多种多样，但通常都是人与人，或者人与环境之间的冲突，正是这些鲜明而强烈的戏剧冲突，吸引着观众持续收看下去。

但是，冲突并不意味着生硬地制造缺乏现实基础的矛盾，也不是故事里的人物必须不断地争吵。曾有人这样批评国产电影：“国产电影有一个显而易见的特点：人物总是喜欢吵架，而且吵得天翻地覆的。尤其是表现现代生活的影片，这样的场面更是比比皆是。观众对这样的戏很厌恶，可是我们的电影创作者却依然故我地写那些吵架的戏。”[②]同样，这也是栏目剧所应避免的创作误区。因此，这就要求基本中的冲突要有扎实的现实基础，符合剧情发展的逻辑和人物性格

① ［美］罗伯特·麦基著，周铁东译：《故事》，中国电影出版社2003年版，第371页。
② 刘一兵：《电影剧作观念》，中国电影出版社2006年版，第23页。

的逻辑，这种冲突应该是人物欲求、情感的自然碰撞，而不是编剧随心所欲地让剧中人物打架或者吵闹，过多的争吵不仅不能吸引观众，反而会造成观众的“审美”疲劳。

（二）对悬念的倚重

所谓悬念，“指的正是文艺作品中的人物的命运、情节的发展变化的一种期待心理”[①]。观众之所以对一个故事产生看下去的兴趣，很大程度是因为故事提供的悬念。戏剧理论家贝克把悬念看成是好剧本的重要条件之一，他在戏剧技巧中认为：“一个剧本所描写的是一个完整的运动，而好的运动有赖于：第一，明白清楚；第二，正确的强调；第三，悬念。”我国古代的戏曲、章回体小说，也都非常注重悬念，说书人常常在情节的紧要处戛然而止，“欲知后事如何，且听下回分解”，这利用的就是悬念。悬念之所以有如此强大的魔力，是因为它深深地根植于人类的好奇心。

近年来，悬念技巧的运用已经渗透到各种类型的电视栏目中，许多栏目都在朝着故事化、悬念化的方式发展，例如央视的《探索·发现》，每一期都会为观众讲述一个悬念丛生的故事，著名文化类节目《百家讲坛》中也处处可见悬念的踪影。电视制作人不约而同地认识到了悬念的“灵验”，作为故事类节目的栏目剧自然更应该谙熟运用悬念的技巧。

广东的栏目剧面临着异常激烈而残酷的市场竞争，不仅要跟本地电视台竞争观众，还要同香港等境外媒体争夺市场，因此，能不能抓住观众，保持他们对栏目的忠诚度，就成了摆在每一个电视人面前的挑战。只要节目稍稍失去吸引力，观众就会拿起遥控器，换到下一个频道，而要吸引观众持续看下去，悬念是必不可少的制胜法宝。

在《真实故事》中，悬念的营造主要有以下三种形式：

① 谭霈生：《论戏剧性》，北京大学出版社2009年版，第165页。

1. 预告片建构的悬念

试看下面这段预告词："漂亮女白领惨遭变态骚扰，为何变态对自己的行踪了如指掌？温柔体贴男邻居背地里无耻偷窥，难道恶魔就潜伏身边？危机步步逼近，究竟谁才是真凶？"（《小心隔墙有眼》）一连串的问号就已经营造了充足的悬念，看到这样的预告片，观众就难免产生想一看究竟的欲望。

在现代传播中，宣传和营销已经变得越来越重要，但是，为了提高节目的触达率，就要在预告片上下一番功夫。宣传片的镜头选择，预告词的写作，都要最大限度地营造出强烈的悬念，让观众在第一时间被栏目的内容所吸引。

2. 主持词营造的悬念

随着那熟悉的声音"观众朋友大家好，欢迎收看本期的《真实故事》……"主持人就出现在我们面前。栏目剧通常都会有主持人，这是它跟电影、电视剧很不同的地方。主持人的存在除了有助于提升栏目剧的品牌效应、导入故事、总结点评之外，还可以承担起一定的叙事功能，并能通过主持词营造悬念，"勾着"观众继续往下看。"主持人的开场类似于新闻的导语，他们在简单开场后通过扣押信息的方式迅速设置谜底式悬念，先做个故事内容的预示或是先揭示故事的某种迹象。在叙事的过程中，主持人巧妙利用旁白或者评论，将悬念贯彻于故事始终。故事发展每到关键时刻或是转折点会突然打住，主持人插入旁白或者评论，迅速抛出与剧情相关的问题，将总悬念暂时性搁置，通过延宕策略而形成悬念，使故事始终处于一种扑朔迷离的状态之中。"[①]

3. 剧情的悬念

剧情的悬念是这三种悬念里面最重要的一种，可以说，如果离开了

① 吴希媛：《我国电视栏目剧叙事研究》，南京师范大学硕士学位论文。

剧情的悬念，前两种悬念就成了无源之水，无本之木。剧情的悬念也是吸引观众持续观看的主要因素。在影视剧里，剧情的悬念一般分为两类：

（1）对剧中人物命运的关注。“人物命运的变化总是最能引起观众兴趣的因素，这是一种不需要进行‘设置’的悬念，当一个能让观众关注和同情的人物出场时，它便自然形成了。”[①]例如在《我们一起生孩子》这集故事中，痴情的男士遭到薄情妻子的抛弃，另一个女子又为了他失去了做母亲的权利，他们今后的命运会怎么样？这两个人能走到一起吗？他们会有孩子吗……正是对人物命运的这种关注，吸引着观众持续看下去。

（2）解开谜底的欲望。“当观众看到一个扑朔迷离的事件，或者发现了一个悬而未决的问题时，他们会自然地产生解谜的欲望。”这一类悬念往往设计感更强，对观众的吸引力也更直接，因此栏目剧经常应用这一种方式的悬念。例如一个案件发生以后，谁是嫌疑人，谁是无辜者，作案的动机是什么，他是怎么样实施的，剧作者已经清楚了谜底，但是往往会故意误导观众，让观众进入一种类似于猜谜的体验中，最后情节突转，谜底揭开的一刻，有的观众会体验到“原来如此”的惊奇感，有的则是“果然如我所料”的满足感，但不管怎么说，他们都很容易专心地看下去，跟着剧情进入到一种智力上的游戏，直到结尾。例如在《娇妻换宝马的阴谋》这一期故事，故事一开始就交代了一个抢劫强奸案，这个案件是谁做的，出于什么目的，随着剧情的展开，观众才发现，原来是丈夫为了在离婚时保住自己价值不菲的宝马汽车，跟人合伙来抢劫自己家的宝马，但是，很快他又意识到，他自己也是被算计的对象，在这背后，还有一个更大的阴谋……这种环环相扣的悬念，使得情节波澜起伏，不断推进，吸引观众不断地看下去。

① 周涌：《影视剧作艺术》，中国传媒大学出版社2005年版，第205页。

（三）性格鲜明的人物形象

在传统的文艺理论中，通常都把人物作为叙事艺术的核心要素，能否塑造出丰满鲜活的人物形象，成为判断叙事类文艺作品成败与否的最重要的尺度。

栏目剧同样注重人物形象的塑造，但是，在实际操作中，又并不恪守以人物为中心的传统观点，对于栏目剧而言，讲述一个精彩的故事有时候比塑造人物形象更为重要。

爱·摩·福斯特在他的名著《小说面面观》中，把人物区分为"扁平人物"和"圆形人物"，圆形人物性格比较复杂，表现了人物的复杂性或多面性，"其中包含的元素超过一种时，我们得到的就是一条趋向圆形的弧线了"。而扁平人物"也称类型人物，漫画人物，其最纯粹的形式是基于某种单一的观念或者品质塑造而成的，可以用一句话来概括"，福斯特认为扁平人物有两大长处：一是容易辨认，二是容易记忆，"我们大家都在追求永恒的东西，即使阅历很深的人也如此，在一般人看来，这也是艺术创作的主要原因，我们都希望看到经久不衰的、人物始终如一的作品，以作为逃避现实的寄托，这就是扁平人物受到青睐的原因"。

整体而言，《真实故事》里的人物大都属于扁平人物的范畴，他们的性格特征往往比较鲜明，观众可以很快辨认出来，人物的动机也比较鲜明，由这些动机引发的矛盾对抗也比较直接、强烈。在每集26分钟短短的时间内，《真实故事》通常不会过多地着力于复杂性格的人物形象的塑造，而是把重点放在故事的推进上，这正如好莱坞的类型电影，故事中出现的通常是一些性格固定的类型人物，不在人物形象的塑造上占用过多的剧情容量，而是更专注地向观众展现一个精彩的故事。这一方面是由于栏目剧单集时间的有限，不能分配太多的时间用来塑造复杂人物；另一方面，这也符合栏目剧的主要观众群体的欣赏习惯，符合栏目剧自身的规律。

除了人物形象的塑造，人物关系的建构也至关重要。许多剧作理论家都强调过人物关系的重要性，很多剧情上的疲沓、乏力，都是因为没有架构好人物关系。

《真实故事》中每一集通常只有三到五个主要人物，要在这几个人之间建构起巧妙的关系，这就决定了《真实故事》的人物关系相对来说比较集中。如果这几个人物之间没有建构起合理巧妙的关系，剧情也很容易流于单调、乏味。关于人物之间的关系，罗伯特·麦基有一个恰切的比喻：“把影片的全体人物想象成太阳系，主人公就是太阳，配角就是环绕太阳的行星，小角色就是环绕行星的卫星——所有这一切都由位于中心的明星的引力固定在其各自的轨道上，他们每一个人都对其他人的性格潮汐起着推波助澜的作用。”可以说，从本质上而言，“是主人公创造了其他人物。其他所有人物之所以能在故事中出现，首先是因为他们与主人公的关系以及他们每一个人在帮助刻画主人公复杂性格维方面所起的作用”[①]。

（四）快节奏的叙事

1. 较快的叙事节奏

现代观众已经习惯了快节奏的生活，他们越来越不能容忍拖沓的故事讲述，而习惯于快节奏的叙事。要提升故事的节奏，首先就要从剧本上做起，在写剧本的时候，编剧就要注意故事的构建，怎样编排剧情才让故事更加紧凑，更加有张力。在具体操作中，我们通常了解的一个故事，不会从开头、缘起向观众慢慢展开故事，而反倒在故事矛盾、冲突最激烈的“节点”，或是拎出故事最吸引观众的那一点，开始剥开、解构整个故事，让观众如坐过山车，惊呼进入，酣畅到头。

① ［美］罗伯特·麦基著，周铁东译：《故事》，中国电影出版社2003年版，第445页。

2. 快速地转场

一集26分钟的《真实故事》通常会有20个左右的场景，平均下来，每个场景就一分多钟，这样，能够加快叙事节奏，也避免因一个场景内过多的对话而让观众感到审美疲劳。

（五）口语化的台词

1. 台词口语化，注重真实性

《真实故事》非常注重台词的生活化，人物所讲的内容、讲话的方式，都要符合人物的性格、身份、社会地位和文化程度等，在台词上就要体现出真实性。要生活化，口语化，方言化。摆脱电视剧式的人物对话，要求演员把书面的语言变成自己的语言，以最自然最生活的状态来说台词，不要咬文嚼字。

2. 对白片段化，较少长篇大段的对白

《真实故事》的对白大都非常凝练，极少像电视剧那样的长篇大段，甚至明确地要求“连续的对话不能超过一分钟，以人物行动与事件进程来推动剧情的发展”，这样自然也加快了故事整体的节奏，适应了广东观众快节奏的欣赏习惯，同时也避免了大段的对话造成的单调感。

3. 以粤语方言为主，呈现出岭南文化的特点

究竟是用普通话还是粤语，《真实故事》在创作过程中有过犹豫。因为定位于普语频道，并且承接的是普通话电视节目，《真实故事》在2010年前选择以普语为主。但经历了收视低潮之后，栏目组分析了受众市场及栏目剧的特有规律，从演员对话到主持旁白，选择以粤语为主。

以粤语方言为主，在台词上也体现出岭南文化的特征。台词中的广东本土方言、俗语比比皆是，其中有一些甚至很难翻译成普通话，只有粤语才能表达出那种韵味与质感。这样就拉近了《真实故事》与本土观众的距离，浓浓的广东味，让观众看着、听着会感觉非常亲切，遥控器也停在了那个频道。

第二节 并非机械的身体——摄像的眼睛

英文摄影（cinematography）这个词的词根来源自希腊语，意思是“用运动书写”，像任何电影和电视剧一样，拍摄是栏目剧制作过程中的一项核心流程，但是，“摄影绝不仅仅是拍摄这一举动。摄影师把创意、动作、情感、气氛以及其他一切非语言的交流形式综合起来，并以视觉形式表现出来的过程”[①]。

作为栏目剧的《真实故事》拍摄，更多遵循的是现实主义拍摄风格，室内室外以自然光和自然环境为基本拍摄对象。

一、现实主义的影像风格

美国著名电影学者路易斯·贾内梯在《认识电影》一书中，将影片分为现实主义、经典主义和形式主义。其中，现实主义“力求复原现实表像，尽量减少失真。在拍摄事件和物件时，电影导演力求呈现生活本身的丰富性。……现实主义派力求保持一种幻象，他们的影片世界是未经处理的真实世界的客观映像”[②]。可以说，《真实故事》正是坚持了这样一种现实主义的风格，国内大部分栏目剧多体现的也是现实主义的拍摄风格。

在意大利新现实主义电影崛起之前，曾经一度流行着一种被称为“白色电话机”的影片，这类电影热衷于展示上流阶层精致优雅的生

① [美]布莱恩·布朗著，潘紫径译：《电影摄影技巧》，中国电影出版社2009年版，第38页。
② [美]路易斯·贾内梯著，焦雄屏译：《认识电影》，中国电影出版社2007年版，第2页。

活，而富足的家庭中经常装有白色的电话机，因而得名。这些影片远离百姓真实的生活，内容虚假、造作，因而受到了有良知的社会人士的广泛批评，取而代之的新现实主义电影在宣言中就声明要贴近百姓真实的生活，呈献给人们一个真实的意大利。

无独有偶，在中国，当一些满是俊男美女、灯红酒绿的电视剧覆盖银屏之时，《真实故事》如当年的新现实主义电影，采取了直面现实、真实地再现百姓生活的态度。作为广东首个栏目剧，《真实故事》一开始就祭出追求真实性的大旗。栏目剧不同于电影虚构的梦幻工场，也不同于电视剧艺术化的序列叙事，栏目剧更像现实生活的一个“横截面”，追求真实是它生存和取胜的一大利器。始终注重故事真实性的六法则，即事件的真实、逻辑的真实、情感的真实、语言的真实、细节的真实和表现方式的真实。

这种真实首先体现在影像上的真实。在外景拍摄时，《真实故事》力求呈现客观环境的原貌，展现真实的民生常态。例如《老妈跌倒在陌生的城市》这一集中，不少母女之间的戏是在菜市场完成的，拍摄的地点就在广州黄村菜市场，这就真实而生动地再现菜市场里面的情景。另外，还有在工地、在天桥下、在菜地里、在珠江边、在小区里、在繁华的闹市……这些外景如实地再现了市民生活的真实环境，观众看着也会有一种亲切感。

除了这些外景，《真实故事》的内景也如实地呈现了市民的饮食起居，家里的摆设布置，无论是豪华气派的富商豪宅，还是优裕雅致的中产之家，抑或是简陋清贫的底层居室，在《真实故事》中都有真实的再现。

二、多机位，多角度

与一般的栏目剧比起来，《真实故事》的镜头是非常丰富的。很多栏目剧在拍摄手法上较为单调，许多对话和动作场面都是一个镜头下来，这样，固然缩短了拍摄周期，降低了拍摄成本，但却往往是以牺牲影像质量为代价的。观众长时间对着单一的固定镜头，难免会产生枯燥、厌倦的感觉，他们虽然可能说不出这其中到底是什么原因，但现代观众的感觉是已经被训练得非常敏锐的，他们能够“感觉”到这里面有问题，从而影响到他们对栏目剧的评价。

《真实故事》从一开始就在拍摄方面对自己提出了较高的要求。正如我们前面提到过的，广东的电视市场竞争激烈，这势必要求我们提升节目质量，具备核心竞争力。为了让观众避免因为镜头的呆板而感到枯燥、乏味，在拍摄时，《真实故事》通常会选取多个机位，从多个角度来展示某一动作或者对话段落，然后在后期制作的时候再流畅地剪辑到一起。这样，观众在观看的时候，丰富的镜头能够持续激活观众的观看兴趣，也能提供更大的信息量。

但同时，多机位多角度，并不是意味着可以随意选择机位，随心安排拍摄角度，如果那样的话只会带来杂乱无章，视点混乱，还会掉入刻意“炫技”的泥沼。在拍摄时，虽然角度丰富，但这背后还有着剧情内在的要求、人物情绪的要求、视点统一的要求等等，这些要求跟镜头的丰富性是矛盾而又统一的，关键是创作者在实际拍摄时把握好这个“度”。拍摄角度虽然新颖、有趣，但是如果造成了视角的混乱，脱离了这一场戏所要重点表达的情绪，那也只有割爱。《真实故事》自2006年开播以来，在影像质量方面一直受到观众的普遍认可，能够让观众感觉比一般的栏目剧要“精致”一些，这跟《真实故事》在摄像方面的努力是分不开的。

三、追求动态感的影像

《真实故事》非常注重镜头的动态感，尽量避免大段出现过于呆板或沉闷的镜头，用动态镜头来刺激观众的注意力，以保持对观众的新鲜感，加强运动镜头的大量运用，如晃动、跟拍。这样，既能增加真实感，让画面更丰富，又能加快视觉节奏，哪怕是相对平静的故事段落也有动态感。

而所谓的动态感，是通过传统意义上的推拉摇移跟镜头来完成的，这在《真实故事》的拍摄过程中，体现得极为明显：

（一）推镜头

推镜头是“摄像机向被摄主体的方向推进，或者变动摄像机镜头焦距使画面由远而近使被摄主体不断推进的拍摄方法”[①]。在《真实故事》中，推镜头可以用来引导观众的视线，例如从起幅的全景推至落幅的特写，让观众看得更清楚，同时也强调了要观众注意的重点内容。除此之外，推镜头还能传达一定的情绪内容，比如主人公突然感到惊愕，或者发现让他难以相信的真相时，就常用急推镜头传达这种情绪。由于在栏目剧制作中较少使用轨道，手持摄像机推进的时候容易造成镜头的不稳定，因此这些推镜头效果大部分是通过改变焦距来获得的，这会造成透视关系有轻微的变化，但因为电视屏幕较小，这种变化并不明显，通过改变焦距来获得推镜头效果是电视剧和栏目剧中广泛采用的一种拍摄方法。

（二）拉镜头

拉镜头是被摄对象不动，摄像机后退，逐渐远离被摄对象，或者是变动摄像机的镜头焦距使画面框架由近而远，使被摄物体不断拉远的拍摄方法。

拉镜头可以表现主体和环境的关系，表现被摄主题所处的环境。另外，在通过特写来转场的时候，由起幅的特写拉到全景，自然地就过渡

① 袁奕荣：《电视摄像与高清摄像技术》，上海大学出版社2009年版，第153页。

到了下一个场景。另外，当主体将要运动时，通过拉镜头，在画面上为主体的运动提供充分的空间。拉镜头还可以表现疏离和距离感，例如其中一个人物发现对方变了，突然产生一种距离感。拉镜头还可以用来制造悬念，首先给出拍摄主体的一个局部或者一个动作，然后镜头慢慢拉开，这时候观众才得以看到主体的脸等等。另外，拉镜头可以形成多构图画面，通过拉镜头，画面的结构关系及构图样式连续地或间断地发生变化，可以拉出不同的构图形式。同样，在《真实故事》的拍摄中，拉镜头效果也主要是通过焦距的改变来获得。

（三）摇镜头

摇镜头是指摄像机的机位不变，而摄像机镜头可以左右、上下直线或其他线形运动的拍摄方法。摇镜头是在拍摄中运用最多的一种镜头运动方式，这种拍摄方法在影像叙事的过程中起到了非常广泛的作用。

第一，摇镜头可以呈现主体的运动。当一个主体在画面内横向运动时，为了避免主体出画，可以通过摇镜头一直跟拍运动着的主体，例如摇拍汽车的行驶或人物的走动等，这在《真实故事》中应用得非常广泛。

第二，摇镜头还可以用于介绍环境。通过摇拍就可以突破固定镜头的限制，向观众更全面地展示环境空间，例如在一个小区或者停车场内的摇拍等等。

第三，摇镜头可以引导人物出场。例如在拍摄时，先给出一处公园里的空镜，镜头摇，主体人物出场。

第四，制造悬念。摇镜头也可以像拉镜头那样，制造悬念，在镜头摇但是人物未出场的时刻，观众会自然地期待看到将出场的到底是什么。

（四）移镜头

移镜头是指将摄像机架在活动物体上随之运动而进行的拍摄，也称移动镜头或移动拍摄，在《真实故事》的拍摄过程中，较少使用轨道或者摄像车，移动的方式通常是肩扛或手持拍摄。移动拍摄可以使画面框架始终处于运动之中，画面内的物体不论是处于运动状态还是静止不动，都会呈现出不断移动的趋势。在进行移动拍摄时，要解决的问题是防止摄像机的晃动。走动拍摄时，要双膝弯曲，小步移动，腰部以上要正直，不受脚下的走动干扰，尽量使传到肩上的振动减弱。例如在《邻居大战》这一集中，在表现邻居两家由争吵直至大打出手时，在几个人物间设计了精巧的摄像机移动，流畅地完成了叙事要求，也避免了将镜头切得过于零碎。

（五）跟镜头

跟镜头是摄像机始终跟随被摄主题的运动一起运动而进行的拍摄，也称跟拍。由于拍摄角度的不同，又可以分为前跟、后跟、侧跟三种情况。

前跟是摄像机从被摄主体的正面拍摄，摄像者随着被摄主体的前进而倒退。侧跟是摄像机从被摄主体的侧面跟随拍摄主体。后跟是摄像机从被摄主体的后面拍摄，摄像者随着被摄主体的前进而跟着前进。在实际操作过程中，《真实故事》也主要是采用了肩扛或手持的方式进行跟拍，但也会用到机械比如汽车等进行跟拍。在跟拍时同样要务必保持机身平稳，以免造成画面的抖动，另外景别和被摄主体在画面中的位置通常要保持不变。这都对摄像者提出了较高的技术要求。但应用得好的话，会产生很精彩的效果。例如当主人公潜入犯罪分子的巢穴时，从后面的跟拍能够带来强烈的紧张感，让观众仿佛置身其中。

四、写实主义风格的光效

在影视摄影艺术中，一般把灯光效果分成三种：戏剧光效、绘画光效和写实主义光效。《真实故事》主要采用的是写实主义光效的照明风格。写实主义光效要求在灯光效果上较为真实、自然，贴近事物原有的光影形态，不做过多地修饰或者美化，具体而言，这种写实主义风格的光效又分为两种——真实光效和自然光效，其中，真实光效“在追求纪实美学方面更为极致”①，“它完全还原场景的照明，丝毫不加修饰。真实光效只要有足够的亮度就可以进行拍摄，现场的光线就是唯一的光源”。而自然光效虽然也同样追求光线的写实性，但却“并不刻意坚持使用场景现场的光源，一旦发现可能出现曝光不足的情况，‘自然光效’的创作者们会通过额外的人工光源，模仿现场光源的光线结构，达到曝光要求与还原现场光线的目的”②。

在实际拍摄过程中，《真实故事》虽然也会大量采用不加修饰的现场真实光线，但是，也并没有刻意地坚持“真实光效”的要求，可以说，《真实故事》基本上采用的是“自然光效”的处理方法。“‘自然光效’会真实地呈现光的照明性质、光线投射方向和高度，也会正确处理室内与室外、受光面和背光面、人物光和环境光的关系等等，从而在画面上营造了丰富的立体感、空间感、层次感和质感，即创造了真实的造型空间。由于‘自然光效’追求真实的光线照明效果，反对‘戏剧光效’刻板、不变、过重的人为痕迹的光线处理，所以它在画面中显出光的造型多样性、多变性、丰富性，并且使人物光的造型与环境光的造型统一和谐，使整体的气氛真实可信。”③ 正是由于在光线效果上坚持了写实主义的风格，才进一步强化了节目定位上所着力营造的“真实性”。

① 梁明、李力：《影视摄影艺术学》，中国传媒大学出版社2009年版，第224页。
② 梁明、李力：《影视摄影艺术学》，中国传媒大学出版社2009年版，第229页。
③ 梁明、李力：《影视摄影艺术学》，中国传媒大学出版社2009年版，第229页。

第三节 胸罗万象八阵图——此导演非彼导演

一、现实主义的导演风格

我们首先来看一份在电影史上有着重大影响的《道格玛宣言》：

1. 影片的拍摄必须在场景的现场完成，不得取用道具和设计、加工场景（若道具是必须使用的，则道具必须是可以在拍摄现场被找到的）。

2. 声音的制作不得和影像的制作分离，反之亦然（音乐处分就存在于影片拍摄的现场，否则不得使用）。

3. 所有的镜头必须使用手持摄影，不得使用任何稳定器。

4. 必须是彩色电影，且不得使用任何非现场原有的灯光进行拍摄。若是光线太弱不足以曝光，该场戏就必须被取消，或是只能使用附加在摄影机上的单一灯光。

5. 禁止使用滤光镜。

6. 影片不得用浅薄的动作填塞，不得出现谋杀、武器等等。

7. 禁止背离当时和现场，影片就必须发生在当时和当场。

8. 不接受类型片。

9. 必须使用35毫米的底片进行拍摄。

10. 电影导演不得冠以作者之名。更进一步说，我发誓，作为一名导演我要压抑住自己的个人品位。我最主要的目标就是从角色和场景里逼近真实。我发誓只使用所有我可以去用的手段、可运用的美学观点进行拍摄。

这份电影史上著名的《道格玛宣言》，1995年3月13日，由拉斯·冯·提尔（Lars Von Trier）和托马斯·温伯格（Thomas Vinterberg）在丹麦首都哥本哈根提出。它用摩西十戒般的庄严态度，提出了电影拍摄中的十点戒律。针对以好莱坞为代表的商业电影的虚假、浮华的趋势，《道格玛宣言》逆潮流而动，几乎要电影拍摄回到简单素朴的原始状态中去。这份近乎苛刻的宣言，虔诚地表达了这批创作者们对于“真实”的追求。这份宣言一经发出，很快就得到了世界范围内的热烈呼应，这也正说明了人们对于真实发自心底的普遍呼唤。

在不少栏目剧泛娱乐化的潮流中，《真实故事》并未随波逐流，而是祭出了“真实”的大旗，把“真实性”作为自己的生命线。从导演层面讲，这种真实性主要体现在以下几个方面：

一是人物造型的真实。

《真实故事》里的人物大都有着真实的原型，有着扎实的现实基础，从人物的身份、职业，到衣着、神态、言行、举止，都植根于真切的市民生活。在导演的时候，务必要求人物从外在的衣着举止，到内在的情感体验都要贴近真实的、活生生的人物，在《真实故事》中广泛出现了诸如白领、老板、快递员、厨师、民工、乞丐、服务员、小偷、人贩子……在这些人物的造型上，就要花费一番心思，特别是通常较少接触到的边缘群体，要演得“像”，首先就要花费很大的力气去观察这一类人物的外在特征，其次还要揣摩这些人的言行举止，还有他们独特的精神气质。只有这样，才能在指导演员的时候做到心中有数，让演员演得“像”，观众在看的时候也觉得真实可信。

二是情感的真实。

情感的真实包含两个层面：其一是故事中人物情感的起承转变要合乎人之常理，也就要求群众演员要有直接或间接的生活阅历，要能用常人的朴实情感变化来避免表演痕迹；其二是导演在指导群众演员表演时，让他们的再现有体验感，要能替代并换位于角色，感人物所感，想人物所想。要做到这一点，不仅仅是有了技术上的导演技巧就可以的，更重要的是要有情感和智慧上的准备，能够真切地理解剧本中的人物，只有导演首先自己做到了这一点，才能够引导演员设身处地体验这些人内心的想法和情感，为他们指出通往恰当表演的情感体验方式，帮助演员找到“感觉”，从而达到人物的真实。

三是环境的真实。

除了人物造型和情感的真实，环境的真实与否也是影响最终影像风格的一个重要因素。《道格玛宣言》中就特别提到了“影片的拍摄必须在场景的现场完成，不得取用道具和设计、加工场景（若道具是必须使用的，则道具必须是可以在拍摄现场被找到的）”，很多栏目剧在拍摄的时候，限于成本低、周期短，对场景的要求也相应地放松，只要能“凑合”就行。虽然我们并不是要求栏目剧在拍摄的时候像《道格玛宣言》中要求的那样绝对、苛刻，但是，过于粗糙的场景必然容易使观众感觉到“假”，也会影响到他们对整个栏目剧的评价和预期。《真实故事》在选择场景的时候，非常重视场景的真实性，凡是故事中出现的市场、街头、酒店、小区、厂房、菜地、江边等，都会到现场取景，确保环境的真实，人物活动的室内场景，也是真实地再现了符合人物身份的居住环境。这就要求导演在选景的时候，严把“真实性”这一关，而不能为了降低成本或赶工期而“将就凑合”。

二、面向非职业演员

栏目剧的演员大都是非职业或者半职业演员，这些演员大都爱好表演，有着强烈的表演兴趣，但是通通没有经过系统的训练，许多人认为这是制约栏目剧质量的一个瓶颈。真的是这样吗？

分析整个世界电影史，“许多电影理论家们发现，一些世界上有名的导演拍摄的世界上最有影响的电影并不都是用专业演员获得的”[①]。前苏联著名的电影导演爱森斯坦在他所有的无声片中，使用的全都是非职业演员，普多夫金也使用了大量的非职业演员，不过他通常是用这些演员来做配角。“电影手段的基本特点——真实性却要求这类表演尽可能自然。如果他的镜头中有一个角色是一个工人，导演就应当找一个真正的工人来扮演这个角色；当然这个工人是在导演的指示之下表演某些动作，不过他不必要按照剧场的要求来表演，因为他整个的表演主要将由导演通过剪辑手法来创造。这样的非职业演员，一定能比那些受过舞台训练的专业演员更真实、更有说服力，因为专业演员虽然换了服装，经过化妆，到那时他们表演的都是他们在现实生活中所不熟悉的动作。”[②]

法国著名电影理论家巴赞也非常认可非职业演员的表演。他在分析意大利新现实主义的导演德西卡请非职业演员出任男主角并获得巨大成功时说：“新现实主义要求演员先存在，后表现。这种要求绝不意味必须抛弃专业演员。但是，它自然倾向于用普通人物来代替。物色演员的唯一标准是看他的一般行为举止，他对戏剧技巧的无知并非积极的必要条件，而是摒弃表现主义‘表演’的一种保证。对德西卡来说，布鲁诺就是身影、相貌、步态。”[③]

在我们国内，著名导演张艺谋在《一个都不能少》的创作回顾中说：“我们找的每一位演员在电影中的职业与他们现实生活中的职业是一致的，他们在电影中的生活与现实中的生活具有一致性，等于让他们自己演自己，比如，电影中的学生、老师、电视台的台长、饭馆的经理

① 邵长波：《电视导演应用基础》，中国广播电视出版社2004年版，第246页。
② [英]欧纳斯特·林格伦著，何力、李庄藩译：《论电影艺术》，中国电影出版社1979年版，第156页。
③ [法]安德列·巴赞著，崔君衍译：《电影是什么》，中国电影出版社1987年版，第332页。

等任何人，在现实中也一定是同样的职业，这样做，很容易做到让他们自己表达自己。”①

由此可见，启用非职业演员并不一定就成为栏目剧的先天劣势，关键是看怎么“用”这些非职业演员，“从影视艺术再现生活这一特性来说，影视表现应该具有极大的兼容性，不论是职业演员或非职业演员，都可能惟妙惟肖地再现生活和创造比生活更具典型意义的形象”②。用得好的话，通过非职业演员可以取得更加真实自然的效果；如果用得不好，可能就会让表演显得生硬、拘谨，这就对导演提出了较高的要求。

《真实故事》的导演们在面对非职业演员的选择和指导上积累了丰富的经验，这主要体现在以下几个方面：

第一，建立在彼此尊重基础上的有效沟通。

导演与演员之间要建立一种什么样的关系？不同的导演有不同的主张和做法。美国学者玛丽·奥勃莱恩在《电影表演》一书中曾说：“导演和演员之间总是存在一种特殊的关系。很多讨论都集中在演员是否作为导演想象的棋局中的卒子上面。有一种是演员的导演，他们尽可能去启发演员的想象力，增进演员的才能；也有一种是行动的导演，他们像使唤马匹那样吆喝演员。”③

《真实故事》面对的主要是非职业演员，这些演员的表演技巧和基本功可能薄弱一些，但却往往有着更敏感的自尊心，因此导演在跟这些演员沟通的时候，尊重和理解就显得尤为重要。这也是人与人相处过程中自然的要求。当这些演员表演得不好的时候，如果导演采取粗暴的态度或者训斥，那他们可能更紧张，更无所适从，自然流畅的表演也无从

① 《当代电影》，1999年第2期。
② 邵长波：《电视导演应用基础》，中国广播电视出版社2004年版，第249页
③ ［美］玛丽·奥勃莱恩著，纪令仪译：《电影表演》，中国电影出版社1993年版，第83页。

说起，因此，导演在跟非职业演员交流的时候，要注意保护演员的敏感的自尊，使演员得以在自信、放松的舒展状态下进行表演。

第二，在演员的选择上，尽量选择真实身份、职业与剧中人物相近的演员。在选择演员的时候，要从剧本的要求出发，选择那些在现实世界中从事的工作、职业，或者性格、气质跟剧中人物相近的演员。因为非职业演员表演的灵活性和可塑性往往弱一些，表演跟他们真实的自我相差太远的角色，就有可能会顾此失彼，生硬牵强，但是，如果表演跟他们真实的自己相近的角色，他们的表演有可能做得比职业演员更真实、更自然，因为角色的生活、气质就是他们自己的呈现，这样的表演自然也容易让观众信服。

第三，通过蒙太奇处理，遮蔽非职业演员一些生硬、不自然的表演，让最终呈现在屏幕上的效果更自然、流畅。对于表演不到位的地方，可以采用多次拍摄的方法，甚至把一段较长的台词分解开来，让演员一句一句地讨，在后期剪辑的时候再用蒙太奇的手法把这些镜头流畅地剪辑到一起。

第四，“导因，不导果。”著名导演赖声川曾说他导戏，是导因，不导果。

对栏目剧来说，这更是一条行之有效的导演规律。如果直接要求非职业演员把表情做到什么样的效果，他们可能无从下手，不知道如何操纵自己的面部肌肉，来传达出适当的情绪，但是，如果给他们解释清楚这是一种什么样的情境，此时他们处于一种怎样的状态，那么，情绪往往会自然而然地流淌出来，他们的表演也就更真实、自然、可信。

三、动态化的场面调度

为了克服许多栏目剧在视觉上沉闷、单调的缺点，《真实故事》非常注重影像的动态化。要达到这种动态化的要求，除了后期在剪辑上的处理和补救，更重要的是在拍摄的时候导演就有明确的动态化的意识。这主要从以下两个方面着手：

第一，演员调度的动态化。

只有让演员动起来，整个画面看起来才会是活的，因此，演员的调度就格外重要。在这方面，《真实故事》非常注重“动态化”的效果，通常都会为剧中人物设计丰富的动作，有着多年《真实故事》制作经验的马玉亭曾说：“在拍摄的过程中，我们时刻注意调度演员，能让人物对话在动作中完成的，尽量不让他坐下来。”

栏目剧中通常有很多对话段落，如果演员只是面对面坐着，你一句我一句地背台词，那么整部剧下来，可能都是演员在那儿坐着说话，这样观众很容易感到沉闷、乏味，因此，在处理这样的场面时，要在对话之外为演员设计丰富的动作，最好让他们在动作的过程中完成对话，不光是说话者要有动作，听的人也要有动作，有反应，“在对话中只有两种类型的镜头，就是动作镜头和反应镜头。电影人常过度关心动作部分，但事实上我们从反应镜头所得到的信息，是和我们从动作上所得到的信息一样多的”①。反应镜头也不一定是面部特写，也可以是他不安地捏着酒杯的样子，或者他在地上挪动着的脚，或者任何能够揭示此时他的情绪反应的可视化动作。这些动作的引入，可以使整部剧呈现出更好的动态效果。

第二，摄像机调度。

在影视剧拍摄中，场面调度除了演员调度，还包括摄像机调度。灵活巧妙地调度摄像机，也有助于形成动态感十足的镜头。在前文中，已

① ［美］史蒂文·卡茨著，王迎兆、王旭锋译：《电影镜头设计：从构思到银幕》，世界图书出版公司2010年版，第221页。

经对《真实故事》中摄像机的运动进行了详细的分析，这里就不再重复论述。摄像机的运动不仅仅是摄影师的工作，同时也是导演在分镜设计时就应该考虑到的事情。在实际拍摄时，摄影师也往往是在导演整体创作构思的指导下完成摄像机的运动，如何调度摄像机，自然也是导演工作的一个重要组成部分。

第四节 缩小的终端——制片的地下潜存

首先，让我们一起来看看下表：

部分电视台栏目剧成本一览表

电视台	栏　目	投放周期	投入资金	时　长	人　力
重庆电视台	《雾都夜话》	日播	20000元/集	45分钟	20人/集
济南电视台	《真实再现》	3集/周	5000元左右/集	25分钟	5—6人/集
浙江台教育科技频道	《大侦探西门》	周播	10000元左右/集	30分钟	6人/集
湖北电视台经济频道	《经视故事会》	2集/日	10000元左右/集	25分钟	5—6人/集
陕西电视台	《都市碎戏》	日播	按收视率，均价12000元/集	30分钟	外包
江苏卫视	《新三言二拍》	周播	15000元/集	25分钟	6人/集
浙江电视台影视娱乐频道	《本塘第一剧》	日播	20000元/集	30分钟	15—16人/集
江苏广电总台影视频道	《百姓聊斋》	日播	30000元/集	60分钟	10人/集
SMG综艺	《百家心》	日播	20000元/集	40分钟	15—16人/集

（数据来源：《中国广播影视》2007年1月下半月刊）

从这份表格可以看出，电视栏目剧的制作成本每集通常在10000—20000元，人力大多是在10人以内，只有少数每集播放时间较长的超过了10人。比起电视剧每集动辄十几万元到几十万元的制作成本和几十人上百人的制作团队，栏目剧可以说是真正的低成本、小队伍，这也就决定了在制片方面，栏目剧与普通的电视剧有着很大的不同。

一、身兼数职的多面手

“制片人”这个名词最早源于20世纪20年代的美国，当时的电影制片厂老板为了控制导演开支、降低成本，采取了这样的管理制度，“也是美国电影制片领域为适应电影产业的激烈竞争，而逐渐形成的一套运作体制”[①]。20世纪40年代好莱坞开始出现了独立制片人，这使得美国电影业的体制和结构发生了很大的变化，60年代末开始影响到整个西方电视业。“制片人在国外是指影视产业生产的投资者或代理人，是电影拍摄的组织者和管理人。”

显然，《真实故事》的制片工作者并非这种意义上的制片人，他们的职责权限和工作方式都跟他们有着很大的不同。正是因为栏目剧制作低成本、小团队的特点，一位制片人往往身兼数职，除了统筹资金，还要联系场地、联系演员、准备道具……可以说，《真实故事》的制片都是集制片人、外联、剧务于一身的特殊工作人员，是非典型意义上的制片人。也正是因为他们忙碌而辛勤的劳动，这个栏目才得以为观众献上这么多精彩的故事。

① 高福安、宋培义：《电视剧制片管理》，中国传媒大学出版社2009年版，第6页。

二、快节奏、高强度的工作方式

如果你是《真实故事》的一名制片人，那么，在一期节目的拍摄过程中，你通常会按照这样的流程来工作：

拿到剧本之后，制片人首先要协助导演挑选演员。这个过程可能复杂而繁琐：从演员资料库里向导演推荐可能适合的人选，当人选确定下来以后，就要开始打电话，告诉他拍摄的时间、地点和薪酬等等，很可能对方不能前来，这样，又得重新联系其他候选人。为了防止有的演员在拍摄前突然不能到场，还得考虑好其他备选人员。

紧接着，制片人要负责联系好拍摄场地。这些场地可能有饭店、咖啡馆、酒吧、西餐厅，还有小区、市民家里……制片都要提前接洽好。

另外，剧中所需要的道具，也要由制片人负责准备。

等这些工作都做完了，进入了拍摄的阶段，制片人还要负责统筹安排拍摄顺序。在拍摄顺序的安排上，有时是为了就近转场的方便，有时是为了将一个演员的戏集中到一起，有时又是因为场地提供方准许使用的时间……这考验着每一个制片人的智慧。

除了安排拍摄顺序，制片人还要负责演员和工作人员的餐饮，提前定制快餐或者决定去哪一家吃饭等等。

在拍摄完成以后，演员要离开时，通常当场就要给演员结算工资。

等这一切都结束了，马上，又要开始着手下一集的拍摄……

《真实故事》的制片人正是处于这样一种快节奏、高强度的工作方式中。《真实故事》播出量巨大，拍摄任务十分繁重，这种高效率的工作方式已经成为他们日常工作的常态，在这个过程中，制片人自身也得到了较好的锻炼。

三、非职业演员

大量采用非职业演员是栏目剧拍摄的一个普遍特点，《真实故事》的制片人面临的一项主要工作，就是跟这些数量庞大的非职业演员打交道。这些演员的来源有两种：一种是来自《真实故事》演员培训班的学员，这样的培训班每个月都会有一期，为《真实故事》输送了大量的演员；另外一种，就是通过网上招聘、朋友介绍、散发传单等方式从社会人员中获取。《真实故事》的制片人要负责建立起相应的演员资料库，保存他们的招聘、联系方式等，还要熟悉这些演员适合的角色、脾气、性格等等。

这些演员在演戏之外，大都有自己主要从事的工作，因此，在让他们出演《真实故事》时，就要协调好他们的档期。另外，还要参照本地栏目剧演艺市场的通常价格来跟他们商谈具体的报酬。这些演员在出演时，多数情况下是穿着自己的衣服，因此，制片人还要提前跟他们商量好要带什么款式什么颜色的衣服。

在演员的使用方面，《真实故事》还要求演员重复出现的频率不能过高，并明确地规定在一定的时间段内一个演员不能重复出现。因此，这就特别需要不同的制片人之间及时沟通，提前安排好，并把要使用的演员姓名及时上报，避免演员的重复。

在面对非职业演员时，除了建立在相互尊重的基础上的良好沟通外，制片人还要照顾到演员的饮食乃至交通、住宿等问题，避免因为某些小节而让演员感到被忽略或是受轻视，同时，对于临时失约不守信用的演员，也要给予相应的惩戒（例如不再聘用该演员等），以维护规则和秩序的严肃性，防止其他演员效仿。另外，在商讨片酬时，制片人也需要一定的洽谈技巧，在演出之后，还要及时地结算片酬。

作为一个缩小的终端，《真实故事》的制片人面对的是不一样的工作环境，不一样的工作对象，因此，也就需要不一样的工作方式。这里没有现成的制片套路可以供模仿，要他们自己去摸索，去总结，运用智慧，想尽办法去解决制片过程中遇到的一个又一个难题。正是他们辛勤、高效的幕后工作，保障了一期又一期的《真实故事》不断地被制作出来。

第五章

驶向蓝海

——剧化&栏目化，《真实故事》发展的两翼

2012年11月下旬，熊冠全球股市的中国股市有一只股票显得格外耀眼。连续三个涨停，四天上涨41.5%，宽慰了多少股民的心，激动了多少投资者的热情。该股票名字叫福建金森，代码002679，经营主业为林木种植以及出售。福建金森上市后长时间的“破发”。扶摇直上九千里，源于“美丽中国”概念的提出。

中共十八大首次将“美丽中国”的概念写入报告。何谓“美丽中国”？概念提出，除了是对远景美好目标的设定与追求，更为深沉的用意是基于当下中国与“美丽”二字的日渐远去。这种美丽的消逝和隐退，既是物质层面诸如自然山川、大地湖泊的不语大美，同时也是精神层面内心恬静、文化和谐的静穆单纯。

全球化特别是工业现代化给当今世界带来了四大冲突，引发了四大生态危机，而这四大危机，在中国当下社会体现得尤为明显。

一是人与自然的冲突，引发自然生态危机，生态失衡，水土流失，资源枯竭，环境污染，物种退化。二是人与他人的冲突，引发社会生态化危机。三是人与自我的冲突，引发精神生态危机。四是人与文明的冲突，引发文化生态危机。[①]

① 参见周月亮：《电视剧艺术文化学》，中国传媒大学出版社2006年版，第35页。

自然生态危机自然不用赘述，仅仅举两个简单的例子，就能引发振聋发聩的心痛。红树林由历史上最大面积的25万公顷，下降到目前不足1.5万公顷；呼伦贝尔大草原，挖掘机遍地开采矿产，草原被开发得满目疮痍。

伴随自然生态环境的恶化，在精神生态和文化生态方面产生的危机持续升温，人性扭曲，道德沦丧，心态失衡，抑郁丛生，这一精神面貌在当下中国体现得尤为明显。

2012年7月，龙应台登上开通不到两周的京沪高铁。因为列车发生故障中途停留，一男乘客差点对耐心解释停车原因的列车员拳脚相加。上世纪80年代，龙应台曾高呼“中国人你为什么不生气”，可面对京沪高铁上发生的这一幕，龙应台不能理解，“为什么中国人这么爱生气？”如果说要寻找原因，恰恰是改革开放30多年突飞猛进的社会改造、狂飙突进的精神变革，导致现在这么多人的“爱生气”。如同鲁迅当年所说的：中国人，轻家国而重乡土，勇于私斗，怯于公战。为公共利益不敢站出来，为一己之私却可穷尽所有的手段，这并非社会的进步，而是精神世界的危机丛生和道德溃败。

而正是从这个角度讲，“美丽中国”概念的提出，对于文化生态建设有着至为关键和重要的意义。

文化生态的组成繁复驳杂，广义上来讲，指的是人类适应环境而创造出来并身处其中的历史传统、社会伦理、宗教信仰、文艺活动、民间习俗等；从形态上讲，文学、戏剧、建筑、雕塑、绘画、影视等均属于其中。文化生态的提法出于美国文化人类学家斯图尔德，他在《文化变迁理论》中提出文化生态学的概念，从文化生态变迁的角度来研究人类适应环境、改造环境的过程。文化生态，是“从人类生命的生态对文艺的审视，深入到文艺的人性生命内涵的本原，这无疑是一种终极性的追问。把文艺学与生态学结合起来，既在两门学科边缘上对文艺的人学内涵进行探究，又在人与文艺的生态关联这个边缘地带对文艺的生态本性和功能进行思考，其学理思维的边缘性也十分明显。借助生态学所揭示的边缘优势效应，应当能对认识文艺的人学意蕴有所帮助”[①]。

电视栏目剧作为发展不足20年的电视节目形态，在中国当代特定的文化生态中发生，同时又称为文化生态的组成部分，见证并影响受众的精神状态，其作用，既不可过度夸大，亦不可小觑。

根据央视索福瑞的相关收视数字统计，电视栏目剧在各地的影响，无论是播出时长、栏目数量等，还是收视率、市场份额等各方面指标，都居各类电视节目形态前列。

与此同时，在社会文化转型、社会思潮驳杂的大背景下，如何抵御实用主义的侵蚀，消除急功近利的色彩，拒斥文化实践中的短期行为，强化对物质生活的否定性、对抗性和超越性，确立文化普遍、恒久、久远的价值目标，将是电视栏目剧面临的急切而又紧迫的任务。

居高声自远，非是借清风。当下电视栏目剧的发展，过于追求收视效益和广告效益，在收视率的高压指挥棒下，题材内容猎奇化、人物形象塑造偏执化、语言应用暴力化、审美品格媚俗化的趋势愈演愈烈。如何超越在“强调灾难和人类悲剧时，引起的不是净化和理解，而是滥情和怜悯，即很快就被耗尽的感情和一种假冒身临其境的虚假仪式”[②]，如何摆脱束缚的自由本性，超越对于世俗功利目的，凸显对于社会的启蒙功能和批判功能，用声音、色彩、图像谱写描绘一种与实际生活既相互交汇又有所提升的审美滋味，将是电视栏目剧始终关注的命题。

以广州市场为例，在最为激烈的竞争时期，广州同时存在七档电视

① 曾永成：《文艺的绿色之思：文艺生态学引论》，人民文学出版社2000年版，第1—2页。
② ［美］丹尼尔·贝尔著，赵一凡、蒲隆、任晓晋译：《资本主义的文化矛盾》，三联书店1992年版，第157页。

全国主要栏目剧收视情况表（2006.1—2006.8）

编 号	栏目名称	播出频道	收视率	市场份额	周平均到达率	人均收视分钟数	时段贡献
1	《雾都夜话》	重庆	4.63	13.81	35.0	26.6	16.8
2	《生活麻辣烫》	重庆	3.18	12.09	34.9	63.2	26.4
3	《都市碎戏》	西安	4.99	18.66	32.0	24.8	12.4
4	《狼人虎剧》	西安	2.89	9.25	25.5	26.8	16.6
5	《绝对故事》	济南	2.11	4.68	4.1	21.2	6.0
6	《真实故事》	广州	3.09	8.51	9.7	16.9	12.2
7	《新三言二拍》	南京	5.42	14.53	11.9	29.9	15.7
8	《爱情魔方》	长沙	1.69	5.47	10.2	16.6	4.2
9	《真情》	长沙	3.11	9.02	9.6	32.1	12.7
10	《故事会》	长沙	3.66	12.44	27.4	18.6	4.7
11	《婆媳一本经》	长沙	4.02	11.99	10.2	27.4	12.2
12	《经视故事会》	武汉	4.95	18.24	27.9	21.4	8.1
13	《本塘第一剧》	杭州	1.98	5.62	12.2	20.9	10.4
14	《绝对OK》	杭州	0.72	5.06	10.9	14.8	2.4
15	《大侦探西门》	杭州	1.88	5.50	4.5	17.6	6.6
16	《开心茶馆》	杭州	6.26	19.21	33.4	19.3	10.3
17	《麻辣烫》	成都	1.04	2.61	10.9	13.0	8.7
18	《欢天喜地对对和》	成都	0.94	3.59	11.6	24.5	7.4
19	《蜀人茶坊》	成都	0.64	1.94	14.3	31.6	5.8
20	《成都情事》	成都	1.86	4.68	12.8	11.2	5.1

栏目剧。而像成都、重庆、西安等地的竞争更为激烈，加上CCTV、省级卫视频道等，每个地区同时有近十档栏目剧存在的现象并不鲜见。这种竞争态势，体现在两个方面：

一是生产领域的竞争，包括演员、剧本、摄制等，尤其明显体现在群众演员高重复率上，原本成本投入不高的各个环节必然面临层层加价的必然。

二是消费领域，即受众市场的强势竞争。栏目剧的市场份额相对有限，在有限的份额占有情况下，更多竞争对手竞争栏目的出现，必然会导致早进入市场的节目品牌面临分流。

广州市场的七档电视栏目剧

栏　目	播出平台
《真实故事》	南方电视台经济频道
《夜倾情》	广东电视台珠江频道
《情动上下九》	广州电视台影视频道
《生活麻辣烫》	重庆时尚频道（与广东体育频道交换落地）
《博客奇谈》	广东卫视
《益街坊》	广东电视台公共频道
《世相夜总会》	华娱卫视

作为广东最早的栏目剧，《真实故事》的制作和市场份额面临来自市场后进入栏目的强势挑战，从收视率到收视份额都出现了很明显的下降。

收视数据上的强烈对比，一方面是因为从2007年1月1日起，《真实故事》由周播改为日播，同时也是因为《夜倾情》等栏目后发优势进入造成的结果。

《夜倾情》是广东电视台珠江频道于2006年12月全新推出的电视栏目剧，相较于《真实故事》，《夜倾情》在播出平台、语言选择及制作经费方面有明显优势。

本书第一章中已经说到，广东电视市场相较于国内其他省份，有其独特性，其一是语言选择上，广东话即粤语节目有天然的优势，普通话节目基本对粤语节目造成不了太大冲击；其二是境外九大频道合法落地，竞争对象除国内上星频道外又增加了境外传媒。

《夜倾情》的播出平台为粤语节目专业频道——珠江频道，收视率始终在广东所有落地频道中居于首位。

制作经费投入上，《夜倾情》单集费用是《真实故事》的5倍，即便前者时长是后者的两倍，差距也不可谓不巨大。

语言优势、经费优势、播出平台优势，三重优势夹击，《夜倾情》对《真实故事》的冲击十分明显。

在这样的市场竞争态势下，截至2012年底，《真实故事》的运营情况相对良好，作为广东最早开办的栏目剧，收视率、广告冠名在同类型节目中，始终居于前列。

从2006年初开播，《真实故事》开播近7年时间，从周播到日播，在见证了广东市场多档栏目剧的开播、停办的同时，自身的品牌影响力始终保持，并不断从广东扩大到全国，跟其战略定位于“蓝海”密切相关。

蓝海战略（Blue Ocean Strategy）最早是由W. 钱・金（W. Chan Kim）和勒妮・莫博涅（Renée Mauborgne）于2005年2月在两人合著的《蓝海战略》（商务印书馆2005年版）一书中提出。蓝海战略认为，聚焦于红海等于接受了商战的限制性因素，即在有限的土地上求胜，却否认了商业世界开创新市场的可能。运用蓝海战略，视线将超越竞争对手移向买方需求，跨越现有竞争边界，将不同市场的买方价值元素筛选并重新排序，从给定结构下的定位选择向改变市场结构本身转变。

用简单的话来解释：红海就是红色的大海，防鲨网的范围之内，水质混浊，营养贫乏，但是人很多，在这个小圈围之内不能出围，人人都竞争激烈；而相对蓝海就是蓝色的大海，防鲨网之外海之深处，水质和营养物都很好、很丰富，范围也相当广泛，竞争的人也少，蓝海竞争胜者将得到比红海多得多的利益。

如果说黑海战略是一个完全没有规律的残酷竞争你死我活的世界，

那么红海战略就是一个具有一定规律、有着一定共同准则被管理但仍是弱肉强食在黑海上取得一定进步的世界，需要胆识和强大的竞争力才能充当领头者。而蓝海更多的是创新与创意，是一场差异战。当今社会，红海战略仍占市场大部分份额，而以创意为特色的蓝海正在不断成长。并不排除在创新型社会中蓝海在未来占有优势的可能性。

典型的蓝海战略例子是太阳马戏团，在传统马戏团受制于“动物保护”、“马戏明星供方侃价”和“家庭娱乐竞争买方侃价”而萎缩的马戏业中，太阳马戏团从传统马戏的儿童观众转向成年人和商界人士，以马戏的形式来表达戏剧的情节，吸引人们以高于传统马戏数倍的价格来享受这项前所未见的娱乐。

栏目剧作为具有鲜明中国特色的节目形态，从籍籍无名到耳熟能详，走的是一种超常规的速度。非常规的高速发展，必然带来激烈的市场竞争。

整个受众市场好比海洋，这个海洋由红色海洋和蓝色海洋组成，红海代表现今存在的节目，这是我们已知的空间；蓝海则代表当今还不存在的节目，这就是未知的市场空间。

所谓的蓝海战略就不难理解了，蓝海战略其实就是超越传统节目竞争、开创全新的市场的战略。如今这个新的经济理念，日益从工商企业界转移到影视行业，媒体运营关注，必须转移到“蓝海战略”。

境界高远，自成高格。在应付日常的版面排播、研究收视规律习惯的同时，在现有栏目剧发展实践的基础上，《真实故事》始终坚持开辟蓝海的战略定位。

红海是竞争极端激烈的市场，但蓝海也不是一个没有竞争的领域，而是一个通过差异化手段得到的崭新的市场领域，在这里，《真实故事》凭借其创新能力获得更快的增长和更大的空间。

具体而言，这种蓝海空间的开拓，可以界定为两个维度：一是剧范畴内升级产品的开发，二是栏目范畴内的系列营销活动的开展。

第一节 以小博大，掀起剧风行动

电视剧吸引着最大量的观众，是占用我们最多闲暇时间的娱乐形态，这在信息发达、文化产品遍布的今天是个令人惊奇的现象。“是因为它提供了免费送到各家客厅的娱乐，还是因为它与我们的现实生活紧密相关？抑或，是因为观众对故事讲述和悬念的偏爱？”[①]即便理由不是那么容易找到，可不得不承认的一个事实是，电视剧确实是容易让人着迷的一种艺术，同时，也是容易在电视产业运营中占据核心竞争力的艺术。

栏目剧的升级突破空间转移如果设定为剧集领域，不失为良策。经过一定时间的发展，编剧、导演、演员、制片的储备如何转化为更为专业的剧集生产？

国内学者曾对电视剧的功能和价值做过相对极端的评价，认为其只不过是“利用妇女特有的情感方式，将电视媒介（肥皂剧）变成一种快感消费（哭泣就是一种快感），将剩余时间和剩余情感转化为剩余价值”[②]。权且不论这种说法是否武断，有一点切中影视剧的要害就是，快感消费对社会进程介入和影响的程度不够，一切似乎失去了内在的向心力，一切都在离心力的作用下纷纷散落，散落成现实生活的一地鸡毛。于是乎，影视剧自然而然成了“闲聊时代”的典型消费产品，闲聊的世界容不下丰满的理想和骨感的现实，爱情和婚姻才是永恒不变的主题。于是，偏于爱情的就成了偶像剧，偏于婚姻的就是伦理剧。而这两

① 郝建：《中国电视剧文化研究与类型研究》，中国电影出版社2008年版，第41页。
② 张柠：《文化的症候》，上海文艺出版社2004年版，第158页。

种剧集类型，恰恰是中国影视剧中比例最高的。

慎重考虑之后，《真实故事》的升级改造，目标恰恰对准的是这两种类型——偶像剧和伦理剧。但在这之前，首先内部裂变的，是时事栏目剧、法制栏目剧、新广产剧的渐进之路。

这里需要说明一点，本章的讨论更多以南方电视台《真实故事》为分析对象，个案研究相对不足，在此基础上探讨的更多的是业界创作动态转化成理论的可能性。

一、时事栏目剧：《京珠北》、贺岁剧及节庆剧等形态

古希腊有个“奥吉亚斯牛圈”的故事。The Augean Stable（s），源自古希腊神话中关于赫拉克勒斯的英雄传说。奥吉亚斯（Augeas）是古希腊西部厄利斯（Elis）的国王。他有一个极大的牛圈，里面养了2000头牛（一说3000匹马），30年来未清扫过，粪秽堆积如山，十分肮脏。宙斯同底比斯国王之女阿尔克墨涅所生的儿子赫拉克勒斯先在牛圈的一端挖了深沟，引来附近的阿尔裴斯河和珀涅俄斯河的河水灌入牛圈，而在另一端开一出口，使河水流经牛圈，借用水利冲洗积粪。这样，他在一夜之间将30年没有打扫过的肮脏不堪的牛圈，打扫得干干净净。

巧干加能干，正是“奥吉亚斯牛圈”所要表达的核心意思。但并非每一个人都像天神的儿子，有聪颖的智慧和绝高的能力，尤其是进入到并不十分熟悉的领域。

众所周知，栏目剧生产和制作的人员，多不具备戏剧创作的经验，具体到《真实故事》同样如此。

南方电视台作为最年轻的省级电视媒体，创建至今并没有独立的电视剧创作中心，《真实故事》的主创队伍来自于之前的一档电影模仿秀《大片show》，主要风格是对电影经典片段的重现、解构与颠覆。

片段的重现、台词的戏仿，解构之后，旨在娱乐。经过两年的队伍锻炼，人员的素质虽然得到极大提升，但想要操作专业的影视剧拍摄，为时尚早。

结合自身特点，以“春节系列”、系列片《京珠北》、“岭南民俗系列”等为代表作品的时事栏目剧成为了突破口。

栏目剧对真实性的强调往往甚于其他剧集形态，关键在于所要表达的真实是通过其特有的如主持人、新闻事件、群众演员等本身贴近现实、贴近真实的表现形式，来构造一种介入真实和虚构并存的真实。

所谓时事栏目剧，是指以重大社会事件为主要创作内容和表现对象的栏目剧。相较于故事化风格追求的其他栏目剧类型，时事栏目剧在真实性上有着更为强烈迫切的呈现。

时事栏目剧类型的提出，是在2008年4月《京珠北》拍摄时期。

2008年，自1月10日起在中国发生了大范围的低温、雨雪、冰冻等自然灾害。中国的上海、浙江、江苏、安徽、江西、河南、湖北、湖南、广东、广西、重庆、四川、贵州、云南、陕西、甘肃、青海、宁夏、新疆和新疆生产建设兵团等20个省（区、市）均不同程度受到低温、雨雪、冰冻灾害影响。截至2月24日，因灾死亡数百人，受灾人口已超过1亿。

因为灾情发生时值春节前夕，作为南方交通中心的广州积聚了大量旅客，而打通南北的主要高速公路京珠高速也多处受堵，其中，广东境内韶关路段尤为严重。

自然，栏目剧有其创作的规律和特点，对突发重大社会事件，不可能具有新闻报道的实效性，但在反映事件的深度和感染力方面，却具有不可同日而语的优势。

2008年底，拍摄制作周期达4个月的《京珠北》制作完成。作为时事栏目剧，《京珠北》突破了栏目剧惯常的家庭伦理领域，重现了2008

年春运期间，雨雪天、广东火车站、汽运站、高速路、收费站……处处人海车龙的盛景，将观众拉回到年初的春运时节。

2008年《京珠北》拍摄现场

作为我国第一部以南中国抗雪救灾为题材的大型时事栏目剧，《京珠北》集合了百名群众演员制作，演员均被要求穿着棉袄在烈日下和闷热的大巴里表现出冻得哆嗦的样子，通常一场戏拍完后，演员的里外衣服全部湿透。而大多数群众演员，很可能没一个正脸镜头，却必须每天坐在车上长达16小时，不能走动。

该剧制作拍摄在《真实故事》发展过程中有着举足轻重的地位，为《真实故事》在剧集范畴内的升级改造奠定了坚实的基础。

在2008年底举行的第三届全国电视栏目剧评优活动中，《京珠北》获得当年唯一的年度特别大奖。

而在此之前，2007年结合春节主题，围绕跟春节密切相关的事件，栏目组策划创作了七集春节系列，包括《回谁家过年》（来广州工作的小夫妻为究竟是回谁家过年而烦恼）、《金猪梦》（婆婆想尽办法推迟媳妇分娩的时间，期望得一个猪生肖的孙子）、《烦恼的年夜饭》（订不到年夜饭的烦恼）等，实际上也是时事栏目剧自觉实践的结果。

对重大社会事件和重大节庆内容的剧化表述是时事栏目剧的两大分类，相对而言前者具有不可预期性，操作和把控难度大，对于栏目剧创作更具挑战性；而后者时间相对固定，主题明显，核心概念突出，在时事栏目剧的创作中更容易操作，有成为时事栏目剧创作主流的更大可能。

需要说明的一点是，社会事件和重大节庆都可以作为时事栏目剧表现的内容，但并不是所有的节庆都是时事栏目剧表现的对象。“春节系列”之所以界定为时事栏目剧的范畴，关键原因在于，春节不仅是中国人的重大传统节庆日，同时也因为诸多原因成为了重大的社会事件，有着强烈的时效性和新闻热点在其中。国内栏目剧创作，多会选定相关的节庆时令主题为大背景讲述故事，比如，《真实故事》一般的编排规律会在清明节播出与逝去亲人有关的故事，端午节播出如因为粽子中的宝石而引发的故事等，但这种故事，不宜于归入时事栏目剧的范畴。重大社会事件才是时事栏目剧表现的重点内容。

时事栏目剧相较于日常栏目剧，具有以下几个特点：一是强调真实性，多元真实复合基础上呈现真实的重大社会事件；二是强调时效性，具有很强的新闻热点；三是集数较多，具有明显的连续性或系列性；四是拍摄场景较为复杂，场面更为宏大；五是非常规性，该种类型不可能成为日常播出版面的主要内容，各项投入相对较大。

分析国内其他栏目剧，以重大社会事件为主要创作内容，在“5·12”汶川大地震发生后，14集电视剧《震撼世界的七日》同样属于这一类型。

2008年5月12日，汶川大地震爆发，灾情严重，举国动容。2008年7月16日，《震撼世界的七日》由中央电视台播出。该剧仅用15天完成拍摄、10余天完成后期制作，“5·12”地震发生67天后就火速播出的电视剧，以纪实的手法记录下发生在灾区感人的救援故事，让无数观众动容。尽管该剧定义为大型纪实性电视连续剧，动用了陈宝国、蒋雯丽等大牌演员，但分析其几个特点，无论是真实性、时效性、粗糙感，均体现了时事栏目剧的特点。

2013年，《真实故事》继续将时事栏目剧这一概念延续，制作了反映雅安抗震内容的特别节目《震后七日》。

该系列，通过平实的镜头语言，拍摄灾区的各种身份的人——60岁的厨师、50岁的瓦工、40岁的东莞返乡打工者、30岁的长途司机、20岁的漂亮女孩、10岁的小学生……通过捕捉他们的眼神和日常生活细节，表现劫后余生的人们凌乱却不失坚定生活的信心，以及随着时间推移，重新上路的勇气。

该系列紧抓重大社会事件，雅安地震发生第七天，摄制组就跟随广东救灾物资抵达雅安重震区。拍摄视角拒绝俯拍和仰拍，通篇平视的拍摄角度，融入震区生活，关注于细微琐屑的生活细节。

时事栏目剧的出现，是从业者在栏目剧生产领域的一次可贵尝试，超越了家长里短、刑侦悬疑等传统题材，有效地提升了栏目剧介入社会、记录社会的功能，是在剧集创作范畴内对电视本质属性的体现。

二、自制短剧：以《家大欢喜》为代表的新广产剧

早在两千多年前，古希腊哲学家柏拉图就为我们讲了一则有关“洞穴”的寓言。在《理想国》第七卷，柏拉图作了一个著名的比喻，人

们一般称之为“洞穴喻”。在这个比喻中，柏拉图作了如下设想：有一个洞穴式的地下室，一条长长的通道通向外面，有微弱的阳光从通道里照进来。有一些囚徒从小就住在洞穴中，头颈和腿脚都被绑着，不能走动也不能转头，只能朝前看着洞穴后壁。在他们背后的上方，远远燃烧着一个火炬。在火炬和人的中间有一条隆起的道路，同时有一堵低墙。在这堵墙的后面，向着火光的地方，又有些别的人。他们手中拿着各色各样的假人或假兽，把它们高举过墙，让他们做出动作，这些人时而交谈，时而又不做声。于是，这些囚徒只能看见投射在他们面前的墙壁上的影像。他们将会把这些影像当做真实的东西，他们也会将回声当成影像所说的话。此时，假如有一个囚徒被解除了桎梏，被迫突然站起来，可以转头环视，他就可以看见事物本身了；但他们却以为他看到的是非本质的梦幻，最初看见的影像才是真实的。而假如有人把他从洞穴中带出来，走到阳光下面，他将会因为光线的刺激而觉得眼前金星乱蹦，以致什么也看不见。他就会恨那个把他带到阳光之下的人，认为这人使他看不见真实事物，而且给他带来了痛苦。

这则本来旨在说明教育重要性的故事，后来被人发现，与两千多年后方问世的影视剧有着惊人的相似。光影世界无论怎样趋近生活，始终只是趋近而不是生活，它给我们呈现的，尽管是几乎可以乱真的表象世界，但却始终是表象，而不是真实世界。

但同时也要看到，电视是人类有历史以来最为真实的记录工具，这一点上已然超越同体的电影艺术。电视各类形态的节目类型，不仅实现了人类最古老的梦想，让形象和记忆战胜时间，超越死亡，超越巴赞所谓的“木乃伊情结”，“同时成为了最为真实而客观的人类行为和历史的目击者”[①]。

① 戴锦华：《镜与世俗神话》，中国人民大学出版社2004年版，第2页。

电视栏目剧因为语言上采用方言表达，取景上区域风貌特征毕现，在传达某一特定区域的真实情景时具有天然优势，而新广产剧概念的提出和实践，正是基于广东特有的地理文化环境而提出。

如果说小说是一个民族的心灵秘史，那“电视是国家和民族的私生活”[①]。鲁迅也曾经说过，“有地方色彩的，倒容易成为世界的，即为别国所注意的”[②]。特定区域形成特定的文化场，即特定的时空里多种形态的文化碰撞、交汇与融合，从而形成特定的文化氛围。区域文化不仅深刻影响着当地人的思想观念、思维方式、生活习惯和行为准则，沉淀于人们的深层文化心理结构中，从而成为艺术创作反映和揭示的对象，并为之提供丰富的创作资源，而且在很大程度上影响着本土创作者的审美理想、美学风格、艺术技巧与艺术语言的运用。

2010年初，在《真实故事》运作的基础上，新广产剧《家大欢喜》第一部《橙出一片天》正式启动，其后，第二部《爱@幸福》（2012）、第三部《新广州故事》（2013）陆续开拍并同观众见面。

新广产剧概念的提出，基于三个参照维度，即港产剧、广产剧、自制剧。

港产剧，特指香港电视剧。港产剧在内地声名鹊起始于80年代的《上海滩》，之后，一些伦理剧、武侠剧如《义不容情》《鹿鼎记》等在内地掀起了一浪又一浪的收视高潮。80年代末至90年代初是港剧对内地影响最深刻的十年，它带来了电视剧创作的成熟方法，同时也促成了明星文化的传播。而因为地缘文化上的相近性，港产剧对广东地区观众影响较内地其他地区更大。

广产剧特指岭南电视剧，在业内影响力较大的是在上世纪80—90年

① ［英］哈特立：《看不见的虚构物》，《世界电影》1996年第3期。
② 《鲁迅书信集》，人民文学出版社1976年版，第528页。

代，在内容上着眼于急剧变革大时代背景下小人物的命运起伏，生动而丰富地展现了改革开放的时代环境。在题材的选择上，不限于儿女情长、悲欢离合的情感纠葛，而是把曲折动人的故事作为反映现实生活的载体，人物之间的感情往往是副线，代表性的作品如《情满珠江》《外来妹》《商界》等。

而自制剧，则特指南方电视台制作生产的自制剧集。自制剧的源头，可以追溯到1958年中国第一部电视剧《一口菜饼子》，当时在直播的情况下奠定了中国电视剧的开端。自制生产主体正是当时的北京电视台（中央电视台前身）。之后，随着市场化程度的加快，电视剧这一节目类型更多地市场化运作，从早期的自制剧逐步向购买剧为主。

恰恰是随着市场化程度的加剧，电视剧市场竞争日益激烈，对播出平台而言，所播出的剧目全部采用购买，“一方面价格昂贵，争抢激烈，另一方面无法按照自己的频道诉求以及受众和市场定位来安排剧目，处于相对被动的局面”[①]。自制剧不但保证了优秀电视资源的独占，运作得法还能节省大批资金，是一种制播相对一体的运营模式，既便于播出机构独占资源，自主编排，同时又可以进一步开发出更多的衍生产品，使得剧集制作的利润最大化。这种大背景下，自制剧重新回潮。

在《家大欢喜》之前，南方电视台实际上已经在自制剧的生产方面有了一定成绩，包括《老猫烧须》《乘龙怪婿》《七十二家房客》等多部年代轻喜剧，而广东电视台《外来媳妇本地郎》也提供了直接的参考经验。

正是在这样三个历史和空间维度的参照下，《家大欢喜》系列定位在“新广产剧”上。

“香港有《同事三分亲》、北京有《北京爱情故事》、上海有《蜗

① 张海潮、张华：《剧领天下》，湖南文艺出版社2011年版，第100页。

居》，广州却没有反映当下生活的广式电视剧？这个现状要改改了！日前，由南方电视台独家投资、自主创作的新广产剧——《家大欢喜》第二季《爱@幸福》举行了启播仪式。3月11日起，该剧将在南方经视启播，展开一段段广州80后、90后的婚恋与奋斗的故事。”[①]

新广产剧《家大欢喜》，强调青春偶像励志元素，与广东市场已有的自制剧类型区别开来，避开古装、民国、老广州等已有的题材，在制作理念、故事内容、表现手法上强调一个“新”的气派。

新气派，包括了对广东尤其是广州自然景观、民风民俗和地方语言的体现，对岭南文化影响下人物形象的性格特征、心理特征、思维方式的揭示，对广州现代都市生活内容的表现。而这种气派的追求，实际上跟日本的“趋势剧”不谋而合。

1991年底，香港卫视中文台（凤凰电视台的前身）开辟了偶像剧场，专门播放日本制作的“趋势剧”（trendy drama），意即“都会、流行、时尚、男女、爱情、友情等同侪关系”[②]串联而成的剧集，国内所谓的青春偶像剧跟日本的趋势剧概念基本等同。

相较于趋势剧，新广产剧最大一点不同在于，新广产剧描述对象是年龄更大的都市白领人群，人物关系也不仅仅限于社会工作关系，与之相关的家庭伦理关系也是重要的表现内容。

在拍摄取景上，棚景、实景各占一半比例，大胆“走出去”，以求融入更多体现新广州风貌的城市气息，除可以看到珠水流响、云山胜景、东山大屋、西关风情外，更可以看到如海心沙、广州塔等现代景象。

题材内容上，紧跟当下“凤凰男”的奋斗史、大龄剩男剩女的婚恋过招、“80后”小白领的裸婚故事等最Hit话题，多条故事线与感情线交织。

① 《南方都市报》2012年3月11日。

② 任艳丽：《解读日本趋势剧的文化意蕴》，《中国电视》2006年第8期。

这种新的气派，一方面是让观众在作品中看到与广州文化心理密切相近的情感体验，唤起观众对某种相关场景、景致和意绪的回忆，同时更重要的是，呈现出同以往电视剧集不同的特质。对于观众来说，通过《家大欢喜》，看到的是异质的、陌生的情感体验，满足了观众对广州故事的猎奇心理。

截至2012年底，《家大欢喜》已经拍摄制作了300集，收视率和美誉度都保持比较高的水平。

新广产剧以《家大欢喜》起步，同时也是在制作拍摄了1500集《真实故事》基础上不断积累经验。这些剧的拍摄成功，为南方经视提供了非常宝贵的探索经验，培养了一支队伍，建立了一个成功的拍剧模式，开辟了一个庞大的省内外观众群，为接下来大力推进自制剧战略做好了队伍、技术和市场的准备。“新广产剧”口号的提出，代表着广东本土

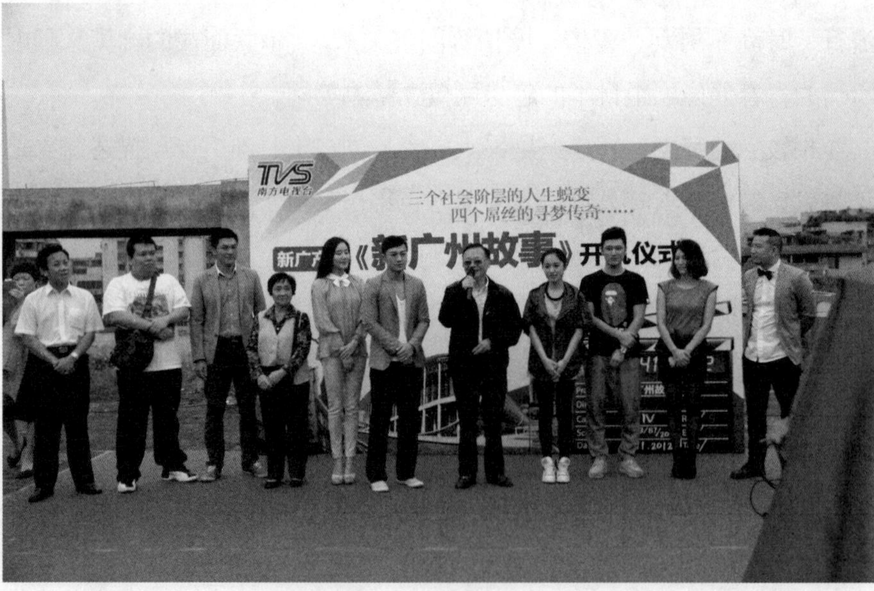

2012年《家大欢喜》第三季——《新广州故事》100集开机仪式，香港著名编剧梁立人任本季总编剧。

电视人对占领国内自制剧制作高地的决心和信念。

当然，以《真实故事》为起点，以自制剧为突破点，以新广产剧为流派风格表征的战略部署，是南方经视向全国主流强势地面频道追赶的理想所在。就剧集范畴操作层面而言，需要理清三个方面的问题：

其一，栏目剧，即现有的《真实故事》，每期一个故事，期期不同，向传统影视剧挑战，不用明星，让老百姓演绎身边的最真实的故事，主要为常规栏目生产，满足版面排播和收视份额。

其二，单元系列剧，可以继续时事栏目剧的概念运作，同时，开辟多种风格，例如悬疑侦探剧、都市奇情剧、纪实专题剧等（有关细节在本章第二节会详细谈到），开辟专门板块，如周末版或者周播等，在品牌延伸和节目形态探索方面起到积极的作用。

其三，自制系列剧，即以《家大欢喜》为代表的新广产剧，既可部分替代外购电视剧满足频道自身的需要，又可以进入国内外电视剧交易市场，成功推动频道发展的战略转型。

可以说，这一蓝海领域的开辟，加大在自制剧方面的投入，不仅将控制上游资源，提高频道的整体竞争力，同时也将改变广告创收的单一模式，转向面向广告市场和电视剧市场获利的多元化模式。

附：《家大欢喜》第三季《新广州故事》相关内容

· 集数：100集

· 时长：每集 30 分钟

· 类型：广州本土都市时尚励志剧

· 播出方式：分四季播出（25集为一季）

全剧分为四季，剧情连续，以中国某知名餐饮品牌争产案为故事原型。以主要人物命运的发展阶段来分段。

四季名称：（1）《珠江微澜》；（2）《西关风雨》；（3）《东山再起》；（4）《粤海晴天》

《新广州故事》人物关系图谱：

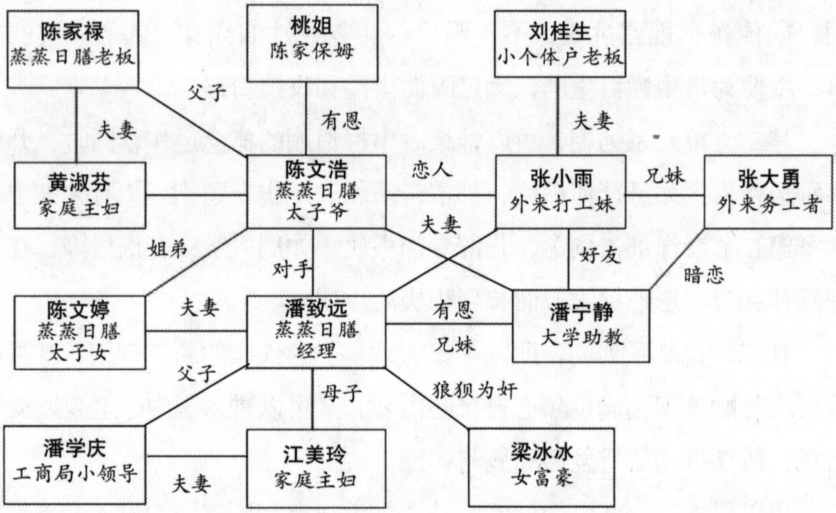

故事剧情：

Season 1：珠江微澜——归宿

不管你来自哪里，只要你心怀梦想，热爱生活，就会在广州找到属于自己的归宿。

南国大都市广州，像变戏法似的一天一个样。光怪陆离的城市外壳下，骚动着不为人知的秘密和欲望……

在城市化的飞速进程中，白云居，是广州城中留存的为数不多的老字号茶楼，它出产的月饼更是广州老百姓的口中佳话。

白云居老板陈家禄白手起家，是改革开放后第一批富起来的人。他一直坚守着白云居的品质，目标是要让广州人吃到真正的好月饼。然而令陈家禄头疼的是，富二代陈家少东陈文浩却对此家族企业兴趣全无。

白云居的总经理潘致远，30来岁，年轻有为，是陈家禄世交的儿子，目前为白云居的二号人物，也是陈文浩最好的朋友。

距离中秋节还有好长一段时间，广州城中月饼促销战早已硝烟四起。潘致远找到陈家禄提出新营销的提案，企图劝服老板改变固有的销售思路，做一回空手套白狼的运作。没想到陈家禄严词拒绝，并奉劝他诚实经商，不得毁了白云居的金字招牌。

而此时的陈文浩，却在夜市里跟一帮朋友饮酒作乐，邂逅四川来广州谋生的“农二代”张大勇、张小雨兄妹。陈文浩一边戏弄玩杂耍的张大勇，一面拍下龇牙咧嘴搬车的张小雨，放上网络，并戏称“托举妹”。陈文浩的纨绔做派让张小雨对其非常厌恶，而陈文浩却被张小雨的纯朴、活力和野性深深吸引。

“农二代”张大勇、张小雨兄妹，小时在老家农村，后在广州城中村长大，特殊的成长环境让他们对谋生和未来有着与父辈们截然不同的想法。张小雨来到广州，在城中村和哥哥相依为命。张大勇希望妹妹能继续读书，自己多苦多累都值得，而妹妹张小雨又希望自己能打份工，帮补哥哥。张小雨找了份送外卖的工作，在一次送外卖途中遇上劫匪打劫一个女孩，极具正义感的小雨上前追劫匪而身负重伤，失去了这份好不容易得来的工作。

被抢的女孩叫潘宁静，是潘致远的妹妹，某大学的心理系助教，与小雨因此成为好友。宁静得知小雨的境况后，一面请哥哥帮忙让小雨在白云居做了一名服务员，一面介绍小雨到自己所在学校读夜大。初见致远，小雨就对致远的精英形象顿生仰慕之情。

可致远对于小雨的倾慕无动于衷，此刻他正为白云居饼票促销方案迟迟得不到老板的批准苦恼着。致远只得找文浩帮忙，好玩的文浩提议玩小时的游戏，让致远学狗叫，致远满足之，文浩大笑，答应致远去找父亲。陈父答应了印发月饼票的请求，但条件是陈文浩进白云居做普通跑堂小弟一个月。文浩随即把此事扔给致远负责，却不知为后来出事埋下祸根。

小雨和文浩在白云居再次相遇了。本来“仇人”相见，分外眼红，文浩却即刻编造了一套可怜的身世博小雨同情，单纯的小雨信以为真，不仅原谅了他之前的无礼，还为圆他梦想，忍痛掏钱带文浩去夜游珠江，领略广州的美丽和繁华。在珠江的邮轮上，小雨向他诉说着心中的梦想，文浩感动，他从没想过他唾手可得的东西竟然被一个女孩当做遥不可及的梦想一般珍视，在那一晚，文浩由衷地感到，他生活了近30年的广州，第一次这么美。

文浩一直把宁静当做妹妹一般交往着，宁静却深爱他。潘宁静有一天接到一封求爱信，各种机缘巧合阴差阳错让她误认为是文浩所写。宁静妈妈生性虚荣，知道此事后，更是极力撮合，两家大人将订婚一事安排在陈老爷子的生日宴上一起进行。文浩知道自己“被婚”了，大惊澄清，宁静自尊受到伤害，小雨作为服务员目睹全场，始知文浩竟然是白云居少东，愤怒地扇了文浩一耳光。

致远企图通过发行超量的月饼票同黄牛党勾结赚取其中差价，在和黄牛党利益分配谈崩之后，黄牛党闹事挤提，致远铤而走险，竟联系山寨厂生产充量，事情败露，陈老爷子气急，欲炒掉致远，致远受打击，昔日下属和朋友纷纷远离，落魄之中，幸得小雨和大勇两兄妹鼓励，小雨甚至提出愿意辞职跟致远一起打拼，两人感情加深。

致远决定亲自去找陈父做最后一次努力，谁料致远赶到办公室，却看到自己的母亲跪在地上请求陈父原谅自己儿子。致远留了下来，可被这一幕刺激到的致远，屈辱的愤恨在心中疯长。

经过黄牛党事件，致远和大勇小雨兄妹成为好友。大勇也因此第一次见到潘宁静，惊为天人，并把她视为梦中情人。大勇为致远两肋插刀，提一桶潲水油浇黄牛的车，却不料被逮个正着，大勇逃跑途中用榴莲把黄牛私处砸伤，黄牛发誓此仇一定要报，结果小雨被抓，文浩挺身而出前去相救，结果亦被绑。两人见智见勇互相配合，终于逃出来。

小雨和文浩患难见真情，成为死党。小雨甚至代伤病的宁静陪文浩去日本，一举拿下单车代理权。致远一直帮小雨，却没想到小雨不打招呼就陪文浩去日本，醋意大发，找文浩问清楚。好开玩笑的文浩故意暧昧两人在日本的举动，更加刺激了致远，一向精明自持的致远竟然和少东家扭打起来。致远在愤怒之下向小雨表白，文浩这才知道致远对小雨的感情，赶紧解释。更加震惊的是小雨，她不敢相信自己欣赏的潘总竟然会喜欢自己。

文浩望着小雨跟致远甜蜜，却突感心情失落。他这才发觉自己不知何时已深深地习惯了身边有小雨的存在。可来不及理清儿女情长，白云居就发生危机，有竞争对手恶性设套，白云居陷资金链破裂危机，陈老爷子病倒。文浩陷入痛苦的选择，最后家庭、公司责任感让他放弃个人喜好，拿出300万元拯救白云居。

白云居平安度过危机，文浩意识到自己身上的使命感，以及一个男人的责任，他决定和宁静结婚，两人最终牵手。

小雨祝福自己最好的两位朋友走进教堂，她的身边亦有她深爱的致远，虽然她知道前方还有很多困难在等待着他们，但她总算在广州扎下了根，第一次开始有了家的感觉。

唯一感到落寞的是大勇，心爱的女人终于是嫁作他人妇，每个人都似乎找到了归宿，唯有自己，仍然形单影只，一无所有。他回到城中村的家，却碰上邻居来告别，原来他买了新房，要搬走了。两人来到城中村天台喝酒庆祝，邻居指着广州繁华的夜景某一处告诉大勇，自己的新居就在那。大勇羡慕，说自己的家还不知在哪，感觉自己就是一个过客，是个失败者。邻居安慰他说，自己刚来广州的时候也跟他一样，但是现在自己明白，只要对一个城市有感情，那个城市有爱的人，那这个地方就是属于自己的，没有人能剥夺。大勇望着繁华的广州夜景，一览众山小的豪情油然而生，他大笑起来，说道："迟早有一天，这城市会有属于我的一块领地。"

第二节 栏目化运作，衍生品牌集群

作为一种经营战略，品牌延伸、品牌衍生、品牌集群的概念在企业界得到了广泛的认可和应用，尤其是在20世纪70年代以后，随着全球经济文化一体化进程的加速，信息化和知识经济时代的到来，市场竞争愈加激烈，文化产品的寿命周期也越来越短，新节目、新栏目推出的风险和成本急剧增加。很明显的一个例子，2012年《中国好声音》海选阶段好评如潮，到了决赛美誉度如自由落体般直线下降，由此可见品牌建立和维护的难度。

恰恰因为这个原因，电视经营必须更加重视在品牌节目和品牌活动打造成型的情况下，以品牌延伸的方式来获取规模经济效益，做好后续环节。

本节重点讨论分析《真实故事》在品牌延伸方面做出的尝试。

一、品牌延伸的定义

所谓品牌延伸，"是指将已被市场接受的品牌（产品形象）拓展到其他领域，但这种策略必须和其他策略配套使用才能够具有较好的效果”[①]。品牌延伸并非只是简单地借用表面已经存在的品牌名称，而是对整个品牌资产的策略性使用。

从2006年3月开办，《真实故事》见证了全国栏目剧发展从高潮到稳定的过程，同时也见证了广州地面十档栏目剧并存到2012年只有三档栏目剧（珠江频道《夜倾情》，2010年开始由日播改为周播）竞争的局面，其自身品牌影响力如何扩大？品牌延伸如何拓展？

强势品牌实际上代表的是一种信息或者信息线索，这种线索，串联起的是情感纽带，无论是根据霍夫兰和詹尼斯的劝说情景模式，还是根据心理学上的“晕轮效应”原理，受众对强势品牌的态度是决定他如何看待其延伸产品的重要因素。换句话说，原有品牌的认知度越高，美誉度越强，受众对延伸品牌的评价也就越高，反之则越低。[②]也正是基于此考虑，《真实故事》从2007年日播之后，酝酿过多次品牌延伸的项目和活动，但最终都没有大的变动。

但同时应该看到，随着《真实故事》的成长发展，周边的环境在变，竞争对手在变，受众的价值取向也在不断变化。进入稳定期的《真实故事》，其手中需求非常可能与初始定位产生了距离，这就要求其针对新情况，采取新措施，巩固和稳定品牌定位。这就要求《真实故事》在保持原有品牌个性的前提下，密切跟踪受众的潜在需求和市场变化，不断调整内容、题材和表述方式，使其更新换代，实现自我超越，同时及时采纳正确的反馈意见，对局部不合理、不够完善的环节进行检查和修补，实现原有品牌的延伸。

当然，所谓的品牌延伸，必须遵循一个原则，就是“协同作用，节约成本，共享资源”。还是以火爆2012年中国电视荧屏的《中国好声

---

① ［美］艾伦·B.阿尔巴郎著，谢新洲等译：《电子媒介经营管理》，北京大学出版社2005年版，第156页。

② 参见符国群：《品牌延伸研究：回顾与展望》，《中国软科学》2003年第1期。

音》为例。《中国好声音》声名鹊起，火的不仅仅是《中国好声音》这一档电视节目，而且带动了整个与之相关的产业链条。

随着浙江卫视《中国好声音》节目收视率不断飙高，该节目中穿插的各种广告数量也已接近饱和。《中国好声音》节目组充分挖掘节目自身的广告模式，不断刷新广告销售价格之后的两周内，制作方更是竭尽所能地拓展着节目之外的盈利空间，延伸空间包括网络版权销售、衍生品牌节目开发等。

《中国好声音》在浙江卫视播出之后，高收视率和良好的口碑，使得该节目在各大视频网站的网络点击率也一路激增。数据显示，截至2012年8月10日，《中国好声音》第五集电视收视率达3.302，位居所有节目榜首，当晚重播收视率达1.434，同时段排名第一。电视屏幕上的绝对影响力，在一定程度上掀起了观众上网观看该节目视频的热潮。

而像衍生节目的开发，《中国好声音》更是做到了同类节目难以企及的高度。随着母节目《中国好声音》首播，广告插播价格达到36万元/15秒、重播16万元/组的水平。随后，浙江卫视在其母体上衍生开发了短短10分钟的《酷我真声音》，广告销售也受到了多家广告商的追捧。为了遵守相关规定，仅有10分钟的《酷我真声音》只能够接受一家广告商进行冠名合作。浙江卫视广告部主任楼志岳透露，《酷我真声音》虽然只是一档10分钟的衍生节目，但是广告冠名的价格仍然要比同类节目高得多。

母节目是频道核心品牌的核心竞争力，由此衍生的一系列子节目，和母节目有关联也相对独立，可以有效地延长可投放广告的空间和事件。随之而来《舞动好声音》《中国好声音》各地演唱会巡演等，都是在原有品牌基础上的品牌延伸。

另外，在电视品牌较少涉及的新媒体运营领域，《中国好声音》也做了极大的尝试，彩铃下载分红就是一个很好的尝试。

作为全球《The Voice》系列节目的传统营销模式之一，选手所唱曲目的网络彩铃下载也变成《中国好声音》节目组非常重视的产业链条环节之一。

资料显示，《英国之声》仅靠一个沃达丰的植入式广告以及在苹果公司iTunes中的付费下载两项，就实现了比中国制作阵容更加庞大的500人制作团队的盈利。另外，《美国之声》《爱尔兰之声》等都是通过音乐的下载来获取收益。《中国好声音》也不例外，在节目播出前就与中国移动“无线音乐俱乐部”展开合作，为节目提供学员彩铃下载平台。这种平台的拓展，带来的不仅是真金白银的收入，更重要的是通过更多渠道的传播和营销平台，将品牌的影响力持续长久地传播下去。

同时，浙江卫视也将展开学员演艺、音乐之路的打造，利用卫视的频道优势扩大影响力。楼志岳透露，浙江卫视计划为《中国好声音》学员打造自制剧、电视节目、微电影等，其中，微电影已经开始了拍摄工作，从2012年9月底开始，浙江卫视会在21:30设立固定栏目播放学员的微电影，每部10—20分钟，共50部左右。

品牌专家科普菲尔把品牌的延伸分为两种：相关延伸和间接延伸。[①]媒体品牌的延伸，也大概可以用这两个维度来界定。

相关延伸是指，如果向同一或者相近的产业进行产品延伸，则有助于品牌的扩张，同时可以利用企业或者相关行业的熟悉和了解，以原有品牌进入一个新的市场空间。如传媒产业品牌向信息产业、旅游频道向旅游产业延伸等等。

而间接延伸则抛弃了新旧产品之间的相关性，如报业向房地产业延伸。

相对而言，受体制和理念的束缚，国内媒体品牌的延伸难度比较

① 参见禹建强：《论媒体的品牌延伸》，《新闻爱好者》2002年第11期。

大，具体到《真实故事》，除了如上一节中讲到的，《真实故事》品牌在剧集范畴内的升级改造外，在电视节目范畴内的延伸始终在不断进行，这种品牌延伸，更多的是在栏目、活动两个范畴内进行。

二、双轮驱动——周间版法制栏目剧、周末版单元系列剧

（一）周间版——法制栏目剧

2012年9月，《真实故事》周间版面（周一至周五）进一步明确定位，提出打造法制栏目剧。

法制栏目剧，以普法宣传为目的，以平民化的视角，将真实的案例进行故事化演绎，通过专业或业余演员扮演的方式，将抽象的法理内容以观众喜闻乐见的方式呈现在电视荧屏上，既有效地满足了电视媒体机构的节目播出需求，又有力地配合了社会法制建设进程和法律生态的形

定位转型，打造广东第一档法制栏目剧。

成，成为社会普法宣传工作的重要组成部分。

本书第二章有过系统论述，从2006年发展至今，《真实故事》在类型划分上，大概可以界定为伦理、经济、时事、心理等几大类型。而随着受众需求的不断变化，伦理、家庭类型的家长里短不再受观众肯定，出现审美疲劳，直接体现的就是此类题材收视疲软。

如何突破？2012年下半年，《真实故事》开始酝酿从形式到选题的一次大的调整。

“法治社会法制中国的概念一直被强调，中国社会的问题永远脱离不了道德与法制两大范畴”，2011年直接负责《真实故事》后，俎江涛同节目监制张伍生、杨清溪对节目的定位和走向有了进一步的思考。“我们将《真实故事》调整为法制栏目剧，是有根据的”，俎江涛认为，伦理、经济、时事、心理诸多的类型故事，都可以以法制的角度去呈现。“新瓶装旧酒，定位于法制栏目剧，以法制的外壳包装内容各异的题材，更有利于老百姓接受。”

基于这一判断，《真实故事》强势转型，于2013年1月1日明确推出本土第一档法制栏目剧。

法制即生活，《真实故事》法制版攫取百姓生活中的典型法律事件，以故事说法，同时植入主持人的现场评述，强调人文关怀、道德关注，推进法律法规知识的普及。表现百姓生活中的法律事件，注重故事性、人情味，特别强调事件的戏剧悬念等因素，让法律事件产生以前从未有过的戏剧张力与情节冲突，浓缩再现原生态的社会生活，震撼观众的心灵。《真实故事》法制版，“法眼透视生活，法制剖析人生，老百姓演绎的法律故事”。

法制栏目剧，具有法制栏目和法制剧发展的双重属性。

1985年6月，中宣部、司法部制定了《关于向全体公民基本普及法律常识的五年规划》（即俗称的“一五普法”），明确要求“报刊、广播电台、电视台都要有专人负责，办好法制宣传栏目”。同年，上海电视台筹办的《法律与道德》栏目开播，标志着电视法制节目的诞生。随着国家法制建设的发展，电视法制节目也逐步发展壮大起来。从央视多个频道到省地市台，都开办了电视法制节目，央视和一些省级电视台还开办了法制专业频道。历经20多年，电视法制节目已经成为新闻节目、娱乐节目之后的又一大热点，中国广播电视协会法制工作委员会成员单位达200家。

不仅法制栏目遍布全国，法制剧同样火爆荧屏。

法制剧不完全是警匪剧，作为一种类型片，法制剧是电视剧中比较成熟的类型。香港TVB电视台最善于拍摄各种法制题材电视剧，如《一号法庭》《廉政行动》等均有不俗收视，成就较大的电视剧集有《施公奇案》《刑事侦缉档案1—5 部》《鉴证实录1—3部》《迷情家族》《人间蒸发》《洗冤录1—2》《栋笃神探》《争分夺秒》《恐怖天使》《叠影危情》《隔世追凶》《廉正追击令》《廉正行动2004》《法证先锋》《刑警使命》《刑事情报科》《陀枪师姐》《谈判专家》《状王宋世杰》等。

相对而言，国产法制剧则因为题材偏硬、太多说教被观众淡忘，曾一度有人认为法制剧就是警匪剧，但本世纪初也产生了像《重案六组》这样不错的类型剧。

美剧中，最为人熟知的当属《别对我说谎》，对传统法制剧进行了变革和创新。它淡化了法庭戏，将一个个案件中的人性、感情、家庭元素凸现至前台。

栏目剧类型化，定位于法制法理题材的，实际上国内早有先行者，在这方面，浙江电视台科教频道的《大侦探西门》和中央电视台社会与法频道的《普法栏目剧》都有很好的尝试。

浙江电视台科教频道的《大侦探西门》创办于2003年元旦，在形式上借鉴了红极一时的日本动画片《名侦探柯南》，创立了虚拟主持人“西门”为青少年的侦探偶像，并用警长这一角色将虚拟与现实沟通，让警长代替西门在现实案件中搜寻现场遗留证据、调查问讯嫌疑人，通过再现案件或故事，提出悬念进行推理，直至真相大白，栏目屡创高收视率。

“由于该档节目受众确定为学生这一年轻、好动的群体，为适应观众特点，栏目采用虚实结合的表现形式，虚就是设计了卡通人物西门，因为动画可以带来夸张性的艺术效果，能够被赋予常人不具备的力量，所以虚拟主持人西门就应运而生，很多没法实现的想法都能在西门身上实现。实则是节目中的Flash比较多，西门作为主持人，从头到尾都在进行逻辑推理，故事情节让真实的演员来表演，贴近生活，贴近群众。”[①] 特殊的表现形式，吸引人的法制题材，使得该节目大受欢迎，热心的电视观众不仅仅热衷于节目里的侦破过程，甚至给节目组寄来了精心创作的案例故事，在浙江省的各个校园，学生们纷纷利用课余时间模仿西门的形象，西门热在校园中悄然扩散。

《普法栏目剧》则是2011年4月中央电视台社会与法频道进行频道改版后的全新亮相。在此次频道改版中，CCTV-12打造了这档以普法为核心内容，同时展示公、检、法、司工作中突出成绩的节目——《普法栏目剧》。此节目采用观众喜闻乐见的栏目剧形态，运用真实再现、情景剧、系列剧等手法，在和全国普法办等部门充分合作的前提下，广泛搜集素材，进行二度创作。生动普法，弘扬正气，震慑罪犯。

相较于《大侦探西门》和《普法栏目剧》，法制版的真实故事有自己的追求和定位。

① 赵德全等：《地面突围》，中国广播电视出版社2007年版，第125页。

法制刑侦类电视节目对受众的影响很大，它不仅给受众带来视觉、听觉方面的娱乐享受，也在积极地传播着法制信息和法律法规，与此同时，电视节目的传播也让其他城市的受众了解了相关的刑事诉讼制度和诉讼模式，在生活中也给了市民很大帮助。

正是基于这种判断，将置身于电视机前的受众拉近，使电视不仅仅是作为一种打法无聊闲暇时光的消遣工具，从而强化“电视使用”的概念和功效。

“电视使用”系统提出肇始于美国的隆·莱博，强调电视反映生活、介入生活、引导生活的积极意义，澄清电视话语权的作用，主张更客观、更公正地看待电视对生活带来的影响。

从来就不要怀疑电视对于个体的影响力。2009年，中国法院网有这样一则报道：

中国法院网讯　刚刚17岁的陈小兵（化名），在短短的9天之内驾车抢夺5起。而其作案的起因竟是被电视剧中罪犯驾摩托车抢包的镜头所吸引。4月16日，河南省获嘉县人民法院开庭审理了被告人陈小兵涉嫌抢劫一案。

陈小兵是获嘉县史庄镇人，初中毕业后就开始学开车，后一直无业在家。他看到电视里上演的《重案六组》电视剧时，没有被机智勇敢的人民警察所感染，却被电视剧中的罪犯驾摩托车抢包的镜头所吸引。于是，他就模仿着电视剧中的故事情节，驾着自己家的摩托车，实施了一系列的犯罪活动。

在法制剧集广泛传播中，类似陈小兵的现象时有发生。我们不难发现其中也存在很多不良影响，部分受众会受到剧集“指引”，模仿电视剧集的情节而诱发犯罪。比如剧集中常演的情节是：医生剪掉死者的一个指甲，从指甲里化验到犯罪分子的皮肤纤维，从而根据DNA检测找寻犯罪嫌疑人。这就给很多犯罪分子提供了“经验”。

中国国家广播电影电视总局于2007年9月18日发布通知，要求全国各级电视台立即停止播出电视剧《红问号》，并要求全国各级广电主管部门严格把关，杜绝集中展示犯罪案件、制作粗劣、格调低下的电视剧播出，确保广播电视事业健康发展。法制节目在具备娱乐功能的同时传播法制信息，但绝对不可为了取悦受众而对社会造成负面影响。

事实上，在《真实故事》定位于法制版的同时，就在认真反思，如何实现触犯法律的场景化、细节化表述与积极引导、正面影响相融合的问题，如何让"电视使用"的受众真正受到正面积极的影响？栏目组确立了以下几个原则：

第一，侧重民事法，避开刑事法。

选题以婚姻纠纷、情感纠葛、赡养与继承、产品和服务质量纠纷、医患纠纷、侵犯名誉权、交通事故等民事纠纷。

第二，强调专业性，不打擦边球。

法制栏目剧，强调法律精神，突出法治理念。故事架构要有现实基础，同时讲究有理有据，有法可依。在专业性上，同广东省公检法等政府部门和律师行业机构合作，从故事素材来源、案理推敲到核心法制细节表现，力图专业。

第三，主持人角色调换，从节目转换为法理故事的知情人、说书人。

2013年《真实故事》全新改版，形式上突破了只有主持人一人的形式，强化演播室效果，将法律专家请进演播室，跟法律专家对话，结合故事的关键情节点普法说法论法。同时，栏目组结合俎江涛的主持特点，将主持人定位为"知情人、说书人、谈话人"三种不同角色，兼顾了电视纪实表现元素、演播室谈话形态、脱口秀评论的表演元素等多种艺术表现方式，借鉴了山东齐鲁频道"拉呱"的形式，在讲故事中把法理、情理和道理说出来，强化节目的感染力。

演播室实景：主持人俎江涛（左）和嘉宾律师。

（二）周末版——单元系列剧

2013年1月1日起，周间版和周末版正式独立运作，周间版《真实故事》定位于法制栏目剧，通过法理故事的讲述，传达法理、情理、道理。周末版则独立，播出时间为23：00点，以单元系列剧的形式，讲述戏剧风格更为明显的新奇故事。

事实上，2013年之前，《真实故事》在单元系列剧方面进行了屡屡尝试，无论是早期的《欢乐春节金猪年》系列，还是《京珠北》系列、《抑郁症》系列、《广州民俗故事》系列等，都是在同一主题策划下，通过不同的人物故事，从不同的角度，共同架构完整的空间。

从2013年起，《真实故事》周末版调整到更接近午夜的时段播出，受众更为明确，受众心理需求也更容易把控。

正是在分析受众需求的基础上，周末版《真实故事》确定了以单元系列剧为固定剧集模式，讲述戏剧风格更为明显的新奇故事。目前已播出的几个系列包括《真相调查师》《神奇心理诊所》等。

《真相调查师》：故事发生在名叫“智多星”的信息咨询调查公司。该公司由三人组成，名为信息咨询，实为调查公司，主要业务是帮客户做各种调查，包括家庭事件调查、商业犯罪取证、人口失踪调查等。与私家侦探不同的是，调查师查案的时候都会伪装成各种角色进入被调查者的工作和生活中，每一集或者两集为一个案件，在解决案件的同时让观众感受到人性的温暖。剧集包括《骗婚高手的秘密》《谁在我房间装了窃听器》《恐怖的跟踪狂》《杀死老板的真凶》《偷情门之后》《理发店里的血案》《丈夫的情人》等。

《神奇心理诊所》：故事发生在罗杰心理诊所，在这里担任心理治疗师的是罗杰医生，他的助手是性感女护士叶小真。各种患有心理问题的人物，如不能接触菜刀的家庭主妇、总想让自己岳父出丑的入赘女婿、有手机依赖症的少年等，他们都是抱着各种心理烦恼的普通人，为求解脱痛苦不断地来到这里寻求治疗。罗杰给他们注射维生素药水，提出似乎同治疗沾不上边的建议，但正是这些不靠谱的办法，帮助病人医好了心病。每集讲述一位患者，一种心理隐疾，一个完整的故事。剧集

周末系列剧《神奇心理诊所》剧照

有《不愿蹲下的女人》《无能主妇》《了不起的岳父大人》《手机里的百万好友》《天才神童》《家里蹲记者》《不会老的老板》《金丝雀》《不完整的旋律》《耎仔，你好》等。

单元系列剧是周末版节目形态，同周间版播出的法制栏目剧风格不同。

单元系列剧，体量上较大，多以10集为一单元。

风格上，更加强调故事要素，叙事节奏加快，以故事取胜，因为在23:00播出，观众以30—45岁男性观众为主，所以增强故事的案件性和推理逻辑性，用悬念吸引观众。

内容上，不局限于法制故事，不囿于绝对客观真实，更多呈现新奇风貌，用强烈的戏剧冲突达到对受众的震撼触达。

表现形式上，以特殊职业为突破，将行业特殊行为同普通人的生活打通，将新奇场景和共性人生完美结合。例如，《真相调查师》中调查师会根据自己的优势，在调查案件的时候伪装潜入调查对象的工作中和生活中，真实体现各种工作场景，调查师还会深入到调查对象身边，与调查对象产生“化学反应”。

单元系列剧，始终坚持人本主义，“奇观效应”是手段而不是目的，追求的不是媒体奇观效应，而是心灵纠偏使命。

奇观效应在20世纪60年代发展起来，描述的是一个围绕形象、商品和戏剧性事件而建构的媒体和消费社会。美国社会学家道格拉斯·凯尔纳提出：媒体奇观是指那些能体现当代社会基本价值观、引导个人适应现代生活方式，并将当地社会中的冲突和解决方式戏剧化的媒体文化现象，包括媒体制造的各种豪华场面、体育比赛、政治事件。

对于单元系列剧的故事主角，每个人都可能有扭曲的世界观，但在真相找寻的同时也是价值观更正、人性回归的过程。

三、民星民戏大舞台——活动营销　品牌辐射

在当今媒体竞争十分激烈的情况下，品牌推广和营销战中，谁赢得主动，先声夺人，谁就能获得更高的社会效益和经济效益。

作为地方性媒体，《真实故事》播出平台南方经视存在着地域上的优势，同时也面临省级地面频道上不着天下不落地的尴尬，这就在品牌推广方面提出了新的要求。

相较于频道的营销推广，单一品牌节目的推广营销更具挑战性。这不仅取决于其节目自身资源转化成活动营销的可能，同时在持续性、渗透力等多方面也必须进行实际有效的思考。

巴纳姆是经营马戏团的大师，在他心中，赢得观众的黄金定律是，你必须主动把钩子抛出去，把观众钓过来，也就是说，你要用合适的宣传手段来诱惑观众。[①] 那么，对于《真实故事》这样一档基于群众演绎、融合戏剧元素的民生节目，钩子又在哪里？

2011年底，因为拍摄一期反映老年黄昏恋的故事，主角为60岁左右具有一定舞蹈基础的女性。《真实故事》拍摄组到广州某社区老年舞蹈团队选演员时，舞蹈队中一位舞姿优美、举止优雅的周姓阿姨成为导演心目中的最佳人选。周阿姨是《真实故事》的忠实观众，也愿意配合出演这个角色，但对镜头始终不能适应，镜头一开，她就不会正常说话，最终只是在集体舞蹈拍摄中做了个没有台词的群众演员。恰恰是这个事情之后，节目组受到了启发，“老百姓演绎身边的故事”是节目的定位口号，那为什么不做进一步的延伸，让节目真正走进老百姓，走进社

① ［美］埃尔·李伯曼等著，谢新洲等译：《娱乐营销革命》，中国人民大学出版社2003年版，第3页。

区，去找寻那些有才艺、有表演梦想的“社区民星”？

2012年3月，“民星民戏大舞台”开始走进广州各个社区，这档活动，既是《真实故事》栏目的宣传推广，同时也是才艺表演的选拔活动。整个活动持续一年，包括海选、半决赛、决赛、颁奖晚会等，总共进行了19场，选拔的“民星”，包括才艺类、表演类、未来成长类等三大项。

最终的“颁奖晚会暨首届南方社区文化节”在江南大戏院举行，广东省委宣传部、广东省文化厅为指导单位，包括广州8个区的宣传部、文广新局等1000多人参加。

整合营销传播（IMC）理念在这次活动中可以说是得到极大的遵循和体现。“民星民戏大舞台”活动，让观众从不同的渠道信息（突破了以往单纯通过节目了解），包括活动宣传广告、新闻、包装以及最终的产品开发（社区选拔才艺民星、颁奖礼等）在内的整合重组，对《真实故事》的品牌有了更为全面、更为一致的判断，对于增强栏目品牌的一致性、丰富性和完整性有极好的效果。

“民星民戏大舞台”的运作，不仅仅是《真实故事》栏目的整合营销推广，同时，对于节目播放平台也有着极为重要的战略意义。简单来说，可以从两个方面体现：

一是资源整合。

“民星民戏大舞台”走进广州18个社区，每个社区居民量都是超过5万户长住居民，与社区居委直接联动，保证活动有效传达，同时设立群众演员、故事征集等流动报名点，丰富了节目的素材和演员资源储备，同时也拓宽了宣传推广渠道，除了常规的网络、报纸、杂志等渠道之外，社区大量的户外推广途径包括宣传栏、张贴墙等非营利场所成为了南方电视台新的推广阵地。

同时，社区正日益成为都市文明的有效构成单元，大量广告客户每年的产品和宣传推广就是以社区为投放单位，这也正是该活动得到大量广告客户青睐的重要原因。

同时，在活动过程中同公安、消防、文化主管部门等有效联动，紧密配合，为其他活动和节目的顺利进行提供了有效保证。

二是品牌衍发。

“民星民戏大舞台”，为接下来的新节目研发提供了练兵场和试验地，同时提供了几个新节目和活动转化空间。

譬如，广场舞蹈类。“民星民戏大舞台”早在2011年底策划就提出过可以在活动的基础上进行类似老年群众业余舞蹈的选拔赛，舞蹈是形式，梦想是内容，将舞蹈训练跟梦想实现有效关联，舞动人生，舞动梦想。

又譬如，南方社区文化节。首届“民星民戏大舞台”，同时是首届南方社区文化节的正式启动。而这点上，跟广东省委准备在2013年主推的“南方社区文化节”不谋而合。作为指导单位参与颁奖典礼的广东文化厅，明确表达了双方合力把南方社区文化节做大做强的意愿。

四、看不见的社区——虚拟空间的轻舞飞扬

网络提供了多种方式来衍生和发展电视现有的品牌形象，电视借助网络进入了一个全新的传播领域。

2007年底，《真实故事》网络平台正式开通，定名为“真实社区”，从创建到发照至今，注册用户达100万，日均访问量3000人，日均发帖量200个。

随着微博、微信等新的网络终端的兴起，《真实故事》官方微博、官方微信也相继创建。

可以说，正是借助网络技术，《真实故事》和受众发生了一种全新

的关联。而我们更要关注的是，通过这种全新技术产生的关联，如何有效反馈到节目的制作和栏目的运营中。

电视媒体品牌，通过网站建设，可以弥补电视自身互动性不强的弱点，受众可以通过视频点播、论坛互动等多种形式，与节目制作人员进行交流沟通，这大大拉近了节目与受众的距离，而这种距离的拉近，随着互联网人数的增加和上网时间的增加，网络空间更加密切地扮演起了跟节目对话的中介功能。

国外学者曾将现在所处的媒介时代定义为“第二媒介时代”[①]，相较于第一媒介时代，信息制造者极少而信息消费者众多的播放型模式占主导地位的时期，第二媒介时代已然是双向的去中心化的交流状态，媒介扮演角色，从灌输性引导的第一媒介时代进入到多元汇聚的第二媒介时代，虚拟空间发挥和占有的地位越来越重要。

通过真实社区这样一个平台，原有的栏目剧转化为网络媒体呈现，具体到真实社区呈现的形式包括：

一是海量剧集汇总。当晚播出的视频内容，第二天就可以上传到社区网站供网友点播观看，分类包括伦理、家庭、悬疑、法制等类别。

二是网上论坛打造。通过有争议的话题设置，让节目主创同网友互动，形成双向互动交流，达到受众意见的直接对接，提高受众忠诚度。

三是专业平台构建。通过真实社区平台，登记群众演员信息，搜集故事素材，同时，也作为专业的剧本交流和选题策划平台。

而像官方微博等，则更多地体现在当期节目预告、演员信息登记报名、话题讨论设置等方面。

正是通过这样一个轻舞飞扬的虚拟空间打造，“作者、作品和公

① ［美］马克·波斯特著，范静哗译：《第二媒介时代》，南方大学出版社2001年版，第2页。

众的关系改变了，变成了私人化个体之间的亲密的相互关系”[①]，《真实故事》因为网络平台成为新的可能。网络社区创造了新的人际联系方式，从而在节目生产者/受众之间架起了新的互动中介，两者之间隔空互动，“网”络人心，与传统真实意义上的面对面交流除了不能“臭味相投”外，在时效性、规模等方面已经是远远超越传统。

在新兴媒体迅速发展的今天，网络社区的轻舞飞扬，一方面拓宽了电视节目的传播渠道和途径，同时也对电视节目的生产提出了新的要求。

① ［英］戴维·钱尼著，戴以容译：《文化转向：当代文化史概览》，江苏人民出版社2004年版，第226页。

第六章

乱花渐欲迷人眼

——栏目剧的地域流派和发展误区

第一节 繁花开得满园春——栏目剧的地域流派分布

西方“史学之父”希罗多德曾有“温和的土地产生温和的人物”之名言。美国哥伦比亚大学的詹森·兰特福研究发现，美国版图上有一条南北向的“谨慎带”，一端为美国东北部的缅因州，另一端为美国南部的路易斯安那州，生活在这条带上的人普遍比其他地方的美国人更谨慎。除了“谨慎带”外，“开放”性格在美国也有一定的地理分布规律，有619397个美国人在网上填写了相关调查问卷，这些参与者在教育程度、收入等方面上都具有很强的代表性。数据结果表明，生活在东北部和西部海岸的美国人，比中西部和南部的人更容易接受新事物。而“外向”性格分布最集中的地方，在美国大平原、中西部和东南部地区，科学家将在《心理科学透视》杂志上刊登这一研究结果。要是你喜欢随和的人，就去美国的中西部和东南部，不要去东北部。至于责任心强的人，则集中在南部和中西部地区，而东北部这种人不多。总的来说，阿拉斯加人排在美国人“随和度”和“责任心”排名的最后一个。虽然北达科他州人在“外向度”和“随和度”上排第一，但却是全美最保守的人。而犹他州人可以说是最大大咧咧，不拘小节的了。

林语堂曾这样描绘中国人：“中国人这个抽象概念几乎消失，代之而来的是一幅多种族的画卷，身材大小不同，脾气和心理构成各异。如北方人习惯于简单质朴的思维和艰苦的生活，高大健壮，热情幽默，吃大葱，爱开玩笑。而长江以南的人则是惯于安逸，勤于修养，老于世故，喜欢舒适的另一种人，他们喝燕窝汤，吃莲子。广东人则充满了种族的活力，有事业心，无忧无虑，挥霍浪费，好斗进取，脾气急躁。

华中地区的湖北人则因为精明而被比作九头鸟，湖南人则以勇武和坚韧闻名。”[①]

地气不同，则民风有异；民风有异，则文风也迥异。“南方之文，亦与北方迥别。大抵北方之地，土厚水深，民生其间，多尚实际；南方之地，水势浩洋，民生其际，多尚虚无。民崇实际，故所著之文，不外记事、析理二端；民尚虚无，故所作之文或为言志、抒情之体。”[②]

在中国文学史上，不同地域的文学作品呈现出不同的风格，其中，最明显的就是南方和北方的不同。《北史·文苑传》：“江左宫商发越，贵于清绮；河朔词义贞刚，重乎气质。”《诗经》里的《国风》主要是先秦时代各地的民歌，主要集中在北方一带，“语言简短，重在写实，多比兴，喜迭咏，所谓‘中原风格’”。屈原的《离骚》是南方文学风格的典型代表，“打破四言格式，采用民歌体，篇幅较长，多用神话故事，善隐喻，具有浪漫的特点，是为‘楚骚风格’”[③]。南北朝时期，两地的民歌风格更是不同，北朝民歌豪迈奔放，慷慨激昂，南朝民歌“风格清新秀丽，柔婉含蓄，好用双关隐语”[④]。到了现当代，文学创作领域更是出现了京派、海派、陕派、白洋淀派、山药蛋派等具有不同地域特色的文学流派。

作为大众文化重要组成部分的栏目剧，在十多年的发展过程中，师法各异，面目独具，形成了粤派、京派、海派、湘鄂、东北、川蜀等多个流派。作为反映世俗民情、家长里短的艺术形式，栏目剧在日常起居、饮食习惯、把酒言欢之间，鲜明生动地表现了各地独特的民俗风

---

① 林语堂：《中国人》，学林出版社1998年版，第465页。
② 刘师培：《南北文学不同论》，《刘师培辛亥前文选》，三联书店1998年版，第400页。
③ 童庆炳：《文学理论教程》，高等教育出版社1998年版，第267页。
④ 童庆炳：《文学理论教程》，高等教育出版社1998年版，第267页。

情，是影视人类学发展到21世纪的重要分支。

栏目剧发展之初即立足本土，开办栏目剧的频道多非卫星频道，所以，从语言选择（方言为主）、题材把握（民生故事）到风格把握方面，都有着鲜明的地域性特点。

地域文化的丰富多彩中，蕴含着中国传统文化多元化的基因；在民间文化的勃勃生机中，涌动着重铸民族魂的热能。五花八门的饮食文化、工艺文化、戏曲文化、收藏文化，都是生命热情的结晶。与此同时，地域文化的自然景观与人文景观杂糅出现，总四时风情，秀山川风采。“北京，是有着上千年历史的文化古都，因此在表现北京地区现代社会生活的时候，一般渗透着丰富的文化意蕴；北京又是我国的政治中心，这里的人们较为关心国家大事儿，对民族的命运、国家的前途十分关切，具有较强的参政议政的独特心态。上海，解放前是‘十里洋场’、‘冒险家的乐园’，解放后则是全国最大的工业城市，这种独特历史所构成的独特文化氛围，也必然会在上海人身上有所体现。广州，是我国的商业中心，商品经济的高度发展，流通领域里的开放搞活，造就了广州人精明能干、吃苦耐劳的商品观念和经营意识强烈的品质。”①而这些，统统在栏目剧中得到最生动最活泼最自然最亲切的表现，“燕人款曲，自有其和声软语，刚中之柔也”，“吴人怒骂，复自有其厉声疾语，又柔中之刚矣”②。借助方言的载体，“言说者选择一种确切的话语”，瞬时“使言说者和听者能够在一个以公认的规范为背景的话语中得到认同”③。相异的生存环境、生活习俗、方言口语、文化背景，使得栏目剧有着不同的地域特色，同时也积淀着特定地域观众的思想情感、行为模式和审美情趣。栏目剧创始人、协作体理事长马及人认

① 高鑫：《荧屏艺谭——高鑫自选集》，中国传媒大学出版社2004年版，第46—49页。
② 钱钟书：《管锥篇》，第一册，中华书局1979年版，第61页。
③［德］哈贝马斯著，张博树译：《交往与社会进化》，重庆出版社1989年版，第3页。

为栏目剧逐渐显现出自身形态鲜明的特色。上海有“海派”，南方形成“粤派”，湖北、北京、黑龙江、江苏各有特色，贵州、河南、山西是黑马。[①]大多数省级卫视栏目在定位时注重“去地域化”，以满足全国各地电视观众的需求，扩大收视群体，但是，与此不同的是，电视栏目剧却要强化地域化特征。在各地的栏目剧中，你会遭遇各种别具风情的方言，听到各地流行的话语，感受到浓郁的地域文化。方言是地域文化最主要载体之一，地域文化在方言的认知过程中已经完成了它的部分传播过程，而不同风格的地域文化，本来就是地方电视台应该挖掘的资源富矿。栏目剧的地域方言化，让各地方言在电视栏目中登堂入室，不仅可以让本地观众会心一笑，也能让外地观众分享不同方言的魅力。看湖南经视《故事会》，你就会记住主持人严爹那句著名的湖南话：“市井寻常事，街坊道短长，严爹讲故事，都是新鲜事”；在四川台的《麻辣烫》中，你也会在主持人眼哥和风姐川味十足的点评中记住“你我生活啥子样，请你品尝麻辣烫”；听到湖北《经视故事会》的“让武汉人用武汉话来演武汉事”；在河南台公共频道的《中州夜谈》中，听到河南话的“生活大舞台，演员是大家”。这些呼号既是栏目剧的风格定位，也是方言魅力的充分展示。[②]

下面，我们就分别讨论几种具有代表性的栏目剧流派：

一、京韵嘹亮——北京电视台：《大城小事》

《大城小事》是由北京电视台生活节目中心制作的一档栏目剧，于

① 张腾之、黄天文、张杰：《栏目剧在传媒文化建设中的自觉使命和责任——第三届全国电视栏目剧评优暨研讨会综述》，《中国广播电视学刊》2009年第2期。

② 吴斌：《国内电视栏目剧制播现状和特征》，《现代传播》（双月刊）2006年第6期(总第143期)。

图6-1 覆盖全国的栏目剧和影视短剧制作、联播平台

（该资料由中央电视台张腾之提供）

2007年1月4日开播，它讲述的是发生在北京老百姓身上的故事，每期一个故事，以短剧为主体，辅以演播室主持人的穿针引线、适度点评，故事内容广泛涉及家长里短、人间真情、新闻事件、警示案例等，以平民的视角、故事化的叙事方式，描述社会生活的方方面面。2012年，《大城小事》栏目扩版为四十五分钟，每周一至周五播出。每期依然演绎一个故事，描述社会生活的方方面面。目前，《大城小事》栏目已走过五年多的路程，收视表现始终位居频道前列，节目的影响力和知名度在北京地区也达到了较高水平。

与大多数栏目剧一样，《大城小事》每一期基本上是独立成篇的故事，集与集之间没有剧情上的关联，下一期故事的内容和演员都跟上一期不同。每一期节目由短剧和主持人演播室串播构成。短剧尽可能地追求生活化的形态，让老百姓以一种看自己身边发生的故事的心态来欣赏节目，进而产生共鸣；主持人演播室的串播将增强悬念，提升故事背后的正面、积极的社会意义，突出栏目剧的社会责任感。栏目组在故事策划、剧本创作和拍摄制作等环节上狠下工夫，在追求收视率的同时，坚持不猎奇、不造作，着眼点始终放在京城老百姓身上，努力捕捉日常生活中最真实、最感人的故事并将其进行艺术加工，正所谓："说百姓身边事，演百姓身边人。"

《大城小事》的主编秋薇透露：栏目剧的成本远低于电视剧，电视剧最低一集也要20万元，而栏目剧只要1/10，甚至更少。但是它真实、自然。《大城小事》还大量起用群众演员参与演出，这些业余演员演技不算好，但是看起来亲切。其中的故事都是改编自真人真事，比如有一集讲的是一个儿子无法接受刑满释放的父亲，而爆发了一系列家庭矛盾的故事。这个故事的扮演者就曾经亲身经历过类似的事情，因此表演起来格外动情感人。这恐怕是栏目剧比电视剧受欢迎的原因。

在开播的2007年当年，平均收视率就达到2.39%，最高收视率高达

5.56%，根据AGB尼尔森统计，3月份《大城小事》平均收视率达到了3.41%，甚至高于同期播出的热门电视剧。栏目剧团队小，制作成本低，但是却能取得这样的收视成绩，这与该栏目剧的市场定位和剧组工作人员的努力是分不开的，正是致力于贴近百姓，关注民生，讲述百姓故事，使得《大城小事》能够凭借相对薄弱的制作力量取得不俗的收视表现，受到广大市民观众的欢迎。该栏目在节目的编排上也别具匠心，除了每天一集独立成篇的故事，还推出围绕某个主题的系列故事，例如2007年2月19—24日，《大城小事》栏目推出贺岁剧，《我是阿三》《美丽家园》《嫁就嫁好》《望夫成龙》《金玉满堂》《麻辣爱情》，由生活节目中心主持人李向显、高燕、陈竞、梦遥等友情出演，节目播出后获得了观众的一致好评，当周平均收视率达2.47%；2007年10月1—6日《大城小事》栏目推出特别节目《百花社区的故事》——《寻找老宅》《第八个保姆》《冤家》《胖刘戒赌记》《错爱》《车位之争》，当周平均收视率为1.43%。

较之其他地方栏目剧，《大城小事》有一个得天独厚的优势，就是北京有表演基础的群众演员很多，演艺市场较为成熟，很多这样的群众演员已经是半专业或者接近于专业水准，只要稍加调整就可以很快入戏，这就为《大城小事》的制作提供了比较充裕的演员库，有助于保障该栏目剧的制作水准。

二、海上镜像——上海文广集团：《百家心》

上海文广新闻传媒集团SMG新娱乐在2007年新推出了一档栏目剧——《百家心》。以“真实的故事，真实的人物，真实的情感”为宗旨，以生活中真实事情为原型，由群众演员来演绎百姓故事。2007年1月推出以后，在2月7日进行了调整，邀请上海著名滑稽演员陈国庆主持，新版的《百家心——阿庆讲故事》在继承原有特色的基础上，增加了“主持人”一角，以“阿庆讲故事”的形式，在每周一到周五的晚间黄金时段19：30播出。

上海，作为中国的第一大都市，也是一座有故事的城市。作为中国金融中心和世界知名的东方大都会，这里有着自身独特的商业气息和浓郁的文化氛围，著名作家余秋雨曾专门写过一篇《上海人》，他在文中说：北京是一个典型的中国式的京城，背靠长城，面南而坐，端肃安稳；上海正相反，它侧脸向东，面对着一个浩瀚的太平洋，而背后，则是一条横贯九域的万里长江。对于一个自足的中国而言，上海偏踞一隅，不足为道；但对于开放的当代世界而言，它却俯瞰广远、吞吐万汇、处势不凡。

上海在文化方面，体现为一种“雅俗共赏”的格局。“上海文化人大多是比较现实的，不会对已逝的生活现象迷恋到执著的地步，总会酿发出一种突破意识和先锋意识。他们文化素养不低，有足够的能力涉足国内外高层文化领域。但是，他们的精明使他们更多地顾及现实的可行性和接受的可能性，不愿意充当伤痕斑斑、求告无门的孤独英雄，也不喜欢长期处于曲高和寡、孤芳自赏的形态。他们有一种天然的化解功能，把学理融化于世俗，让世俗闪耀出智慧。毫无疑问，这种化解，常常会使严谨缜密的理论懈弛，使奋发凌厉的思想圆钝，造成精神行为的疲庸；但是，在很多情况下，它又会款款地使事情取得实质性进展，获得慷慨突进者所难于取得的效果。这很可称之为文化演进的精明方式。”

作为影视艺术的海派文化，最早是通过《桃李劫》《神女》《十字街头》《马路天使》等崭露头角，将上世纪初期上海都市社会市民阶层生活状态和精神面貌搬上荧屏。到20世纪40年代，相继出现的《一江春水向东流》《万家灯火》《丽人行》《三毛流浪记》《乌鸦与麻雀》等一批优秀海派电影，呈现了前所未有的多样性，对上海殖民社会都市文化的变态、都市众生挣扎向上的精神面貌以及黑暗社会的揭露批判，生动而深刻。

改革开放以来，海派影视发展到了一个新的阶段，《孽债》《洋行里的中国小姐》《婆婆媳妇与小姑》《男才女貌》等都在电视剧发展史上留下了浓涂重抹的一笔。

海派文化不仅善于吸收和消化西方文明，在继承中国传统文化上也总是求新求变。另外，十里洋场，看惯了灯红酒绿，但洋楼轿车与其无关，石库门里一窝，一肚子的窝火，这就使得上海人对私人空间特别珍惜，对家庭生活相当看重。而在经济上，一方面精明能干，精打细算，一方面又追求超前，追赶时髦，享受娱乐。

王安忆《长恨歌》开篇就宣称："站在一个至高点看上海，上海的弄堂是壮观的景象，它是这城市背景一样的东西。"正是因为这样的文化地理特点，加上一贯的海派影视文化传统，使得以《百家心》为代表的上海电视栏目剧更多的朝向家庭生活，注重的是娱乐性、趣味性，关注内部的、小团队的生活，因此有了更大的世俗气息。

今天，来自全国乃至世界各地的打工者、商人、白领、怀揣梦想的大学生……带来了不同地域的文化习俗，他们在这里奋斗、创业、失业、生活、恋爱、结婚等，在事业上、在学业上、在感情上，他们会经历种种的坎坷，他们的人生在这里沉浮，他们的情感在这里激荡，这些丰富多彩的人生故事，正是《百家心》的源头活水。《百家心》自诞生之日起，就打上了浓重的上海印记，有着自己独特的栏目风格：

1. 以采访为主的纪实风格

《百家心》注重故事的真实效果，节目创办之初，主持人阿庆就对观众宣称"真实的故事，真实的人物，真实的情感"。强调真实性，是各地栏目剧经常采用的一种生存策略，但《百家心》在节目的外在表现形式上，也注重真实性，例如节目中经常出现对当事人的采访，让他直接面对镜头，向观众讲述他的处境和感受，这样就弱化了“剧”的特质，而强化了它的纪实性。上海文广集团综艺部《百家心》栏目的编导陶海曾这样总结“海派”栏目剧的特点：故事以采访为主，当事人叙说，让情感和情节融汇在采访当中，可以弥补内心情感演绎不足的缺陷，努力配合剧情，提高节目的艺术感染力；栏目剧最适于采用现在进行式的表述方法，使得观众的同步接受度增强，将其引入正在进行的观看状态，对拉近观众入戏可起到很好的作用；做好仿真性，用一种模仿生活状态看似非常平淡的方法让演员去表演。

这样，《百家心》在讲述故事时，一部分是通过采访故事主人公，由其亲口讲述出来的，另一部分则是真实再现场景，由故事主人公自己表演，它是片断式的，是对讲的内容进行印证和作细节补充，并使之更加生动形象。“主人公也是群众演员，但与《雾都夜话》的群众演员通过大范围筛选、招聘而来有绝大的不同，他们就是故事的提供者、亲历者，而《雾都夜话》的演员演出的是与他们经历不相干的故事。在故事和主人公的关系上，《雾都夜话》是一种疏离，《百家心》则是同构。《雾都夜话》宣称自己的栏目剧不是电视剧，但学界对它的指认还是电视短剧，《百家心》则类同于纪录片。《百家心》栏目剧的纪实风格因为减少了节目的中间制作环节，即剧本的创作与群众演员的筛选，使可控制的因素增加，更能应对节目的高频率播出。因其具有的强烈现实感，更能唤起观众的关注。直接来自现实生活中的原型，现实人物的现身说法与演出，更具教育性，传播指向上更明确。”①

2. 选材多样，故事讲述手法灵活

《百家心》故事取材广泛，包纳了这座大都市里千姿百态的生活，

---

① 钱高燕：《超越了“栏目剧”内涵的“纪录片”——析〈百家心——阿庆讲故事〉与栏目剧的差别》，《视听界》2008年第1期。

同时呈现了普遍的人性情感纠葛，在这些丰富多彩的故事中，婚恋爱情是一大类，例如：《用钱爱男友的傻女孩》《超重的爱情》《离婚背后》《被骗的爱》《离婚真相》《失败的婚姻》《丈夫是个花心男》《单亲女儿的婚变》《爱的忏悔》《蜗婚》《我的婚姻我做主》《坎坷的情路》等等。另外，婆媳之间或者女婿与岳父母的关系也是一个重要的类型，比如：《冤家婆媳》《极品女婿》《女婿的烦恼》等等。家庭伦理，比如：《溺爱下的悲伤》《父子情深》《女儿挽救一个家》《棍棒之下出逆子》《继母的爱》《亲生儿子回家》等等。此外，还有一些反映社会问题的故事题材，例如：《演艺圈的潜规则》《都是房子惹的事》《刚毕业就失业》《好人不难做》《房奴》等。总之，《百家心》故事内容取材广泛，涉及了千姿百态的人生和社会生活的方方面面。

在故事的讲述方面，《百家心》运用了多种不同的手法，主持人串讲、当事者述说、影视剧似的情景再现……多种方法的灵活运用，使得《百家心》能够为观众呈现出更加精彩曲折的故事。通常，在每一期节目的开篇，先通过主持人阿庆的讲解，引出故事的缘起，触发观众的好奇心，做足悬念，然后，再进一步展开后面的故事。“叙述分为讲故事和演故事两大板块，以讲为主，以演为辅，讲演交替进行，视角上呈现出互相呼应的节奏变化。讲故事一块是主持人阿庆的演播室讲解、串场，一块是故事主人公的出镜。讲述视角是主观的，是第一人称‘我’的讲述。演故事则是人物在导演的调度下表演他所叙述的戏剧性场景，视角是客观的，是第三人称‘他’的演出。但‘我’与‘他’在故事主人公身上又是一体的。这样的叙事方式和《雾都夜话》等栏目剧显示出较大的区别。《雾都夜话》的叙事几乎全是客观的演故事，只有一小部分的旁白讲述是主观的。以讲故事作为栏目剧的主导形式，尽管在画面表现元素上简单了些，但主观视角的‘我’的介入，拉近了和观众的心理距离，也利于观众对‘他’进行对位的审视和评判。”①

3. 名人主持的品牌策略

《百家心》的主持人陈国庆，是上海著名的滑稽剧演员，他以《红茶坊》《老娘舅》等室内情景剧中的角色形象，深深赢得了观众的喜爱。阿庆加盟《百家心》，对栏目剧的品牌建设起了至关重要的作用。阿庆是栏目品牌的明确标志。“吃完晚饭看电视，听我阿庆来讲故事”，是《百家心》的宣传语，也是栏目的识别语，它在观众心中形成了稳定的收看习惯。从受众心理认知的角度来看，阿庆让《百家心》具有了明确的形象识别符号，强化了栏目的亲和力。

三、川国演义——四川电视台：《麻辣烫》

同样是“聊天”，东北人叫“唠嗑”，山东人说“拉呱”，而巴蜀人则叫“摆龙门阵”。自古以来，巴蜀就有着不同于其他地区的独特文化，素有摆龙门阵、听评书、讲故事的文化传统，巴蜀丰富的美景、美食、民族、历史资源，遍布全国乃至世界各地的名人和近1.2亿人口日常生活中的点点滴滴，蕴藏着极为丰富的故事资源。“四川方言电视栏目剧正是从巴蜀独特的地域文化和人文特色出发，以平民化的视点立场选择题材，对所选素材进行故事性和戏剧性加工，然后通过本土‘草根明星’们最朴实、纯真的表演呈现在观众的面前，让观众不由自主地被这种仿真性所吸引。”②

《麻辣烫》是四川电视台经济频道倾力打造的一档方言短剧栏目。

① 钱高燕：《超越了“栏目剧”内涵的“纪录片”——〈百家心——阿庆讲故事〉与栏目剧的差别》，《视听界》2008年第1期。

② 曹晋英、徐建平：《论四川方言电视栏目剧的现状和发展趋势》，《西昌学院学报》2010年第4期，第97页。

栏目于2004年3月29日开播，周一至周五每晚21：00黄金时段播出，次日12：30重播，栏目长度25分钟，是成都及四川地区具有鲜明个性和独特风格的一档方言电视节目。《麻辣烫》以成都语音为标准音，糅合四川各地的方言，最初开播时叫《经济麻辣烫》，关注百姓的经济生活，著名方言剧演员媛凤（三嫂子）和资深报人孙山（方言作家）主持，这两人的搭档极具方言魅力。在选题方面它也独辟蹊径，始终关注社会上出现的各种经济热点。虽然后来改版为《麻辣烫》，选题从百姓经济生活的范围扩展到了百姓生活的方方面面，却始终受到观众的喜爱与欢迎。

四川方言电视栏目剧之所以在当地广受欢迎，除了电视栏目剧本身具有制作周期短，反应迅速，故事性强，低成本、高回报等共有特征外，四川方言的运用为本地观众带来了亲近感。剧中演员的对白不仅有标准的成都话，还加入了很多四川各地的方言，搞笑中透露出亲切，具有很强的亲和力、时效性、参与性和观赏性。另外，《麻辣烫》还采用了以情景再现的方式重新演绎新闻事件的手法，“巴蜀方言电视栏目剧的故事都是以真实的新闻事件为基本题材进行二度改编的，这些故事本身作为新闻事件，已在观众中拥有了较高知名度，借新闻事件做故事，利用‘本土明星’加四川方言的形式拉近与观众间的距离，给受众一种亲近、贴切、返璞归真的感觉”[①]。

在《麻辣烫》的结尾有这样一句广告词，“个人的故事大家演，大家的故事你来演，生活的故事我们看，故事的内容你来编”，良好的互动参与性也是《麻辣烫》受追捧的原因之一。和大部分栏目剧一样，《麻辣烫》也主要是一些群众演员参演，这样，不仅具有更强真实感，而且有助于观众和栏目之间的互动，扩大栏目剧的社会影响。栏目开播

① 曹晋英、徐建平：《论四川方言电视栏目剧的现状和发展趋势》，《西昌学院学报》2010年第4期，第98页。

一年时，仅参加表演的群众演员就有近2000人次，演员社交圈的朋友自然成了栏目的忠实观众。在当地外景拍摄中，每一次拍摄都是一个节目的自我宣传过程，类似于现场促销，这不仅为栏目提供了充足的演员保证，而且使更多的观众知道、了解《麻辣烫》。节目不仅大量使用了群众演员，而且还让部分观众参与编剧，如此一来栏目剧的故事就能最大限度地保持生活的原态，也更具吸引力。

总的来说，《麻辣烫》正是凭借浓郁的地方文化和厚重的生活底蕴，以及它模糊虚构与真实的界线，创造了一种“真人真事”的情景，让观众的审美需求得到满足，从而在近十年的时间里赢得了一大批忠实的观众。[①]

四、湘鄂多情——湖南电视台&湖北电视台：《故事会》

1. 湖北《经视故事会》

开播于2005年2月9日的方言栏目剧《经视故事会》是湖北经视的一档名牌栏目，也是湖北地区首个以方言对白为主的电视栏目剧。导演黄一鹤认为，这种老百姓以自己熟悉的方言讲自己身边鲜活的生活故事，会去掉许多程序化的东西，很容易让观众找到心理上的沟通点，另一方面方言化降低了演员参与的门槛，不用后期配音也降低了节目的成本。

《经视故事会》走的是一条平民化的道路，像大部分栏目剧一样，它也借鉴了电视剧的表现形式，但同时又注重故事的真实性，并注重让观众参与进来。在内容上，《经视故事会》演绎的大多是老百姓身边的故事，涉及新闻事件、市井百态、家长里短、舆论热点、警示案例等等。节目从内容到形式都紧紧围绕“贴近实际、贴近生活、贴近群众”

① 曹晋英、徐建平：《论四川方言电视栏目剧的现状和发展趋势》，《西昌学院学报》2010年第4期，第98页。

的“三贴近”原则，真正做到了“始于生活、高于生活”的理念。[①]

《经视故事会》是在湖北经视大民生的频道定位下产生的一档节目。“所谓‘大民生’，同过去节目重点关注的‘小民生’相比，更多关注国家的大政方针和宏观经济政策中与老百姓利益密切相关的公共信息，它不仅包括价格、出行、就医、教育等方向的实用资讯，还包括各种宏观经济政策走势，现代民主法治建设、环保、低碳等公众关心的话题，除了关注民生，也更注重民情、民意的表达。”[②]

《经视故事会》故事内容取材广泛，涉及社会生活的方方面面，其中，民生新闻是故事素材的一大来源，“通过筛选来自于各种渠道的新闻故事线索，将具有较强的代表性、故事性及警示性，提倡正确舆论导向的素材加工创作成为栏目剧，使老百姓在看节目时，仿佛看到了自己身边刚刚发生的事。”例如《地窖噩梦》讲述的是两位少女被囚地窖中的故事，就是改编自2010年各大媒体集中报道的新闻事件。

除了新闻事件，《经视故事会》是根据社会上普遍存在的某些问题或现象而创作，在反映这些问题时，用的是讲故事的手法娓娓道来，让观众从中看到自己或身边人的影子，同时又从故事的发展脉络中，对这些现象所产生的影响以及其正确与否有了更深刻的认识。[③]例如：《都是偷菜惹的祸》《房鉴人心》等。另外，还有一些是反映新近舆论热点的故事，这些舆论热点不同于我们前面提到的新闻事件，新闻事件已经有了较为明晰的故事原型，但是舆论热点并不一定是已经成型的事情，它可能是一种热点现象，一种议题，或是一种观点等，《经视故事会》的编导在这些舆论热点的基础上做进一步的艺术加工，设计出故事脉

① 王峻强、闻莺、卢川韬：《〈经视故事会〉的民生探索与实践》，《媒体时代》2011年第5期，第44页。

② 卢刚：《大民生，新跨越——评湖北经视民生节目转型》，《媒体时代》2011年第5期。

③ 参见王峻强、闻莺、卢川韬：《〈经视故事会〉的民生探索与实践》，《媒体时代》2011年第5期。

络、人物角色及其关系，然后用讲故事的手法把这种现场呈现出来，具体的人物和事件可能不是真实的，但却是某种热点现象的真实反映，例如《都是偷菜惹的祸》，就通过一则故事表现了在开心农场忙着偷菜的现象。另外，还有一些故事涉及某些民生热点，反映食品安全（《黑心油》）、人体器官买卖（《我丢了一个肾》）、家长因“培优”而对儿童的过高要求（《我的孩子失踪了》）等等，广泛涉及百姓关注的方方面面，体现了该栏目剧的民生定位。

《经视故事会》的编剧钟梅说，她所在的栏目组探索了把新闻的优势跟栏目剧结合起来，“把大家关注的如房产、保险、教育等与老百姓密切相关的新闻题材作为栏目剧的载体，通过栏目剧的形式表现出来，折射新闻背后的故事，让广大观众规避社会风险、指导生活”①。

正因为素材来源于普通百姓的日常生活，演员也是从百姓中选拔，由群众演员演身边的事，因此具有很强的真实感。“节目组围绕党和政府的一系列重大方针政策和重大举措，有针对性地进行选题策划，大处着眼，小处切入，用具体情节解读‘构建和谐社会’、‘反腐倡廉’、‘未成年人教育问题’等重大主题。《排长的婚事》《母爱》《夫妻之间》《父子情深》等故事，抑恶扬善，启迪心灵，鞭挞假恶丑，弘扬真善美，使该栏目成为广大群众的良师益友。故事中真实感人的情节，主持人入木三分的评论，使很多观众每每在来电中痛哭失声，他们说：‘这些节目在无形当中，净化了人们的心灵。’”②

2. 湖南电视台《故事会》

《故事会》是湖南经济电视台都市频道于2004年2月2日推出的一档

① 张腾之、黄天文、张杰：《栏目剧在传媒文化建设中的自觉使命和责任——第三届全国电视栏目剧评优暨研讨会综述》，《中国广播电视学刊》2009年第2期，第76页。

② 湖北省广播电视总台经济频道：《“三贴近”与本土化品牌栏目打造》，《新闻前哨》2007年第4期。

原创性栏目，原名《新闻故事会》，2004年6月改名为《故事会》，并调整至湖南经济电视台综合频道播出。周日至周四每晚21:30播出，每集时长25分钟。该栏目每集讲述一个现实生活中普通百姓的故事，通过平民演员的质朴演绎，积极担负起媒体的舆论教化职责。节目选材根据栏目定位的调整，经历了由演绎重大新闻为主到全面反映现实社会中普通百姓的喜、怒、哀、乐的转变。“由于该栏目大量反映社会民生、弘扬社会正气、鞭挞社会丑恶，因而受到社会各界的普遍好评……在长沙、湖南两个市场均稳居全集团自办栏目前三名，并取得全国性的声誉，栏目成功地在浙江经济生活频道、南京电视台、沈阳电视台、福建教育电视台等全国上十家电视台发行。”①

《故事会》是新闻类电视栏目剧的代表，由长沙著名方言双簧相声艺人奇志主持，以省内发生的新闻事件或人物为原型，仿效时下流行的电视剧或电影的拍摄方法，用“事件重演”的方式再现于受众，在遵循真实的前提下，强调二度创作和演绎，使新闻产生戏剧张力与情节冲突。以省内发生的热点新闻事件或热门人物为原型，以“场景重现”的方式呈现给受众。2004年3月18日，马加爵被捕三天后，《新闻故事会》就播出时长30分钟的《马加爵落网记》。此后几年中，《新闻故事会》先后“重现”了山东小伙骗财骗色、广东夫妻借精生子、重庆少妇公款置装等新闻热点，不仅提高了栏目剧的收视率，也有效地扩大了自身的社会影响力。②

《故事会》每期故事的演员都从普通观众中征选，故事“以情节吸引人、以细节打动人、以人物命运感动人”。即所谓“新闻有意、故事

① 《2004年新开办的电视节目栏目》，丁高潮主编：《湖南广播电视年鉴》，2005年1月1日发表，第306页。

② 参见郭云涛：《原生态演绎与纪实性风格——电视栏目剧的两大法宝》，《声屏世界》2009年第12期。

有情”，在强调故事性、人情味的同时，特别强化新闻的戏剧悬念或煽情、刺激的因素。该节目在湖南的收视率曾一度居高不下。[①]

除了打“新闻牌”，《故事会》还进一步反映现实社会中普通百姓生活的方方面面，表现他们的情感、愿望和无奈，为观众提供一个情绪舒缓和宣泄的平台。为了防止观众的收视疲劳，《故事会》还尝试对栏目内容进行全新改版，改变了以往一集一个故事的风格，采用系列短剧的方式进行拍摄。正是由于制作人员孜孜不倦的努力和创新，《故事会》才得以一直保持着良好的收视率。

五、江南士风——苏州电视台：《故事会》

苏州，地处长江三角洲，位于江苏省东南部，古称吴郡。自文字记载以来已有四千余年的历史。苏州历史悠久，人文荟萃，以“上有天堂，下有苏杭”而驰声海内，秀丽、典雅且有“甲江南”声名的苏州园林，“东方威尼斯”的小桥流水环绕姑苏城内，这里也是昆剧和苏剧的故乡。步入现代社会，苏州是江苏重要的经济、对外贸易、工商业和物流中心，也是重要的文化、艺术、教育和交通中心，同时又是中国重点风景旅游城市，在这样一座既有悠久历史又有着繁荣的现代文明的大都市中，不同的文化在这里碰撞，不同的观念在这里激荡，数以千万计的市民在这里生活、工作、恋爱、结婚、奋斗，这里每天都在上演无数精彩的故事，这就为本土栏目剧的产生创造了条件。

《故事会》十分注重内容的真实性，制片人金磊指出：“所有剧情都将来自苏州的真人真事，所有的演员也将是普通的苏州人，语言也将以苏州话为主。”另外还在故事中加入大量具体的时间、地点概念，在

① 参见韩鸿：《电视栏目剧：形态特征与文化语境解析》，《中国电视》2006年第2期。

片尾加上对人物命运的后续交代，强化真实性，让观众相信故事曾经真正发生过，这对于观众有强烈的吸引力。

除了对真实性的强调，《故事会》还非常注重本土化，这主要体现在：（1）语言的本土化，因为吴方言在当地有深厚的底蕴和影响力，它更贴近百姓生活，更容易让业余群众演员入戏，具备普遍的认同感和悦纳感。（2）环境的本土化，苏州本身是一座极具个性的城市，小桥流水、粉墙黛瓦使它不需雕饰，自然以独有的风光、千年的文化融入市民百姓的日常生活，也适宜电视栏目剧的镜头表现。（3）情感的本土化，苏州人的性格比较温良内敛，生活精致，人物描写刻画都需要符合典型特征。（4）时代的本土化，从大的范畴看，苏州是一座移民城市，外地人的比例很高，不同地域不同文化产生的冲突常常成为描写的主题，从小的范畴看，根据一些热点新闻事件进行改编创作，配合新闻策划可以进一步形成媒体事件。①

在剧本和演员的供给保障方面，苏州电视台也做出了有益的探索。初期苏州台从频道总监到制片人全体动员写剧本，建立了故事库系统，除了从新闻、报纸杂志、影视剧汲取素材外，更重要的是向观众广泛征集稿件，并通过节目游滚字幕向投稿者反馈录用信息，承诺对观众来稿每信必回。演员方面，初期苏州台把目光投向了广大市民群众，原打算借着“超女”、“梦想中国”的东风，给大家提供一个老百姓“秀”老百姓故事的舞台，但效果却并不理想，苏州台立足长效发展，跟一家具备电视剧生产能力和演艺培训师资的影视公司达成合作，在演出前加入短训环节，同时希望实现培训学校—群众演员—专业剧组之间的良性互动。在本土影视产业不发达的情况下，《故事会》栏目由电视台牵头，整合社会资源，打造产业链，摸索出了一条自我求发展的道路。

① 参见金磊、张腾之：《从〈故事会〉谈地方台栏目剧的定位、架构及运营》，《中国广播电视学刊》2007年第3期。

第二节 疯狂扩张后的低空飞行——栏目剧发展误区症候分析

从中国共产党十六次代表大会正式提出“文化体制改革”的任务，到十七大将“文化软实力”写入大会报告；从十七届六中全会首次从完整意义上制定“文化强国战略”，到2012年十八大报告再度强调“建设社会主义文化强国，关键是增强全民族文化创造活力”，说明执政党和政府对文化建设规律的认识越来越全面，越来越深刻。将电视栏目剧的发展设置于这样的背景之下，“正确的设想”其所属的“时代的精神和风俗概况”[①]，才能更透彻、更全面地把脉这一特殊电视节目形态发展的趋势。

见微可知著，管中可窥豹。作为电视艺术形态的分支构成，电视栏目剧的发展，不仅反映了当代中国政治、经济、文化的冲突，同时也对当下社会的时代风尚、价值观念、精神取向等产生着或多或少的影响。而这种反映和影响，相互交织，不可分割。在纷繁驳杂的现实冲击下，新奇之物层出不穷，乱花渐欲迷人眼，对于本身发展时间不长、美学特征和形态特征并不固定的电视栏目剧，其发展和走向究竟往何种方向？

2008年，栏目剧发展鼎盛之期，全国开设栏目剧的省级电视达到三分之二，栏目总数达百家以上。

① [法] 丹纳著，傅雷译：《艺术哲学》，人民文学出版社1963年版，第7页。

全国主要栏目剧收视情况表（2006.1—2006.8）

编　号	栏目名称	播出频道	选　题	播出方式	播出时间	时长（分钟）
1	《雾都夜话》	重庆卫视	情感	日播	周一至周四 20:02—20:53 周五、周末 20:02—20:30	25～45
2	《生活麻辣烫》	重庆时尚频道	新闻	日播	18:10—19:45	80
3	《都市碎戏》	陕西都市青春频道	新闻	日播	22:15—22:55	30
4	《狼人虎剧》	西安电视台三套	新闻	周一至周六	21:34—22:30	43
5	《绝对故事》	山东影视频道	情感	周六、周日	21:36—22:02	25
6	《真实故事》	南方电视台经济频道	新闻	周六、周日	22:06—22：32	23.5
7	《新三言二拍》	江苏卫视	情感	周六	21:30—22:19	40
8	《爱情魔方》	湖南卫视	情感	按季播出	19:35—20:18	36
9	《真情》	湖南卫视	情感	周一	20:16—21:08	40
10	《故事会》	湖南经济综合频道	新闻	日播	18:58—19:34	25
11	《婆媳一本经》	湖南娱乐频道	情感	周日	19:30—20:26	43
12	《经视故事会》	湖北经济频道	新闻	日播	19:04—19:33	25
13	《本塘第一剧》	浙江影视娱乐频道	新闻	日播	20:51—21:34	30
14	《绝对OK》	浙江教育科技频道	新闻	日播	17:04—18:12	30
15	《大侦探西门》	浙江教育科技频道	法制	周六	21:16—21:50	29
16	《开心茶馆》	杭州西湖明珠频道	新闻	日播	20:00—20:32	25
17	《麻辣烫》	四川经济频道	新闻	周一至周五	21:00—21:25	21.5

（续上表）

编　号	栏目名称	播出频道	选　题	播出方式	播出时间	时长（分钟）
18	《欢天喜地对对和》	成都经济资讯服务频道	新闻	周一至周六	18:33—19:23	45
19	《蜀人茶坊》	成都公共频道	新闻	日播	21:59—23:44	19
20	《成都情事》	成都都市生活频道	情感	周一至周五	21:38—21:58	17

（数据来源：CSM媒介研究）

而到2012年底，湖南经视《故事会》等栏目纷纷停播，重庆卫视老牌代表栏目《雾都夜话》更是几度沉浮，最终依然难以逃脱停播命运。自2010年后的业界创作，显得纷乱杂沓，升级改造者有之，囿于原有格局的有之，而大批老牌栏目的纷纷停播更是叫人担心，是以业界不少从业者发出了“栏目剧还能走多远”[①]的忧慨之声。

当代电视产品不同于以往任何文化形态的地方有两点：一是经济动机上升为支配文化行为的主导力量，二是现代科技改变了文化的内在构成和运作方式。“这两点决定了当代审美文化的两大基本矛盾：经济冲动和文化冲动的相互对立，科技含量和人文含量的相互抗衡。”[②]电视栏目剧从发展期迈向鼎盛期，市场化起到了极为重要的作用。

电视栏目剧的生产主体始终是省级地面频道和发达区域城市电视台，相较于大型综艺节目及电视剧，电视栏目剧生产制作的投入小、收效大，具备一定体量的电视频道在人力资源、资金投入方面基本可以达到这种要求。但这其中值得注意的一点，电视栏目剧的生产机制多以社会公司制作、电视播出平台购买的方式为主，具体而言，有三种生产方式：

① 张伍生：《电视栏目剧还能走多远》，《中国广播电视学刊》2009年第4期。
② 周月亮：《电视剧艺术文化学》，中国传媒大学2006年版，第12页。

其一，利用台内的人财物，实行完全自制，代表是北京台《大城小事》、上海台《百家心》等，优势在于可以完全把控节目质量，劣势在于，成本居高不下，投入产出难以平衡。

其二，完全外购，采用社会化大生产，设定栏目的标准和规则后集中采购，代表是陕西的《都市碎戏》《狼人虎剧》等，优势是节目成本相对较低，劣势是节目质量难以保证，良莠不齐。

其三，两头控制，选题策划、剧本撰写和后期包装由台内工作人员完成，拍摄、剪辑等中间环节制作外包，代表为南方电视台《真实故事》。“采用签约社会制作公司的方式，控制核心资源，把握成品质量。台里栏目组共有5个编导5个编辑，分成5个小组，分别对应与台签约的5家社会制作公司，每家公司派驻一个编导和一个编辑，编导主要负责组织选题和修改剧本，编辑主要负责掌控成品风格统一，社会制作公司负责拍摄和制作，生产出来的成品经过频道三级审查后，由南方电视台按收视率高低分不同价格购买。为确保节目技术质量，根据需要向制作公司提供专业设备租赁。由于台里指导把关强，合作关系稳定，社会制作公司成品率高，积极性也高，归属感强，忠诚度高。在同质化竞争激烈的今天，南方电视台以台里10人的编制，管理将近50人的制作队伍，始终坚持低成本、高质量的生产，并严格把握合理植入广告的科学经营。”①

三种模式，各有优劣，在人力财力有限的情况下，内容前置、中间环节外包的第三种模式相对更为科学和理想。

但即便如此，《真实故事》的运作也存在不可忽视的问题，跟其他电视栏目剧一样，发展过程中体现了几个误区，误区的产生，恰恰是对

① 黄天文：《电视栏目剧在南方的实践和思考》，《中国广播电视学刊》2009年第4期。

电视本性媚俗性的趋近。

罗杰·西尔弗斯通对电视的本性作出十分简洁的判断，“电视是家用媒介”[①]。有一份对城市居民收视习惯的调查表明，当问及“你回到家中第一件事干什么？”这个问题的时候，40%以上的人在答案中选择了“打开电视”；75%以上的人在前三个答案中选择了“打开电视”。可见，“看电视”已经成为居民的生活习惯，是人们在家中存在方式的一种标志性行为。

所以，从这个层面上讲，家庭性正是电视这一大众传媒最为引人注目的特征，如果说电视时空有何具体所指的话，那就是“家”这个具体的时空。“人们在家里看电视、讨论电视，也会忽视它的存在。看电视可能是一个人看，也可能是与家人或朋友一起看。电视是家庭文化中的一部分，这体现在正在上演的节目、节目单以及家庭生活的——或者至少是某类家庭生活的——结构上。电视也是我们融入消费文化的一种方式，通过它既构造了我们的家庭生活，也展现了我们的家庭生活”，以至于“我们再也不能只把电视看做是家庭生活的必要补充了，没有在电视或者屏幕上反映、表现的家庭生活，我们已经很难想象家庭生活了”。[②]

电视栏目剧抓住了家庭性的本质，是以在审美追求上突破了艺术创作对现实的反叛，内容投其所好，形式简单直接，把肆虐狂欢的创作追求体现得淋漓尽致。

激烈的竞争环境下，电视栏目剧要想从综艺节目、新闻节目和电视剧的份额霸权下抢立足之地，多数选择了一条消费至上的理念。表现在内容中：身体被出售着，美丽被出售着，色情被出售着，拳头被出售着。

① [英]罗杰·西尔弗斯通著，陶庆梅译：《电视与日常生活》，江苏人民出版社2004年版，第34页。

② [英]罗杰·西尔弗斯通著，陶庆梅译：《电视与日常生活》，江苏人民出版社2004年版，第34页。

暴力是人类的生存本能。阿尔温托夫勒就认为，人类是通过对知识、智力和暴力的掌握来统治世界的。作为生存本能的暴力，是人类最原始的生产力。人类历史从来就没有要不要暴力的困惑，只有如何使用暴力的选择以及使用暴力的知识、智慧等伦理问题，暴力是我们打通道路、通向世界、获得权利和满足欲望的几乎唯一的手段，在对暴力的不同观念和施暴方式态度上，形成了人类进化的文明史。

“暴力很早就进入了艺术，西班牙阿尔塔米拉洞穴穴顶画里，发现的是原始人猎杀野牛和受伤野牛落荒逃亡的场面。暴力进入影视，成为影视作品必备要素，这也是影视人类学的基本原则在起作用。”①事实上，无论是身体呈现、性表现还是暴力体现，都是一种基本的现象存在，换句话说，身体本来并不等于性，更不能等同于色情，“每个人都是一座圣庙的建筑师，他的身体是他的圣殿，在里面，他用完全是自己的方式来崇敬他的神”②。但是，在栏目剧发展过程中，反叛了艺术创作的理想性，如实甚至刻骨的逼近现实、观照残酷，期望以此种残酷纪实风格狠狠抓住受众，对受众的这种需求反映得过于频繁、过于逼近而残酷地切合了这种需求。

这种逼近，这种残酷，导致了电视栏目剧在以下几个方面备受诟病。

一、形式的花哨与内容的苍白

2000年，《星期日泰晤士报》有这样一则报道，在纽约，一个叫吉尼洛·加西亚的中学生在父亲不让他看电视后开枪自杀，其遗言如下：

我的电视，在心里我是要带着你一起走的。我爱你。

① 蔡贻象：《影视文化美研究》，中国广播电视出版社2004年版，第47页。
② ［美］梭罗著，徐迟译：《瓦尔登湖》，上海译文出版社1982年版，第205页。

很多学者对电视的社会意义作出论断，而这样一则简单的报道实际上则可以说明大众传媒尤其是电视对现代人精神意义上的影响。孩子沉迷于电视，父亲却对其强行禁止，事实彰显的绝不仅仅是两代人思想观念的差异，同时也代表了节目形态和内容表现之间的差异化组合。

在电视节目日益多样化的时代，如何在形式创新、模式有趣、审美通俗的前提下，强化内容方面的引导作用将是亟待解决的问题。而最近国内一则孩子因为父亲禁止其看湖南某强势选秀节目将其砍伤的报道同样具有类似的代表意义。

电视栏目剧自诞生之日起就积极吸收综艺、小说、评书等各种元素，融合其他电视栏目形态，不断变幻出新的形式，比如《雾都夜话》早期采取“短剧+内在叙述”的方式，由主持人讲述故事，然后以记者现场采访和当事人对事件的“回放”画面为主，后来则转向“白话说书+剧情演绎”的方式，重在以剧言情；湖南经视的《新闻故事会》干脆由长沙某著名相声艺人主持，充分利用明星效应；而《东方夜谭》则充分发挥电视的视觉叙事功能，通过在笑话、社会新闻、娱乐资讯的讲述中穿插固定演员的夸张表演，创造所谓的“中国式脱口秀”。但是无论形式怎样花样翻新，都无力掩盖其内容的肤浅苍白，这尤其体现为题材片面的猎奇性和表述重点的偏离性。

表面上看去，电视栏目剧的取材颇为广泛，比如《雾都夜话》多取材于婚恋伦理故事，《生活麻辣烫》关注百姓日常生活琐事，《经济麻辣烫》讨论的是经济问题。但问题在于，无论是哪种取材，都多流于事件表象，往往不能触及隐含于事件内部的本质，在临门一脚的一刻，有点强弩之末的颓势。比较典型的是湖南某栏目中先后播出的《迷情陷阱》《嫁个有钱人》《小偷奇遇》《六百万征婚》等短剧，仅从标题就可以看出，它利用的是新闻事件本身的特殊性、轰动性和奇异性，强化的是戏剧悬念或煽情、刺激的因素，却完全放弃对事件本质的探讨和理性思考。“猴对于人是什么呢？一个笑柄或一个奇耻大辱。人对于超人也应是同样的东西，一个笑柄或一个奇耻大辱。”[①] 那么放弃了思考的人类呢？是否会堕落成虫豸，在猴子看来都成为一个笑柄或一个奇耻大辱呢？

另外，在表述过程中，此类节目为了追求轰动效应、眼球效果，过多地将目光停留在非主流人群的个案上，片面以新奇性吸引观众。这种表述重点的偏离，一方面体现为或对边缘人群、异质事件的过分关注，或对平民琐事、空淡无趣的沉醉痴迷；另一方面则又体现为叙述视点的失衡化处理。

叙事学中十分强调叙述视点。按照美国艾伯拉姆斯对小说叙事的定义，叙事视点是指“叙述故事的方法——作者所采用的表现方式或观点，读者由此得知构成一部小说的叙述里的人物、行动、情绪、事件”[②]。

在电视栏目剧中，因为每集故事相对独立，人物性格和关系没有电视剧或者其他长篇叙事作品稳定，所以在叙述视点的把握上往往会因为不同操作者的不同理解而出现偏差，这是叙述视点的第一层失衡。如果说这种失衡尚有弥补的可能，在栏目负责人和整体运作机制的引导下逐步回归栏目宗旨的话，第二层失衡，也就是栏目主旨性叙述视点失衡的话，则往往会对受众的审美趣味、人生目标和生活态度有着相当大的负面性影响。

以笔者对现有栏目剧不甚全面的分析，新生栏目剧在初创阶段往往会选择以负面性题材为叙述重点，各地栏目剧在开播之初都未能摆脱这一模式。这样一来，通篇讲述负面事件如抢劫、色情、欺诈、诱拐、凶杀、奇趣等过程中，尽管故事结尾多有批评性的声音存在，终因力度失

① ［德］尼采著，周国平译：《疯狂的意义》，陕西师范大学出版社2002年版，第84页。

② ［美］艾伯拉姆斯著，朱金鹏、朱荔译：《欧美文学术语词典》，北京大学出版社1990年版，第261页。

衡，叙述视点的原因给受众的感觉早已有所定论，引导性话语到最后多已失去了警示作用。值得肯定的是很多栏目剧在开办之初迅速占有市场后往往会萌发自觉意识，在题材和叙述视点方面成功转型。

二、民生诉求与媚俗倾向的悖论

传统电视剧的媚俗往往采取比较隐蔽的方式——“媚雅”，通过对某种颇具“文化”意味的故事的叙述来迎合人们的“文化”崇尚心理，诸如“大门”、“大院”类电视剧的愈演愈热就是一个很好的注脚。电视栏目剧在媚俗这一点上与传统电视剧毫无区别，只不过是换了一种方式而已。电视栏目剧堂而皇之地将自己置于“大众”的位置，标榜所谓的“民众视角、民生内容、民本取向”，其实是媚俗的另一种方式。

什么是媚俗呢？米兰·昆德拉表达了他的看法：只要流行公众的存在，就免不了媚俗。不管我们鄙视与否，媚俗是人类境况的一个组成部分。对于媚俗的概念，却是各人有各人的见解，极端的就如昆德拉所说的，“媚俗就是大便”。电视媒介的艺术性之所以自诞生以来就遭到质疑，媚俗的本质属性可以说占有着重要的原因。在《被背叛的遗嘱》一书中，米兰·昆德拉写过这么一段话：“我在一本杂志的头版看到了布莱尔（比利时音乐家）的一幅大照片，那时他的癌症已经恶化，在治病的医院门口他受到摄影记者的追逐，他用手遮住自己的脸。突然之间，我感到碰到了同样的恶，使我逃离这个国家的正是这个恶。”

作为电视节目形态的新生品种，电视栏目剧将这种媚俗本质发挥到了极致，无论是选题的获取、结构的搭建还是人物的塑造、镜头的取舍，无一不以单纯吸引观众眼球为最大目的。多年前“在普及基础上的提高还是提高基础上的普及”的命题在这里又一次未能如人所愿。而这一切，都是在“民生”的大纛下进行的。

方言化是电视栏目剧热衷采取的一种“平民化”措施，这样做很容易取得观众的认可，让观众找到心理上的沟通点。无论是《雾都夜话》《生活麻辣烫》还是《真实故事》《岛城故事》，都以本地方言为主，普通话为辅。从语言文化学角度而言，此举有利于“非物质文化遗产”的普及和推广。除此之外，剧本向社会公开征集，大量使用群众演员也是其在短期内迅速赢得观众的杀手锏，这些形式上的“平民化”只不过是玩噱头，是为提高收视率所采取的策略，与真正的平民化、民本化相去甚远，真正的民本是关注人民生存发展的基本问题，引导人们对现实进行积极的思考，而远非采取方言，使用群众演员这样简单的事。

电视栏目剧的媚俗在其选材上表现得尤为明显，特别关注诸如婚外恋、家庭暴力、心理变态等社会和情感问题，从表面上看体现了对小人物的尊重和同情，表达了自觉的伦理追求，但实际上其作用多在于满足观众的“窥视欲”，“文明的进步使得人性中恶的、非理性的、潜意识的一方面受到贬抑，又反而使人们对这些人性中隐秘的一面充满了好奇和窥视的欲望”[①]。新浪网上一项关于“您曾经有过好奇或者别的原因‘偷窥’别人的想法吗”的调查，6020位投票者中，5228人投了“偶尔会有”、“经常有”，占总投票数的88.5%，可见，偷窥乃是人性中潜藏的欲望，在这样一个娱乐化的时代，人们可以堂而皇之地通过媒体来满足其窥视心理，甚至将其视为一种时尚的消遣方式。

比如在一个讲述“矮哥”的故事中。从丑陋的“矮哥”的视角来讲述他和一个高大漂亮的女性的爱情故事，表现他对女性的轻视和伤害，让人觉得无法接受，甚至令人反胃，但是却恰好满足了一些人的窥视欲望，这样的例子似乎较为极端，但实际上这种关于家庭伦理或社会道德

① 阎安：《拟态生存中的“真人秀”——对“真人电视”的一种文化解读》，2003年3月5日紫金网。

问题的取材，往往兼有道德教化和满足人们“猎奇”、“猎艳”心理的作用，而这两者无一不是媚俗的表现。总之，部分电视栏目剧打着民本的旗，走着媚俗的路。

三、艺术真实与现实真实的遮蔽

如果把电视栏目剧当做电视剧，把电视剧当做艺术，则电视栏目剧距离艺术上的真实尚有差距。电视栏目剧的绝大多数题材取材于真人真事，并且时刻不忘提醒观众“这是真人真事”。个别早期的电视栏目剧，多借用新闻化的叙述方式，记者以目击者、采访者甚至亲历者的身份介入生活，后来逐渐弱化甚至取消了现场记者元素，它所采用的主持人解说和画外音的形式依然在提醒着观众故事的真实性，但这并不就意味着故事看起来像真的，反而让人觉得这完全是无中生有，胡编滥造，因为被强调的真实性与过分戏剧化的情节之间形成了断层。

电视栏目剧在不断提醒观众“这是真人真事”的同时，也会提醒观众不断考虑“这是否是真人真事”，而过分戏剧化的情节告诉观众的则往往是“本故事纯属虚构”。这主要有以下两种情形：一是过分注重时效性、新闻性而忽略了情感因素。《庄子渔父》曰：“真者，精诚之至也。不精不诚，不能动人。故强哭者虽悲不哀，强威者虽威不严，强亲者虽笑不和。真悲无声而哀，真怒未发而威，真亲未笑而和。真在内者，神动于外，是所以贵真也。”[①]所谓“真”，也就是情感，有了情感，真实和自然也就不求自得了。科林伍德所谓“表现是一种完全不可能有技巧的活动”[②]讲的也是这层意思，而电视栏目剧缺少的正是真情

① 陈鼓应：《庄子今注今译》，中华书局1983年版，第823页。

② ［英］罗宾·乔治·科林伍德著，王至元、陈华中译：《艺术原理》，中国社会科学出版社1985年版，第114页。

实感（顺便提及，电视栏目剧的这种对艺术真实性原则的违背与美学家布洛在《心理距离》中提出的“审美距离”说完全是两码事）。但传媒界人士往往认为“讲故事比说道理更重要，情节、矛盾冲突、悬念、细节等文艺作品的要素，对新闻同时也是适用的”[①]。

但是文艺作品的灵魂仍然是情感，缺少了情感这一要素，就只剩下了蹩脚的情节，再是“真人真事”，也让人觉得是“戏剧”。对于这一点，《真实故事》同样也有深刻的认识。该栏目主创认为，此类节目发展到一定阶段，“人物塑造和情感表达必须重视”，单纯的奇闻怪趣的表述尽管能吸引观众锁定频道，“长远来看，缺乏生命持久力，不利于栏目品牌美誉度的打造”。

第二种情形是某些电视栏目剧注意了情感因素，但情感表现不当。“表现”与“情感”一直是美学史上纠缠不清的问题，“表现偏重于形而上，更具有形式感”，但它“必须具备稳定性、秩序、和谐、意义，总之，必须具备价值”[②]。也就是说，“表现”的内容是情感，艺术是艺术家的情感表现，但表现情感绝不等于简单的描述式暴露自己的情感，而是一种创造性活动，是在创造性想象中得到的自我情感。科林伍德说过：“作者所表现的情感是他观照那个人物时所具有的情感，或者更正确地说，是作家对自身那个神秘部分所抱有的情感。”[③]而电视栏目剧的情感只是它自身，甚至仅仅是一种拙劣的模仿，恰恰犯了以简单的描述式暴露自己的情感的错误，因而看上去虚假苍白，自然无法达到艺术的真实。

① 《南京零距离》总制片人张建庚在“创新创意制片人2004”上的讲话，2004年7月26日新浪网。

② ［英］伯纳德·鲍桑葵著，周煦良译：《美学三讲》，人民文学出版社1965年版，第4页。

③ ［英］罗宾·乔治·科林伍德著，王至元、陈华中译：《艺术原理》，中国社会科学出版社1985年版，第127页。

如果把电视栏目剧当做电视栏目，则电视栏目剧又完全没有遵循现实中的真实原则，尤其是新闻类的电视栏目剧，将社会问题用电视剧的形式演绎出来，消融了新闻应该具有的严肃性，比如某栏目播出的《马加爵落网记》，就在其真实性上大做文章，不但重现了逮捕马加爵的全部过程，而且让形象酷似马加爵的某高校学生主演，一个严肃沉重的社会问题被演绎得犹如惊险的警匪片，使之看起来像一场场闹剧，这与某地街头一个酒吧张贴类似马加爵逮捕令的招聘启事，网上风靡“马加爵之歌”，某厂家生产的“马加爵”牌斧等行为毫无区别，大有将新闻娱乐化之嫌疑。贝尔纳·瓦耶纳说过：“麻醉剂用适量可以起好的作用，用量不当成了可怕的东西。新闻的作用——几乎大家一致公认——不是引人避世，而是让人觉醒。现在恰恰是本末倒置，这不能不让人担忧。”[①]哈贝马斯也认为新闻走向娱乐化之后大大削减了新闻本身的作用，政治新闻也娱乐，经济新闻也娱乐，暴力事件也会衍生出许多无端的娱乐话题，轻飘和浮躁让人摸不到事情的底，使受众对社会现实的理解也越来越费力。在这种“娱乐化式”的环境下生存的人们看不见现实生活的真实面貌，从而对新闻类栏目的信赖产生动摇。新闻电视栏目剧虽然口头上标榜“民生”“民本”，实际上仍然是把追逐利润作为首要考虑的因素，而完全没有为公众服务的意识。新闻的严肃性被消融殆尽，电视栏目剧的这种艺术真实与生活真实的双重失落源自于其定位的尴尬，因为它是电视剧与电视栏目的嫁接，既难以保证其艺术性，又难以实现其真实性，从而成为当今娱乐化浪潮中一个并不美丽的气泡。

电视文化是产生于城市工业社会和消费社会的大众文化形式，作为新时代的文化形式，是以大众传媒为载体的一种模式化、批量化、复制

① [法]贝尔纳·瓦耶纳著，丁雪英、连燕堂译：《当代新闻学》，新华出版社1986年版，第30页。

化、普及化的流行文化，作为电视文化的主要内容，娱乐已经成为这个时代的主流文化，它所带来的严重后果就是激发满足人们的视觉生理和心理的快感，促使人们无止境地疯狂消费，彻底抛弃形而上学追逐世俗化，最终导致这个理性社会走向反面——非理性。人民大众从需要娱乐走向需要被娱乐，这有点类似于尼采所说的“一个人若把贝多芬的《欢乐颂》化作一幅图画，并且让想象力继续凝想数百万人颤着倒在灰尘里的情景，他就差不多能体会到酒神状态了”①，但不同的是我们所体会到的绝不是酒神的状态，而是“娱乐至死”前的空虚和恐惧。同纯粹的娱乐节目相比较而言，栏目剧的娱乐精神更为可怕，前者仅仅是形态和方式的狂欢，后者更多地内化为生活方式和生命态度的荒诞。

继承了法兰克福学派传统的尼尔·波兹曼有这样一个论断，他对电视文化不抱任何希望，对于通过电视来提高文化修养的想法甚至抱鄙视和嘲笑态度，其对于电视机的用途有颇为经典的三用途说，“照亮书本的光源”、“电子布告牌”、“书架”，这固然是其对电视文化属性认识上的偏颇，同时也具有深刻道理。“有两种方法可以让文化精神枯萎，一种是奥威尔式的——文化成为一个监狱，一种是赫胥黎式的——文化成为一场滑稽戏”②，希望电视栏目剧这种民生的艺术形态不至于以滑稽戏的形式行进。

① ［德］尼采著，周国平译：《疯狂的意义》，陕西师范大学出版社2002年版，第7页。

② ［美］尼尔·波兹曼著，章艳译：《娱乐至死》，广西师范大学出版社2004年版，第201页。

参考书目

1. 曲春景：《中美电视剧比较研究》，上海三联书店2005年版。

2. 郝建：《硬作狂欢》，上海三联书店2004年版。

3. 郝建：《中国电视剧文化研究与类型研究》，中国电影出版社2008年版。

4. 周月亮、韩骏伟：《电视剧艺术文化学》，中国传媒大学出版社2006年版。

5. 李法宝：《影视受众学》，中山大学出版社2008年版。

6. 吴志翔：《肆虐的狂欢——传媒美学谈》，武汉大学出版社2006年版。

7. 陈兵：《媒介品牌论》，中国传媒大学出版社2008年版。

8. 金元浦：《文化研究：理论与实践》，河南大学出版社2004年版。

9. 蔡贻象：《影视文化美研究》，中国广播电视出版社2004年版。

10. 时统宇：《电视批评理论研究》，中国广播电视出版社2003年版。

11. 苗棣等：《中美电视艺术比较》，文化艺术出版社2005年版。

12. [英]安德鲁·古德温、里·惠内尔：《电视的真相》，中央编译出版社2001年版。

13. 陈犀禾、吴小丽：《影视批评：理论与实践》，上海大学出版社2003年版。

14. 陈默：《影视文化学》，北京广播学院出版社2001年版。

15. 李幸：《大众立场》，中国社会科学出版社2005年版。

16. [匈牙利]伊芙特·皮洛：《世俗神话——电影的野性思维》，中国电影出版社1991年版。

17. 章柏青、张卫：《电影观众学》，中国电影出版社1994年版。

18. 朱辉军：《电影形态学》，中国电影出版社1994年版。

19. 杨远婴：《电影理论读本》，世界图书出版公司，2012年版。

20.［美］詹妮弗·范茜秋：《电影化叙事》，广西师范大学出版社2009年版。

21. 海阔：《媒介人种论》，中国传媒大学出版社2008年版。

22.［美］理查德·布茨：《美国受众成长记》，华夏出版社2007年版。

23.［美］菲利普·M.南波利：《受众经济学》，清华大学出版社2007年版。

24. 许文郁：《解构影视幻境》，中国社会科学出版社2004年版。

25. 孟繁华：《众神狂欢——当代中国的文化冲突问题》，今日中国出版社1997年版。

26. 王晓路等：《文化批评关键词研究》，北京大学出版社2007年版。

27. 杨义：《京派海派综论》，中国社会科学出版社2003年版。

28. 李今：《海派小说与现代都市文化》，安徽教育出版社2000年版。

29. 张邦卫：《媒介诗学》，社会科学出版社2006年版。

30. 朱希祥：《当代文化的哲学阐释》，华东师范大学出版社2006年版。

31. 朱立元：《当代西方文艺理论》（增补版），华东师范大学出版社2005年版。

32.［美］约翰·费斯克：《理解大众文化》，中央编译出版社2001年版。

33. 龚鹏程：《文化符号学》，上海人民出版社2009年版。

34. 刘悦笛：《视觉美学史——从前现代、现代到后现代》，山东文艺出版社2008年版。

35.［英］马尔科·姆巴纳德：《理解视觉文化的方法》，商务印书馆2005年版。

36. 吴琼、杜予：《上帝的眼睛》，中国人民大学出版社2005年版。

37.［德］瓦尔特·本雅明：《机械复制时代的艺术作品》，江苏人民出版社2006年版。

38. 谭霈生：《论戏剧性》，北京大学出版社2009年版。

39. 王克曼、冯令沂：《中国广电体制改革——南方模式》，广东人民出版社2008年版。